식민지 조선의 감옥

식민지 조선의 감옥

초판 2쇄 발행   2025년 12월 10일
초판 1쇄 발행   2024년 6월 29일

지은이   이종민
펴낸이   주혜숙

펴낸곳   역사공간
등록   2003년 7월 22일 제6-510호
주소   04000 서울특별시 마포구 동교로 19길 52-7 PS빌딩 4층
전화   02-725-8806
팩스   02-725-8801
이메일   jhs8807@hanmail.net

ISBN   979-11-5707-615-4 93910

- 이 저서는 2019년 대한민국 교육부와 한국학중앙연구원(한국학진흥사업단)의 한국학 총서 사업 지원을 받아 수행된 연구임(AKS-2019-KSS-1130009).
  This work was supported by Korean Studies Series through the Ministry of Education of the Republic of Korea and Korean Studies Promotion Service of the Academy of Korean Studies(AKS-2019-KSS-1130009).
- 책값은 뒤표지에 있습니다. 잘못된 책은 바꾸어 드립니다.

식민지 조선의 감옥

이종민

역사공간

책머리에

1990년대 후반이었다. 감옥 연구를 한다고 하면 대체로 두 가지 반응이 있었다. 손을 입으로 가져가며 "왜 굳이 그 무서운 것을...." 하는 반응이 일반적이지만 "흠... 감옥에 다녀온 적이나 있는가?" 하며 '잘 알지 못하는' 대상을 연구하는 일에 대한 걱정도 없지 않았다. '대학생 차림'이라는 이유로 광화문에서 강제로 전경차에 태워져 꽤나 멀리 떨어진 경찰서 유치장에 잠시 머물던 경험이 전부인 나로서는 답하기가 쉽지 않았다.

사회운동을 공부하다가 감옥 연구를 시작했기에 처음에는 알고 싶은 부분이 매우 한정적이었다. 다만 선행연구가 거의 없는 분야로 들어가니 사회운동과의 관련성만을 떼어내서 연구하는 것은 무리였다. 일본을 통해 뿌리내린 제도이니 일본을 포함시켜 함께 들여다 보기로 했다. 조선의 제도만을 들여다보고 일제의 폭압을 말하기보다는, 민중사 측면에서 전체를 들여다보고, 조선에만 적용된 부분을 따로 구분하여 식민지적 차이 혹은 차별을 추려내고자 하였다. 일본의 지배를 받았던 지역 중 가장 저항이 컸던 조선에서 나타난 엄벌주의는 그렇게 해야 온전히 보일 것 같았다.

전근대까지 포함시킨 방대한 범위의 학위논문을 제출하였지만 내가 정리한 내용은 알고 싶은 것의 일부에 불과하였다. 부족

함을 메꾸고 싶은 마음이 항상 있었지만 감옥 연구, 특히 일제 치하의 감옥 연구는 스트레스가 상당하였다. 학위논문을 마치고 나서 잠시 '가두거나 갇히는 이야기'에서 좀 벗어나야겠다는 생각을 가졌던 게 사실이다. 잠시가 아니라 꽤 오래 감옥 연구를 놓고 있었다. 그래도 조금 더 나은 연구로 다시 만들어야 한다는 생각이 항상 남아있었고, 시간이 지나면서 그 중요도를 깨닫는 부분도 많았다. 관련 자료를 볼 때마다 수집해 놓았다. 그렇게 해서 다시 들여다보고 쓰다 보니, 이 책은 학위논문을 고쳤다기보다 거의 다시 쓴 내용으로 채우게 되었다.

우선 근대감옥과 관련된 형사정책이 일본에서 자리잡는 과정과 전시체제 하에 어떻게 변형되었는지를 추적하였다. 그리고 일본식 감옥제도가 동북아에서 각각 전개된 양상을 각지의 대표 감옥을 통해 살펴보았다. 조선의 감옥 제도와 정책은 시기별로 나누어 살펴보았는데, 연구가 드문 1930년대 후반 이후의 형무교회와 노무 동원에 좀 더 집중하였다. 아울러 패전 후 일본인 형무관들이 퇴각하는 과정을 전국의 형무소 사례를 모아 살펴보고 남과 북의 차이를 보이고자 하였다. 연구를 거듭할수록 꼬리에 꼬리를 물고 의문과 궁금증이 더해갔지만, 앞으로 더 살펴봐야 할 과제들을 제시한 걸로 만족해야 할 것 같다.

많은 분의 도움으로 이 연구가 가능했다. 학위논문을 쓸 때 지도해주셨던 전병재 김용학 김동노 한인섭 심희기 선생님의 격려가 없었다면, 이 주제로 논문을 시작하지 못했을 것이다. 가장 많은 논문을 읽고 점검해주신 연세대 고전강독회(홍성찬 조성윤 이

지원 최원규 백승철 이인재 왕현종 오영교 우대형 이승렬 윤덕영 최윤오 이준식 김성보) 선생님들께 깊이 감사드린다. 교토대학 인문과학연구소 시절에는 미즈노 나오키 선생님을 비롯하여 마쓰다 도시히코 선생님에게 역사 연구의 방법과 자료에 대해 많은 것을 배웠다. 각 지역의 기억할 만한 현장들을 기꺼이 안내해주신 주철희 김월배 선생님께도 감사드린다.

그리고 이제는 다시 뵐 수 없는 분들이 점점 늘어가지만, 찾아뵀을 때 기꺼이 예전의 힘들고 험했던 기억을 더듬어 알려주시고, 기억나시는 대로 다시 편지와 그림 그리고 격려 문구를 보내주신 항일운동가 선생님들 그리고 형무관 선생님들께 더 없는 감사 인사를 드린다. 듣고 배운 내용을 모두 살리지 못해 죄송한 마음이 크다. 이분들께 부족하나마 이 책을 바치고 싶다. 미진한 부분은 관련 연구를 시작한 후학들이 메꿔 나가주리라 기대한다.

이 책을 지원해주신 한국학중앙연구원(한국학진흥사업단)과 자료를 편히 볼 수 있게 해주신 국립중앙도서관 연구정보실 그리고 흔쾌히 출판을 맡아주시고 지루한 수정 편집을 감내해주신 도서출판 역사공간 주혜숙 대표님과 편집부 여러분께도 심심한 감사 인사를 드린다.

2024년 6월
이종민

차례

책머리에 / 5
시작하며 / 10

1장 　일본의 근대감옥과 형사정책
　　1. 근대감옥 도입의 배경 / 20
　　2. 감금의 지식과 실천 / 24
　　3. 일본의 근대감옥 / 35

2장 　제국 일본과 동북아 대표 감옥
　　1. 대만의 타이베이감옥 / 50
　　2. 조선의 서대문감옥 / 59
　　3. 관동주와 만주의 감옥: 여순과 연길 / 71
　　4. 동북아 감옥 유적을 둘러싼 기억과 과제 / 82

3장 　조선의 감옥 설치와 운영
　　1. 감옥 설치와 사무 관할 / 98
　　2. 시기별 변천과 특징 / 107

4장　사상통제와 형무교회

1. 형무교회의 역사 / 144
2. 사상통제에 대한 모색 / 148
3. 중일전쟁 이후의 형무교회 / 160
4. 태평양전쟁 이후의 형무교회 / 170

5장　형무소 보국대로 본 전시 동원

1. 알려지지 못한 보국대 / 186
2. 전시체제하 수인 동원의 배경 / 189
3. 수인 동원의 유형과 전국적 동원 실태 / 209
4. 사망을 통해 본 수인들의 전쟁 말기 / 222

6장　8·15 전후의 감옥: 회고 기록을 중심으로

1. 일본의 패전과 식민지 감옥 해체 / 239
2. 일본인 형무관의 귀환(引揚)) / 274

참고문헌 / 296
찾아보기 / 306

시작하며

오랜 기간 소외된 연구 영역에 속해 있던 식민지시기 감옥[1]과 수감자 연구는 2000년대에 들어와서 서서히 활성화되었다. 저자는 학위논문과 이후 관련 연구에서 일본을 통해 들어온 근대감옥이 식민지 감옥제도로 정비되는 과정을 형사처벌의 패러다임 변화와 감옥 내 수인 통제를 중심으로 살펴본 바 있다.[2] 역사학계에

---

1 이 책이 연구 대상으로 하는 식민지시기 감옥은 1923년을 기점으로 명칭이 형무소로 바뀐 바 있다. 형무소는 해방 이후에 다시 '교도소'로 명칭이 바뀌었다. '감금의 장소'에서 '자유형 집행의 장소'로, 그리고 '가르쳐 이끄는 장소'라는 식으로 명칭이 바뀌어 왔다. 다만 아직도 감옥이라는 말은 흔히 사용되고 있다. 이 책에서는 당시의 수감 기관을 감옥으로 통칭하고자 한다. 다만 시기별로 문서 등에 명기된 명칭은 그대로 표기하도록 한다.

2 이종민, 「식민지하 근대 감옥을 통한 통제 메카니즘 연구—일본의 형사처벌 체계와의 비교」, 연세대학교 사회학과 박사학위논문, 1999; 「식민지시기 형사 처벌의 근대화에 관한 연구—근대 감옥의 이식 확장을 중심으로」, 『사회와 역사』 55, 1999; 「1910년대 근대 감옥의 도입 연구」, 『정신문화연구』 22-2, 1999; 「감옥 내 수형자 통제를 통해 본 식민지 규율 체계」, 연세대학교 국학연구원 편, 『일제의 식민지지배와 일상 생활』, 혜안, 2004; 李鍾旼, 「日本の植民地支配と笞

서 감옥 연구는 주로 항일운동 연구의 확장선상에서 이어져 왔다. 당시 서대문감옥이 사상범 수용 규모나 통제 면에서 식민지 조선의 감옥을 대표하는 위상을 가졌던 만큼[3] 서대문형무소를 중심으로 하여 독립운동 관련 수감자 분석과 탄압 양상에 대한 연구가 이루어졌다.[4]

본서는 기존의 연구 결과에 의거하면서도 통치기구로서의 감옥을 들여다보는 일에 집중하고자 한다. 공개적으로 처벌하던 기존의 형벌이 없어지고 자유를 박탈하는 자유형(구금형)이 등장하면서 형벌을 위한 대기 장소였던 전통 감옥은 자유형의 집행 장소가 되어 확장일로를 걸었다. 급증하는 수형자들을 어떻게 어디까지 관리할 것인가의 문제가 근대 이후 통치 과제가 되었다. 이 과정에 대한 서구의 연구들이 이어졌고, 일본에서도 형벌과 감옥 개혁에 대한 연구가 일찍이 시작되었다.

刑」, 『地域社会から見る帝国日本と植民地』, 思文閣出版, 2013.

[3] 일본의 식민지 감옥으로서 서대문형무소가 가진 위치를 일본 및 대만의 감옥과 비교사적으로 규명한 연구로 이종민, 「제국일본의 '모범' 감옥-도쿄·타이페이·경성의 감옥 사례를 중심으로」, 『동방학지』 177, 2017. 303쪽. 본서에 1·2장에 수정본을 수록하였다.

[4] 서대문형무소 역사관에서 매년 이루어진 심포지엄 자료와 김삼웅, 박경목의 연구 등이 대표적이다. 김삼웅, 『서대문형무소 근현대사』, 나남출판, 2000; 양성숙, 「105인 사건과 서대문형무소 연구」, 『민족사상』 3-1, 2009; 최우석, 「『매일신보』가 그려낸 1919년 감옥의 풍경」, 『향토서울』 80, 2012; 박경목, 『식민지 근대 감옥 서대문형무소』, 일빛, 2019; 박경목, 「1930년대 경성구치감 설치와 사상범」, 『한국사연구』 199, 2022; 이승윤, 「1908~1945년 서대문 형무소 사형집행의 성격」, 『서울과 역사』 108, 2021.

그런데 일본의 식민지로 근대감옥제도가 도입되고 운영된 조선의 경우를 연구할 때 기존의 연구는 매우 제한적으로만 참고가 된다. 일본의 연구를 예로 들면, 일본이 법률과 재판 형벌의 근대화를 추진하는 과정과 맞물려 감옥 연구가 거듭되고 있지만, 여기서 제국주의와 전쟁이라는 변수는 충분히 고려되고 있지 않다. 대부분의 연구는 메이지 시대에 집중되어 서구와의 관계 속에서 일본이 걸어온 근대화 노력에 집중되고 있다. 그러나 식민지 조선의 감옥은 제국의 지배와 식민지 민중 간의 정치·경제적 갈등 속에서 바라보지 않으면 안 된다. 더구나 1930년대 이후 일본의 15년 전쟁 과정은 일본 사회 뿐만 아니라 식민지에도 돌이킬 수 없는 흔적을 남긴 바 있다. 제국주의 일본은 체제 유지와 전쟁 수행을 위하여 사법 제재망에 걸린 수형자 집단의 사상과 신체를 끊임없이 분류, 활용하였다.

본서는 이와 같은 문제의식에 근거하여 근대감옥이 일본을 거쳐 동북아에 자리를 잡는 과정과 식민지 조선에 설치된 이래 시기별 변천 과정을 특정 감옥에 한정하지 않고 가급적 전체적으로 조명하고자 하였다. 집중하고자 한 주제를 소개하면 다음과 같다.

일본의 근대감옥과 동북아시아

일본이 서구식 근대감옥제와 형벌제도를 표방하면서 동아시아의 형벌 지형은 달라지기 시작하였다. 중국의 대명률에 의거했던 기존의 형벌제도는 서구식 제도를 도입하면서 바뀌어 갔다. 일본을 비롯하여 중국과 조선에서도 여러 차례 자체 개혁의 움직임이 있었으나, 결정적인 변화는 일본이 주변국을 식민화하는 순서에 따라 대만과 조선 관동주 등지로 이어졌다.

일본에서 1895년은 서구와의 불평등조약 폐기라는 오랜 과제를 해결한 시기였는데, 다른 한편으로는 인접국을 대상으로 불평등조약을 강제한 시기이기도 하다. 따라서 일본제국주의에 의해 세워진 여러 동북아 대표 감옥에는 공통된 역할과 특징이 존재하는 한편 본국과 구별되는 식민지적 특징도 분명히 있었다. 1장과 2장에서 일본 정부가 만든 감옥을 검토하면서 그 기조가 된 일본 형사정책의 변화 흐름을 검토하였다. 아울러 식민지 조선에 한정하여 논의되었던 연구를 넘어서 동북아의 전체 흐름[5] 속에서 조선의 서대문감옥이 갖는 특징과 위상을 정리하고자 하였다.

식민지 조선의 감옥 운영과 변화의 계기

3장에서는 조선에 만들어진 근대감옥의 명칭과 위치, 시기별 특성을 되짚어본다. 이를 살펴보기 위해 당시의 기초 자료를 참

---

[5] 2000년대 전후로 일본 대만 등지에서도 연구가 축적되어 있다. 檜山幸夫,「臺灣における監獄制度の確立」, 中京大學 社會科學研究所,『臺灣總督府 文書 目錄』4, ゆたに書房, 1998; ダニエル·V·ボツマン,『血塗られた慈悲, 笞打つ帝國』, インターシフト, 2009; 王泰升,『日本統治時代の台湾における近代司法との接触および継承』, 東方書店, 2012; 小野修三,『監獄行政官僚と明治日本』, 慶應義塾大學 出版社, 2012; 姫嶋瑞穂,『明治監獄法成立史の研究』, 成文堂, 2012; 兒玉圭司,「明治前期の監獄における規律の導入と展開」,『法制史研究』64, 2014; 林政佑,『日治時期臺灣監獄制度與實踐』, 國史館, 2014; 林政佑,「台湾における宗教教誨の歷史と現狀」,『宗教教誨の現在と未來』, 本願寺出版社, 2017;「監獄」研究の現在 관련 특집 논문,『歷史評論』, 2023.4.

고하였다. 총독부 행형 당국은 1938년에 식민지 행형의 발전 과정을 보여주기 위해 『조선의 행형제도(朝鮮の行刑制度)』를 편찬하여 감옥 분포와 연혁을 정리한 바 있다. 1930년대 초반기 일본의 형무협회가 만든 『조선대만형무소연혁사(朝鮮臺灣刑務所沿革史)』 역시 각 형무소의 연혁을 자세히 소개하였다. 아울러 조선총독부 법무국 행형과에서 작성한 공문서 외 총독부 산하 단체인 조선치형협회의 월간지 『치형(治刑)』 및 통계자료를 검토하였다.[6]

총독부와 그 관리들의 정리 관점은 명료하다. 식민지 조선의 형정사를 일본의 지배에 의해 야만에서 문명으로 나아가는 단선적 진화 과정으로 규정한다. 따라서 조선에 근대적 행형제도가 자리잡기까지 일인 관리들이 각 영역에서 기울인 노력에 대해 자세히 기술하고 있다.[7]

해방 이후의 출간물로는 법무부가 조선총독부 및 각 형무소의 자료를 참고로 엮은 『한국교정사』(1987)와 『대한민국교정사』(2010)가 대표적이다. 총독부의 출판물을 참고로 하되 관점의 의존 없이 재정리한 것이다.

다만 근대감옥이 식민지에 설치 운영되는 과정은 시기별로 상

---

[6] 대한제국기에 초빙되어 총독부 산하 경성형무소장까지 역임했던 나카하시 마사키치(中橋政吉)의 『朝鮮舊時の刑政』(1936)과 역시 경성형무소장을 역임했던 모리 도쿠지로(森德次郎)의 기록물도 참고로 하였다. 森德次郎, 「朝鮮總督府刑務所終焉の記」, 『刑政』, 1974~1976. 3; 『權域矯正界蹣跚の三十七年』 富士, 1971.

[7] 이러한 관점은 1948년에 출간된 윤백남의 『조선형정사』를 비롯하여 해방 이후 '행형사'와 같은 제목으로 출판된 통사류에서도 반복된 바 있다.

당한 차이가 있음에도 그간 특정 단면만으로 전 시기를 이해해 온 측면이 있다. 일본이 서구로부터 문명국으로 인정받기 위해 사법 근대화를 추진하고 그 연장선상에서 식민지 감옥을 설치 운영하던 시기와 침략 전쟁을 본격화하면서 전시체제하에서 감옥을 운영한 시기는 다를 수밖에 없다. 이 책에서는 감옥 운영 과정에서 고려된 정책을 시기별로 상세히 들여다보고 전시체제하에 정책이 어떻게 변화되었는지 살펴보고자 한다.

형무소 교회사와 사상통제

기존의 사상통제 연구는 사회운동가 및 유명 인물의 전향 담론 연구에서 시작되어 일제에 의한 전향공작에 관한 연구를 중심으로 이루어져왔다.[8] 전향 연구는 내심을 바꾼 당사자보다는 바꾸지 않을 수 없게 만든 외부로부터의 작용으로 사상검사와 고등경찰의 전향정책 전반을 들여다보았다. 그런데 이 외부의 작용은 감옥 당국과도 깊은 관련이 있다. 사실상 전향은 감옥 내에서 가장 많이 이루어졌기 때문이다.

---

8 황민호, 「전시통제기 조선총독부의 사상범 문제에 대한 인식과 통제」, 『사학연구』 79, 2005; 장신, 「일제하 형무소의 사상범 대책과 전향자 처우-김광섭의 「옥창일기」를 중심으로」, 『민족문화연구』 64, 2014; 최선웅, 「식민지 조선에서 일제의 전향정책 도입과 변화과정」, 『사총』 81, 2014; 김경화, 「1930년대 후반 조선총독부의 사상범 행형 교화와 전향 유도 정책」, 고려대 사학과 석사논문, 2015; 장신, 「1930·40년대 조선총독부의 사상전향정책 연구」, 성균관대학교 동아시아학과 박사학위논문, 2020.

기존 연구에서는 사상통제와 관련하여 감옥 내 교회사의 역할을 과소평가해 온 부분이 있다. 장기간 옥내에서 수형자들과 직접 대면 관찰하고 비대칭적인 권력 관계하에서 면담, 기록하는 교회사의 위치는 단지 정토진종계 '승려'가 아니라 '총독부 관리'였다. 조선총독부의 시기별 의도와 접근 전략이 교회사를 통해 어떻게 작동하였는지를 살펴보는 일은 사상통제 연구의 과제임에 틀림없다. 이 같은 생각에 기초하여 4장에서는 교회사들의 의도와 작용점을 살펴보고 형무교회의 한계에 대한 그들 자신의 기록을 들여다 보았다.

전시 말기 강제동원과 수형자 동원

기존의 전시 동원 연구에서는 수감자의 강제동원(형무소 보국대), 특히 한반도 내 국내 동원이 누락되어 있었다. 저자는 전시 말기의 평균 수형자 수를 약 23,000여 명으로 보았을 때, 이들 중 상당 인원이 전국 각지로 파견되어 장기에 걸쳐 노역에 종사한 사실을 확인하였다. 한반도 내 수인 동원의 규모와 장소, 강제된 노동의 종류와 수감자 훈련 과정 및 생활 상태 등에 대해서는 처음으로 규명해 본 시도였다.[9]

---

9 이종민, 「일제의 수인노동력 운영 실태와 통제전략-전시체제를 중심으로」, 『한국학보』 98, 2000; 이종민, 「태평양전쟁 말기의 수인(囚人) 동원 연구(1943~1945)-형무소 보국대를 중심으로」, 『한일민족문제연구』 33, 2017(이 책 5장에 수정 수록); 「서대문형무소 공장과 노역」, 『서대문형무소 공간의 확장과 활용방안』, 서대문형무소 역사관, 2018; 「아시아태평양전쟁기 부산형무소의 수형자

전시 말기에 북부의 감옥은 광산, 제철소, 군수공장으로, 남부의 감옥은 해군기지건설 등 군사 시설을 만드는 데 주력한 것으로 추정된다. 또한 인천과 김천 소년형무소에서는 일본 질소 흥남 공장으로 장기 파견하였다. 알려진 바와 같이 중국 해남도에도 약 2천여 명을 파견한 바 있다.[10]

5장에서는 저자의 기존 연구를 종합하여 전시 말기 수인 분류와 동원의 유형을 규명하고 전국 각지의 동원 지역을 특정하여 각 작업(노역)의 특징을 보이고자 한다. 아울러 사망 통계를 통하여 전시 말기 수형자들의 상태를 살펴본다. 이 작업은 비단 감옥사에 한정되지 않고 태평양전쟁기 전시 동원의 역사적 근거를 밝히는 연구로도 더욱 보완될 필요가 있다.

8·15정국과 감옥

8·15정국의 감옥은 석방된 수감자들이 기뻐하며 만세를 부르는 유명한 사진으로 해방의 이미지를 널리 알리는 장소가 되었다. 다만 해방 전후의 감옥 상황은 삼팔선 이남과 이북 지역에서 크게

동원 연구」, 『한일민족문제연구』 42, 2022. 1.
10 해남도 동원에 대해서는 관련 연구가 이미 이루어진 바 있다. 김승일, 「중국해남도에 강제연행된 한국인 귀환문제」, 『한국근현대사연구』 25, 2003; 김정미, 「일본점령하 중국 해남도에서의 강제노동 – 강제연행·강제노동 역사의 총체적 파악을 위해」, 『근현대 한일관계와 재일동포』, 서울대 출판부. 1999. 이 밖에 전쟁 말기의 사법보호사업 관련 최근 연구로 한상욱, 「전시총동원체제기 조선사법보호협회의 조직과 활동」, 숭실대 대학원 석사논문, 2018.

달랐고 실제로 대부분이 석방된 8월 16~17일 이후의 상황 역시 지역별로 큰 편차가 있었다. 그럼에도 그동안 해방 전후의 감옥 상황에 대해서는 상대적으로 알려지지 않았다. 일본인 행형 관리들이 패전 전후로 방대한 자료를 소각하고 귀국하는 데 급급했던 만큼, 자료의 한계를 전제로 후속 작업이 유보되어 온 것이다.[11]

그간 주요 텍스트로 사용된 법무부의 『한국교정사』(1987)와 『대한민국교정사』(2010)는 대한민국의 교정사로 편찬되어, 38선 이북의 상황에 대한 충분한 서술이 부족한 상태이다. 하지만 태평양전쟁에 휩쓸렸던 형무 기관이 종전을 계기로 재편되는 과정을 돌아보기 위해서는 분단 이전의 전국 단위로 다시 한번 정리될 필요가 있다. 6장에서는 총독부 문서와 형무 관리들의 회고록과 수기, 잡지기사 등을 활용하여 삼팔선 이남과 이북에서 진행된 상황을 복원해보았다. 이로써 해방 이후 상황에 대한 이해를 돕는 동시에 형무관들의 철수 과정을 상세히 제공하고자 한다.

---

11 박경목과 최정기의 연구에서는 신문자료를 첨가하거나, 서대문감옥을 둘러싼 당시의 상황을 재구성하는 식으로 보강 시도가 이어졌다. 최정기, 「해방 이후 한국전쟁까지의 형무소 실태 연구-행형제도와 수형자의 경험을 중심으로」, 『제노사이드연구』 2, 2007; 박경목, 2019, 303-313쪽.

1장

일본의 근대감옥과
형사정책

1. 근대감옥 도입의 배경

일본 정부가 근대감옥제를 도입하는 과정에는 메이지 정부의 고민이 함축되어 있다. 우선 개항 당시 서구와 맺었던 불평등조약의 개정을 위해 서구식 사법제도 전반의 수입 제도화가 불가피하였다. 그리고 대대적인 사회 변동이 수행되는 과정에서 대민통제책의 일환으로 형벌제도를 정비할 필요가 있었다.

서구 열강은 일본의 문호 개방 시 근대법이 갖추어지지 않아 재판의 정당성을 인정할 수 없으며, 야만적인 옥정(獄政)에 자국민을 맡길 수 없다는 명목하에 영사재판권을 포함한 불평등조약을 체결한 바 있다. 따라서 일본 정부로서는 조약의 개정을 꾀하는 과정에서 서구식 사법 행형제도의 도입이 불가피하였다.

메이지 정부가 새로운 형법 제정을 서두르면서 1870년에 만들어진 『신률강령(新律綱領)』은 최초의 형법전으로 간주된다. 이와 더불어 형집행법으로 만들어진 근대적 감옥법의 효시는 1872년 11월에 만들어진 「감옥칙(監獄則) 및 감옥도식(監獄図式)」이다.[1] 감옥칙을 기초한 형부성(刑部省) 소속 관리 오하라 시게야(小原重哉)[2]

---

[1] 重松一義, 『日本刑罰史年表』, 柏書房, 2007, 26~30쪽; 安丸良夫, 『監獄の誕生』(『歴史を讀みなおす』22), 朝日新聞社, 1995, 42쪽.

[2] 오하라는 일본 최초의 감옥칙인 『監獄則並圖式』의 기초자로서, 재래 감옥 수감 경험에 의거하여 감옥 개혁에 앞장선 인물로, 경시청 감옥본부장, 사법성형사국 차장, 대심원 검사, 귀족원의원을 연임하였다(重松一義, 『日本の監獄史』, 雄山

는 1871년 2월에 영국 부영사 존 홀을 대동하고 홍콩·싱가포르 등 영국의 식민지 감옥을 시찰한 바 있다.

이후 오하라는 가지바시(鍛冶橋) 감창(監倉)이라는 경찰 산하의 미결감을 신축(1874)하여 최초의 근대감옥 모델을 제시하였다. 현재의 도쿄역 북단에 세워졌던 이 감옥은 벨기에의 강(Ghent)감옥을 모방하여 만든 십자형(panopticon의 변형태)의 독거 구금 시설이다.[3] 1870년대 후반 이래로는 엄중한 관리가 필요한 대형 감옥의 필요성이 증대되면서 프랑스나 벨기에의 중앙 감옥을 모방한 집치감(集置監)이 신설되기도 하였다.[4]

이같이 대형 감옥과 엄중한 관리가 필요했던 이유는 1873년 「개정율례(改正律例)」[5] 이래 징역형의 도입으로 수형자가 증가하였고, 연이은 내전으로 정치범이 증가하여 기존의 감옥과 관리 방

各出版, 1985, 206쪽). 小原重哉를 어떻게 읽을 것인지에 대해서는 일본에서도 아직 확정되지 않았다. 현재까지 ① 오하라 시게야, ② 오하라 시게치카 ③ 오하라 쥬사이 등으로 표기된 바 있는데, 주로 오하라 시게야 혹은 시게치카로 표기되는 듯하다. 본문에서는 일단 오하라 시게야로 쓰기로 한다. 저자의 학위논문에서는 重松一義의 『日本の監獄史』(206쪽)의 표기대로 오바라 시게치카로 표기하였으나, 이 글에서 정정한다. 兒玉圭司, 「小原重哉に關する若干の新知識」, 『中央學院大學 法學論叢』 23-2, 2010. 3 참조.

3 重松一義, 『日本の監獄史』, 1985, 11쪽.
4 重松一義, 1985, 67~68쪽; 朝倉京一, 「刑務所建築の變遷」, 『行刑の現代的視点』, 有斐閣, 1981, 242쪽.
5 개정율례는 신률강령을 보완하는 형률로 1873년 시행되었는데, 징역형의 채용 등 서구 형법전의 영향을 보여준다. 1882년 구형법 시행으로 폐지되었다.

자료 1-1 일본의 연말 재감인원 수　　　　　　　　　　　[단위: 명]

연도	연말 재감인원	연도	연말 재감인원	연도	연말 재감인원
1877	25,856	1900	57,702	1925	43,135
1880	36,161	1905	53,003	1930	46,437
1885	78,687	1910	71,569	1935	56,970
1890	69,446	1915	54,506	1940	43,029
1895	77,551	1920	51,155	1990	46,458

출전: 司法省 行刑局, 『大日本帝国司法省行刑統計年報』 각년판.

식으로는 수용이나 적절한 통제가 불가능했기 때문이다.[6] 1880년 이후로 국가에 의해 범법 행위로 간주된 범죄가 증가하였고 처벌의 중심은 자유형이 되었다. 1877년 12월 31일 현재 25,856명이었던 재감자 수는 1885년에는 78,687명으로 3배로 증가하였고 벌금과 과료까지 포함하면 인구의 1%에 달하였다. 일본에서는 이로부터 10년간이 사상 최대의 재감인원 수를 기록한 '감옥의 시대'가 되었다.[7]

그러나 일본의 감옥제가 그 이념적 방향과 행정적 체계를 확립하기까지는 상당한 시간이 걸렸다. 일본의 형사 사법제도의 근대화 과정에서 최초로 준거 모델이 된 나라는 프랑스였고, 메이지유신 직후의 상황은 대체로 프랑스법을 직역하는 수준이었다. 하지

6　朝倉京一, 1981, 242쪽; 大日方純夫, 『日本の近代国家の成立と警察』, 校倉書房, 1992, 306~326쪽.

7　安丸良夫, 1995, 51쪽.

자료 1-2 일본의 감옥칙(법) 개정의 역사

연도	명칭	기초자	특징
1872	감옥칙 및 도식	오하라 시게야	영국의 식민지였던 싱가포르와 홍콩의 감옥을 참조한 최초의 근대적 감옥칙.
1881	감옥칙	보아소나드 (Boissonade)	프랑스식 형법과 치죄법(治罪法)을 기초로 작성.
1889	감옥칙 개정	오가와 시게지로 (小河滋次郎)	프로이센 헌법의 도입으로 형법과 함께 개정. 규율의 유지를 지향.
1908	감옥법		1902년 프로이센 내무성 소관 감옥칙을 따라 개정.

만 이후 탐색 과정에서 최종 준거 모델이 된 것은 프로이센 법제였다.

당시 국가를 중심으로 후발 자본주의화를 꾀했던 프로이센의 법체계는 시민혁명에 성공한 영국 및 프랑스의 의회 민주주의적 헌법 사상의 전파를 방지하기 위해 만들어진 것이었다. 일본 정부는 상대적으로 군권주의(君權主義)적 성격이 강한 프로이센 법제를 전면 도입하였고, 프로이센 헌법을 모방한 메이지 헌법의 탄생(1889)[8]은 그 신호탄이 되었다. 이후 1907년의 개정 형법에 따라

---

8   이 헌법은 일본인들의 절대가치였던 천황은 곧 國體라는 원리가 작용함으로써 원래의 약한 입헌주의적 성격을 더욱 제약하였다. 입법/행정/사법의 전권을 장악한 절대자로서의 천황(제1장)과, 입법 및 예산 의정에 관한 극히 제한된 '협찬권'만을 부여받은 의회(제3장), 천황의 보필기관으로서의 국무대신(제4장), 천황의 이름으로 재판권을 행사하는 재판소(제5장), 그리고 온갖 유보가 붙은 권리와 자유만이 인정된 신민(臣民: 제2장)을 그 내용으로 하는 것이었다.

새로운 감옥법(1908)이 출현하였고 식민지 조선에도 이 법률이 도입되었다.

2. 감금의 지식과 실천

형법 논쟁과 감옥학의 수용

1908년의 「감옥법」 체제는 2005년 5월 「형사시설 및 수형자의 처우에 관한 법률」(법률 제50호)이 시행되기까지 일본 감옥 운영의 뿌리가 되어 약 백 년간 유지되었다. 전근대의 체형과 추방형(유형)을 대체하는 자유형이 1880년대를 전후하여 도입되었다면, 근대감옥으로서의 법적, 제도적 내용이 정립된 것은 1900년 이후였다. 메이지 정부는 1900년 이후로 감옥비 전액을 국고에서 지불하고 중앙과 지방 간의 격차를 없애 운영을 통일시켰다. 1908년의 「감옥법」은 그 법적 표현이었다.

1900년을 전후하여 일본 형무(刑務)의 주류가 된 독일의 감옥 제도와 형사정책 이념은 일본 근대 행형의 원형이 되었으며 지속적으로 영향력을 행사하였다.

김창록, 「일본에서의 서양헌법사상의 수용에 관한 연구 - 「대일본제국헌법」의 제정에서 「일본국헌법」의 출현까지」, 서울대 박사학위논문, 1994. 8.

형법에 대한 총론서들을 보면, 어느 책에서나 예외 없이 19세기 말 독일을 중심으로 한 형법 논쟁이 소개되어 있다. 이 논쟁은 범죄 규정과 형벌 효과를 둘러싸고 본질적으로 대립하는 두 입장 사이에 이루어졌다. 일본에서는 논쟁 당사자들의 일본인 제자들에 의해 이 논쟁이 도입되어 확대 재생산되었다. 근대적 형벌이 제도화되는 과정에서 독일을 중심으로 수입된 여러 관점의 대립과 전환 과정은 일본의 감옥 행정을 이해하는 데에도 깊은 관련이 있는 만큼 여기서 간단하게 논점을 살펴보도록 하겠다.

형법 논쟁은 후기 구파(고전학파)와 신파(근대학파)로 나뉘어진다.[9] 구파는 베카리아-헤겔 철학의 영향하에 자유의지를 가진 이성적 인간에서 출발한다. 이들은 범죄는 법의 부정이고, 형벌은 법의 부정을 부정하는 정의의 회복으로 보았다. 잘못된 행위(범죄 사실)에 대한 행위자의 책임이 강조되고 사회적 응보로서 형벌이 정당화된다. 다만 법률만이 형벌을 정할 수 있고, 재판관에 의해서만 적용될 수 있다는 죄형법정주의를 전제로 한다.

이에 대해 신파는 범죄에 대한 과학적, 실증적 관점을 배경으로 등장하였다. 기존의 추상적이고 형이상학적인 요소를 제거하고, 과학적이고 실용적인 지식을 통해 범죄라는 사회병리에 맞서는 실증주의 세대가 출현한 것이다. 신파 이론가들은 자본주의 발전에 따른 범죄의 격증과 빈곤, 그리고 질병을 사회의 3대 악으로

9　大塚仁,『刑法における新舊兩派の理論』, 日本評論社, 1957; 永野周志,『刑法と支配の構造』, 社會評論社, 1975; 정영석,『형사법의 제문제』, 법문사, 1982.

보고, 전통적 구파 이론이 무력했다는 전제하에 논의를 전개하였다.[10] 이들의 관심은 '행위'의 도덕적 유책성이 아니라 '행위자'의 범죄 원인에 대한 실증적 분석이었고, 범죄의 격증이라는 해악으로부터 사회를 방어하는 데 있었다.[11]

여기서 주목할 인물은 신파의 형법 이론을 완성한 것으로 평가되는 독일의 리스트(Franz von Liszt)이다. 그는 일본의 주류 형법 및 감옥학 체계화의 핵심 인물인 마키노 에이이치(牧野英一)의 스승으로서, 일본 형법 이론의 배경을 이해하는 데 없어서는 안 될 인물로 평가된다. "처벌될 것은 행위가 아니고 행위자이다"라는 그의 말은 신파 이론의 '행위자주의'적 성격을 잘 말해 준다. 다만 그가 행위자(범죄자)와 관련하여 주목한 것은 기존의 범죄인류학이 주목했던 선천적 기질보다는 후천적 반사회성으로서, 이에 대한 적극적 '사회방위'의 필요성을 강조한다. 즉 행위에 대한 응보와 책임을 강조하기보다는, 사회의 방위와 보전을 위해 국가가 문제 행위자를 적극적으로 관리할 필요성을 부각시킨 것이다.

리스트학파는 국가에 의한 적극적 사회방위와 정책의 중요성을 강조함으로써 일명 '형사정책학파'로 불린다. 이들의 입장에 따르면 형벌은 복수나 일벌백계를 겨냥한 응보에서 벗어나 범인의 '반사회성을 교정'하는 특별예방주의에 입각한 것이다. 신파의

---

10 정영석, 1982, 15~21쪽.
11 한인섭, 「자본주의국가의 감옥과 사회통제에 관한 연구」, 서울대 박사학위논문, 1989, 235~247쪽.

이 같은 지향성은 차후에 교육형론(敎育刑論)과 연동된다. 아울러 전시체제하에서는 형벌과 보안 처분의 일원화를 주장하며 예방구금을 제도화하였다.

유럽 각국의 형법은 일본의 구(舊)형법과 마찬가지로 프랑스의 1810년 형법을 모형으로 삼아 전통적인 객관주의 형법 이론을 그 지도 이념으로 하여 왔다. 그러나 20세기 초반에 리스트를 선두로 한 형법개정운동은 독일과 오스트리아, 스위스, 이탈리아 각국의 형법 제정 및 개정 작업에 큰 영향을 미쳤다.[12] 일본의 형법학계에서도 신파가 영향력을 확대하면서 결국 특별예방주의적 색채가 농후한 개정 형법(1907) 및 감옥법(1908)이 채택되었다.[13]

일본에서 감옥에 대한 지식은 독일 감옥학에서 비롯되었다. 19세기 유럽 감옥학을 대표하는 칼 크로네(Kahl Krohne)[14]의 제자로 일본 내무성의 감옥 고문이 되었던 제바흐(Curtt von Seebach)[15]

---

12 永野周志, 1975, 94쪽.
13 일본의 경우는 신파의 이론이 구파 이론보다 먼저 시민권을 획득하였다. 또한 1950년대까지 지속되었던 형법 논쟁에서 신파의 견해는 독일과 비교해보더라도 단연 우세를 점하였다. 신구파 형법 논쟁의 구체적인 내용은 大塚 仁, 『刑法における新舊兩派の理論』, 日本評論社, 1957 참조.
14 19세기 후반에 활약한 독일의 대표적 감옥학자로서, 그의 저서 『감옥학교 교과서』(Lehrbuch der Gefangniskunde, 1889)는 제자 제바흐를 통해 小河滋次郎의 『감옥학』으로 출간되어 메이지시기 일본 감옥학의 기본서가 되었다. 重松一義, 1985, 207쪽.
15 제바흐는 독일의 신진감옥학자로서 1889년 12월 내무성 감옥고문으로 일본에 온 후, 최초의 국립감옥관연습소 주임교수로 독일감옥학을 전수하였다. 重松一義, 1985, 207쪽.

는 독일식 감옥학의 기초를 가르치며 기존의 프랑스식 모델의 잔영을 제거하였다. 국가는 수형자 통제의 수단을 엄격한 규율과 격리에 기초한 개인 처우에서 찾았다.

일본인으로 제바흐의 이념을 계승한 오가와 시게지로(小河滋次郎)[16]는 1880년대 이래 "일본 감옥학의 체계화를 이룬 인물"로 평가된다.[17] 하지만 제바흐-오가와로 이어진 독일 감옥학은 체계적인 지식으로서가 아니라 구체적인 감옥 사무와 수형자 처우에 응용하기 위한 관리 방식 면에서 활용된 측면이 있다. 따라서 실제로 일본에 들여온 제도와의 괴리를 지적하는 논의에도 주목할 필요가 있다.

교육형론의 변주

리스트의 제자이자 형법학자인 마키노 에이이치[18]는 감옥계로 영향력을 확장하였다. 1908년 형법과 감옥법이 제정된 시기는 제국대학 출신을 중심으로 관료 기구가 구축된 시대였다. 형법 개정 과정에 적극 관여하였던 동경제국대학의 마키노 에이이치 이래

---

16 오가와는 1886년에 내무성에 속하여 가나가와현의 전옥과 경시청 전옥을 거쳐 내무성과 사법성에서 감옥사무관을 지낸 감옥학자이다. 朝倉京一, 「日本監獄學の展開」, 『矯正論集』, 1968, 319쪽. 오가와는 일본의 대학에서 감옥학을 일종의 학문으로 소개한 동경제국대학 교수 호즈미 노부시게(穗積陳重)의 제자이기도 하였으나, 이후 감옥 행정으로부터 멀어져 영향력을 행사하지 못하였다.

17 朝倉京一, 1968, 322쪽.

18 朝倉京一, 1968, 325쪽; 中山硏一, 『刑法の基本思想』, 成文堂, 2003.

다니다 사부로(谷田三郎), 마사키 아키라(正木亮) 등 제국대학 법과 출신이 감옥의 장(長)인 전옥(典獄)으로 등용되면서 감옥계는 고등문관시험 합격자와 사법관 등 전문 관료를 중심으로 재편되었다. 이들은 1920년대 이후 행형과 형사정책 문제를 다루는『형정(刑政)』지에 왕성하게 투고하여 교육형주의를 설파한 바 있다.[19]

19세기 감옥학의 중심 테마가 규율과 구금에 의한 감옥 관리에 있었다면, 제1차 대전 이후 1920년대로 들어서면 범법자를 교정하는 국가의 작용을 중시하는 방향으로 변화되기 시작하였다. 보다 적극적인 의미로 '행형'이라는 개념이 전면에 부상하게 되었다. 행형이란 자유형이 단순한 형 집행이 아닌 적극적인 수형자 교육을 목적으로 운영되어야 한다는 교육형 사상의 표현으로, 제1차 대전 후 독일에서 등장한 개념이다.[20] 이에 따라 독일에서도 감옥은 '감금의 장소(Gefängnis)'에서 '형벌 실행의 장소(Strafanstalt)'로 명칭 변경이 이루어졌다.

독일을 모델로 형벌제도 개혁을 추진해 온 일본에서도 명칭이 바뀌었다. 구금 장소를 의미하는 감옥이 아니라 형벌 실행 장소를 번역한 형무소가 되었다. 1922년 10월에 전국의 감옥은 형무소

---

19 동경제국대 출신의 신파 학자 기무라 가메지(木村亀二)도 여기 포함된다. 이들은 1930년대에 들어서서 나치스형법과 소비에트형법에 주목하는 글을 자주 실었다. 사회의 극적인 변화에 따라 법학이 진화하는 모양새를 이 두 사례에서 참고하려는 시도였다. 兒玉圭司,「木村亀二－その教育刑論にみる変化と連続」,『戰時体制と法学者(1931~1952)』, 国際書院, 2016.
20 平松義郎,「近代的 自由刑の展開」,『行刑の現代的 視點』, 有斐閣, 1981, 34~35쪽.

로, 전옥은 형무소장, 본감은 본소, 분감은 지소 등으로 바뀌었다. 이후 옥(獄), 감(監), 수(囚)와 같은 말은 행정상의 명칭에서 배제하였다.

감옥이 형무소로 명칭 변경되면서 수형자 및 형사피고인 처우에 대한 관심도 보다 커졌다. 이 시기 이래 중시된 교육형론은 사상검사인 시오노 스에히코(鹽野季彦)가 사법성 행형국장에 취임한 이래 제도로 구체화된다(1930~1934).「가석방심사규정」과「행형누진처우령」이 그것이다. 새로운 제도는 수형자를 새롭게 분류하기 위해 의학과 심리학, 교육학 및 사회학 등의 지식을 활용한다.

교육형론은 형벌로서 죄값을 치르는 것에 머물지 않고, 국가가 범법행위자에게 작용[교육과 교회(敎誨)의 양 측면]하여 그 위험성을 제거하고 사회로 돌려보낸다는 형사정책의 산물이다. 이전의 응보형과 비교해볼 때 교육형에 따른 제도 개혁은 단순히 보다 인도적으로 진화된 것이라기보다는 처신에 따라 형기가 짧아질 수 있음을 의미하였다.

수감자의 입장에서 교육형론은 일단 근면성이나 책임 관념의 증명 여하에 따라, 혹은 '개전의 정' 증명 여하에 따라 더 많은 양의 밥이나 나은 처우, 형기 감소로 나아갈 길이 열린다고 받아들여졌다. 제도적으로 볼 때도 이전의 가석방이 형무소장 각자의 기준에 따라 이루어졌다면, 1930년대의 가석방은 기준점을 명시하고 점수를 채워나감에 따라 이루어지도록 만들었다.

다만 이 같은 교육형론은 1941년 태평양전쟁 발발 이후로 그 성격이 일변한다. 전시의 형법학자들은 교육형론을 '자유주의적 교육형'과 '전체주의' 혹은 '단체주의' 교육형으로 구분하였다. 그리고 나치의 국가사회주의 이념에 따른 전체주의적 형사정책을 "진정한 의미의 교육형"이라 부르며 지지하였다.

여기서 '교육형주의'를 내세워 형사정책을 중시했던 마사키 아키라의 논의에 주목할 필요가 있다. 마사키는 1918년 동경제국대학 법과를 졸업하고 검사직을 맡은 이래 1921년에는 사법성 감옥국의 사무촉탁, 1924년부터는 행형국의 사법서기관이 되어 1935년까지 행형정책의 중추 역할을 담당하였다.[21] 특히 1941년에 그가 다시 사법성 행형국장으로 취임하면서 패전 직전까지 전시 행형을 지도하였다는 점에서 식민지에도 많은 영향을 미쳤다. 조선의 간수, 교회사가 쓴 각종 기고문에는 마사키 아키라의 관련 저서가 반복적으로 인용된다.

1940년대 초반 이후 마사키는 신감옥학을 주장하는데, 여기서 전시체제하 '새로운 교육형'의 내용이 드러난다.[22] 그는 종래의 행형 교육이 교회와 교육에 한정되어, 신앙심으로 선악 판단을 하도록 하는 "종교 기술"과 문자와 산수 등 지력을 함양시키는 "교육 기술"에 불과한 것이었다고 평가한다. 이에 반해 1941년 당시의 교육이란 기술 교육을 넘어선 새로운 행형 교육으로, 그 내용은

---

21 小幡尚,「昭和戰前期における行刑の展開と思想犯處遇問題」,『歷史學硏究』719, 1999. 1.

22 正木亮,『新監獄學』, 有斐閣, 1941; 正木亮,「新體制と行刑の再檢討」,『行刑法槪論』, 有斐閣, 1944. 이 글은 1944년에 나온 책에 부록으로 실렸으나 1941년 봄에 작성되었다.

인간 개조를 목적으로 하는 넓은 의미의 교육이었다. 따라서 국체에 대한 이해에 기반하여 충효 관념과 책임감, 협동 정신의 함양, 멸사봉공의 태도 등을 갖춘 인간 개조가 요구되었다.

이 개조 과정에서 새로운 수인 분류의 중요 기준은 교화가능성이었다. 이것이 없다고 판단되면 요주의 인물로 구분되어 엄중한 계호 방법을 강구한다.[23] 반면 교화가능성이 보이는 경우에는 일본 고유의 "인의(仁義)정신"에 기초하여 신용하고 자율성을 보장해준다는 것이다. "도저히 신용할 수 없는 무리"에 대해서는 범죄를 예방하기 위한 제도적 조치가 마련된다. 예방구금으로 대표되는 보안처분이 그것이다.

마사키는 형벌과 보안처분의 일원화를 지지하면서 국가공동체를 위협하는 인간으로부터 '사회를 보전'하기 위한 보안처분에서 응보 관념이 반드시 배제될 필요는 없다고 보았다. 실제로 1934년 이후의 독일 예방구금소의 경우 엄격한 구금과 감시 평가라는 점에서 감옥과 하등 다르지 않고, 이것이 부당하다고는 생각하지 않는다는 것이다.[24]

이로써 20세기 들어 형벌에서 응보 관념을 구시대적인 것으로 배격해온 형사정책의 방향은 1940년대 전시체제하에서 새로운 국면으로 전환되었다. 1941년 개정치안유지법(법률 제54호) 제3장으로 예방구금을 법제화하면서 일본의 사법 당국은 공공위험성이

---

23   正木亮, 1944, 237~239쪽.
24   正木亮, 「豫防拘禁の論理と實際」, 『昭德』 제6권 6호, 司法保護會, 1941, 12~20쪽.

가장 큰 범죄를 사상범죄라 단정하였다. 특히 비전향 사상범이 석방 후 다시 활동하게 되는 것을 우려하여 예방구금소를 만들었다.

기존에 영국이나 독일에서는 예방구금을 상습범이나 징역 집행종료 후에도 방화·살인·강도 범행의 우려가 큰 경우에 실시하였다.[25] 반면 일본에서 예방구금의 대상은 개선곤란 내지 불능으로 간주된 사상범이었다. 마사키는 일본에서 시작된 사상범 예방구금의 특징을 다음과 같이 말한다. "외국에서는 사상범죄를 확신범으로 보고 정기적인 보안처분은 불합리하다고 보지만, 일본에서는 사상범이라도 개선 가능성을 시인"하고 있다는 것이다.[26]

예방구금의 근거는 "국가의 방위와 개인의 교화"였다. 형법을 어긴 결과 형무소에서 징역형 처분을 받고 형기가 끝나도 이와는 별도로 국가에 의해 "무해"하다는 것이 증명될 때까지 구금할 수 있게 되었다. 그래야만 "국민협동체"는 범죄행위로부터 보호를 받는다는 논리이다. 이는 1934년 5월 4일 독일의 보안처분법 제16조 예방구금의 규정과 상통하는데, 일본의 경우 사상범을 대상으로 교화를 통해 전향이 이루어지면 관용하므로, 엄격한 독일

---

[25] 영국에서는 1908년 범죄예방법에 의거하여 1개소의 수용소를 운용하였고, 독일에서는 1934년부터 예방구금법을 실시하여 5개소에 수용하였다. 대상 인원은 영국의 경우 극소수로 1933년 현재 총 26명이었고, 독일은 1937년까지 253명이다. 독일의 경우는 나치 치하에 '국민협동체 보호'라는 명목으로 운영하였다. 正木亮, 『(增訂改版)刑事政策汎論』, 有斐閣, 1942, 262~264쪽.

[26] 正木亮, 1942, 260쪽.

과는 차이가 있다는 것이다.[27] 결국 당국의 판정에 의해 예방구금소에 수용된 사상범은 기존의 보호관찰소와는 격이 다른 형무소 내 '형무소'에 이중으로 갇힌 상태가 된다. 도요타마형무소 내 도쿄예방구금소(이후 후추형무소로 이전)와 서대문형무소 내 경성예방구금소(이후 청주 지소로 이전)가 그곳이다(조선의 경우는 4장 참조).

이상과 같이 교육형이라는 개념은 시기별로 주장하는 내용이 다르므로 전시체제하에 사용된 교육형 개념의 특수성에 대해 주의할 필요가 있다. 즉 1920년대 대두된 개선과 교화 논리는 1930년대 나치즘 및 파시즘과 관련된 교육형 개념을 흡수하게 되었고, 1940년대 이후로는 1920년대의 논리와는 다른 것으로 변화되었다.

이 복잡한 변주를 전개시킨 마사키 아키라와 시오노 스에히코 등은 패전 이후 공직 추방 처분을 받았다.[28] 관련 논의는 사상통제와 전시 동원을 다루는 장에서 다시 후술하도록 한다.

27　正木亮, 「わが国における予防拘禁制度」, 『行刑法慨論』, 有斐閣, 1944, 302~303쪽.
28　시오노는 스가모프리즌에서 1946년 8월까지 수감 생활 후 공직 추방되어 1949년 사망했다. 마사키는 치안유지법 개정과 수인강제노역 문제로 공직 추방 후 변호사로 활동했다.

3. 일본의 근대감옥[29]

그간의 연구 성과에서 일본의 근대감옥은 서구제도에 대한 '모방의 결과'로 설명되어 왔다. 즉 메이지시기 일본에서 이루어진 형법 논쟁과 근대감옥학의 도입 과정에서 최종적으로 채택된 신파 형법이론과 독일식 관리 감옥학이 짝을 이루어 형성되었다는 것이다.[30] 그러나 또 한편으로는 이 같은 서구식 모방이 일본의 근대화를 부분적으로밖에 설명하지 못한다는 주장도 있다.[31] 앞에서도 살펴보았듯이 독일의 신형법과 감옥학의 논리를 동경제국대학 출신의 관료를 통하여 전개한 것은 사실이나, 실제 행형제도는 영국 식민지인 홍콩과 싱가포르의 감옥 및 미국의 개척지 감옥을 참고로 하였기 때문이다.

요컨대 겉으로 표방하는 이념과 실제하는 제도적 실천상에는 상당한 괴리가 있다는 것인데, 당시 일본 정부가 근대적 형벌 개

---

29 이하 내용(1장 3절과 2장)은 2016년에 발표한 「제국 일본의 '모범'감옥 – 도쿄 대만 경성의 감옥 사례를 중심으로」, 『동방학지』 177의 내용을 수정한 것이다.

30 朝倉京一, 1968; 平松義郎, 1981; 小野修三, 『監獄行政官僚と明治日本』, 慶應義塾大學 出版社, 2012 참조. 저자 역시 이 같은 설명 방식에 의거하여 '국가에 의한 교화'를 지향하는 신파 형법학과 독일의 감옥학이 일본식 근대화 과정에서 선택적인 친화성을 가졌음을 밝힌 바 있다. 이종민, 「식민지하 근대 감옥을 통한 통제 메카니즘 연구 – 일본의 형사처벌 체계와의 비교」, 연세대학교 사회학과 박사학위논문, 1999.

31 梅森直之, 「規律の旅程」, 『早稲田大學政治經濟學雜誌』 354, 2004.

혁의 고민이 반영된 서구식 제도보다는, 짧은 기간에 모방, 활용 가능한 식민지 모델을 선호하였을 개연성이 있다. 그 결과 수감자 처우에 보다 억압적인 제도가 유지되고 정당화되었을 가능성도 생각해 볼 수 있겠다. 다만 홍콩 및 싱가포르에서 들여온 모델의 제도적 실현에 대해서는 아직 구체적인 연구가 미비하므로, 이 글에서는 메이지시기 행형제도를 도입한 주된 루트를 소개하는 것으로 대신하고자 한다.

메이지 정부의 서구 감옥제도의 탐색은 크게 두 가지 주된 루트를 통하여 이루어졌다. 첫 번째 시찰로 알려진 것은 1871년 일본인으로 처음 서구의 형사재판제도를 조사하고 감옥 시설을 견학한 오하라 시게야의 홍콩과 싱가포르 견학(1871. 2. 28~8. 18)이다. 당시 서구의 사법제 도입이 시급했던 일본은 영국의 식민지였던 홍콩과 싱가포르의 감옥 운영을 우선 참고로 하였다. 이미 홍콩에는 영국이 지은 대형 감옥인 빅토리아감옥(1841년 준공, 域多利監獄)이 존재하였다. 오하라는 이곳에서 서구의 형사재판제도를 조사하고 감옥시설을 견학하였다.

홍콩에 이어 시찰한 싱가포르의 창이감옥(Changi Prison)은 아시아에 만들어진 식민지 감옥의 전시장과도 같은 곳으로, 1860년대에 이미 샴왕국과 네덜란드령 동인도에서도 시찰단이 다녀간 바 있다. 창이감옥은 홍콩의 빅토리아감옥에 비할 바 아니었으나, 오하라는 싱가포르에서 만난 건축기사 맥네어(J. A. McNair)에게서 '영국의 유명한 법률가 벤담씨'의 이야기를 들었다.[32] 널리 알려진 제레미 벤담(Jeremy Bentham)의 일망감시(一望監視)시설[33]인

판옵티콘 구상을 접하였다는 것이다.

두 번째 루트는 일본 근대경찰의 창시 과정과 맞물리는데, 흔히 '일본경찰의 아버지'로 불리는 초대 대경시(大警視, 경시총감) 가와지 도시요시(川路利良) 일행의 유럽행에 동행했던 일등 경시보 오노다 모토히로(小野田元熙)의 조사(1879~1880)이다.[34]

오하라가 견학에서 돌아와 만든 구금시설의 운영에 관한 문서 『감옥칙과 도식』(1872)에는 새로운 시설의 구상도가 제시되는데, 그 모습은 자료 1-3에서 보는 바와 같이 중앙에서 한눈에 각 동을 감시하기에 적합한 건축물이었다. 이 구상도가 일본 최초의 서구식 옥사로 알려진 도쿄의 가지바시(鍛冶橋)감옥서로 현실화되었다.

여기서 잠시 19세기 후반 서구에서 활용된 모델을 살펴보기로 한다. 벤담의 판옵티콘 구상은 19세기 초 미국의 감옥 설립에 영향을 미쳐, 철저한 격리주의에 근거한 동부주립감옥(Eastern State penitentiary) 건설로 구체화되었다. 아울러 이를 모델로 하여 1842년 영국에서 완성된 팬턴빌감옥은 세계적으로 가장 많이 모

---

[32] J. F. A. McNair and W. D. Bayliss. *Prisoners Their Own warders: A Record of the Convict Prison at Singapore in the straits Settlements Establishid 1825, Discontinued 1873*(Westminster: Archibaid Constable, 1899)p. x, ダニエル・V・ボツマン, 『血塗られた慈悲, 笞打つ帝国』, インターシフト, 2009, 58쪽에서 재인용.

[33] 일망감시시설이란 한눈에 많은 수형자들을 효과적으로 감시할 수 있도록 고안된 원형감옥을 말한다. 근대감옥의 건축구상과 그 실현에 대해서는 이종민, 2004 참조.

[34] 大日方純夫, 1992, 122~130쪽. 오노다의 보고서에 기초하여 오하라가 기초한 것이 1882년의 「감옥칙」이 되었다.

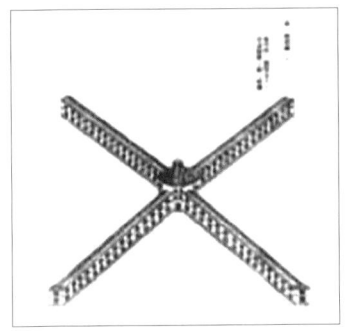 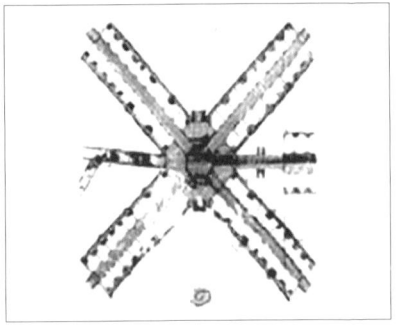

자료 1-3 오하라의 감옥구상도(좌)와 가지바시감옥 평면도(우)
출전: 小野義秀,『監獄(刑務所)運營120年の歷史』, 矯正協會, 2009, 34, 36쪽.

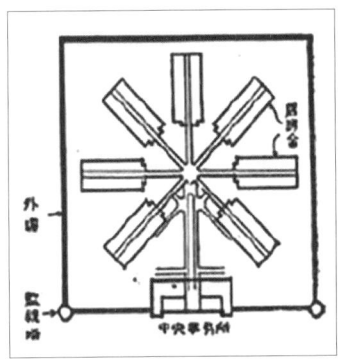 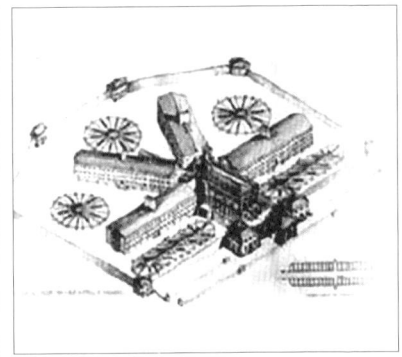

자료 1-4 동부주립감옥(좌)과 팬턴빌감옥(우)
출전: 張管雄 外,『高等建築學』, 常磐書房, 1936, 30쪽(좌); 重松一義,『圖說 世界監獄史』, 柏書房, 2001. 301쪽(우).

방된 감옥이 되었다.[35]

    이 두 개의 감옥은 일망감시 시설의 변형물로, 일본에서는 감

---

[35] 이종민, 2004, 458~462쪽.

시 중심점을 축으로 옥사가 사방으로 이어지는 구조를 방사형(放射型)이라 불러왔는데, 1930년대 이전 대부분의 일본 및 식민지의 감옥은 이 같은 구조로 축조되었다.

감옥이란 용어는 메이지 초기에 만들어진 개념 중 하나이다. 오하라의 감옥칙이 1872년 당시 최고행정기관인 태정관(太政官) 포고로 공포되면서 감옥이 시설의 공식 명칭으로 채용되었다.[36] 에도시대의 수감시설을 지칭하는 재래 용어(牢獄, 囚獄, 監倉, 寄場)들은 점차 사라지고, 경시청 산하에서 '감옥서'라는 명칭과 함께 사용되다가 1879년 내무성에 감옥국(監獄局)이 설치되면서 '감옥'으로 정착하였다. 이후 일본의 식민지와 점령지에서도 사용되었다. 메이지 초기의 감옥들은 자료 1-3의 구상도와 흡사한 십자형 구조로 만들어졌다.

도쿄의 가지바시감옥서는 1874년에 일본 천황의 거소인 황거(皇居) 옆에 지은 도쿄경시청 부속 미결감이었다. 이 시기에 황거 바로 앞에 재판소와 미결감, 도쿄경시청 등이 만들어졌다는 사실은 메이지 초기 이 기구들이 매우 중시되었음을 보여준다. 비록 내무성 소속이었지만 가지바시감옥서는 재판소와 경시청 사이에 자리잡고 '근대적' 재판을 받을 피고인을 수감할 '새로운 장소'로 만들어졌다.

이후 그 자리에 도쿄 중앙역(현재의 도쿄역)이 들어서게 되고

---

36 小野義秀, 『監獄運營一二〇年の歷史』, 矯正協會, 2009, 652쪽.

황거가 근대 천황제의 상징 공간으로 개편되면서 가지바시 미결감옥은 1903년에 이치가야(市谷)로 이전, 도쿄감옥이 되었다.[37] 서구와의 조약 개정이 완료되고 메이지 정부가 안착하면서 비로소 감옥은 도쿄의 중심에서 주변부로 점차 밀려나게 되었다.

일본의 재감인원 수는 기존의 태·장형이 징역형으로 바뀌기 시작한 1873년 이후부터 늘어나기 시작하였다. 1877년의 세이난전쟁 이후로 '국사범'이 대폭 증가하자 기존의 전통적 수용 시설은 포화상태가 되었다. 장기수가 된 국사범들을 우선 분산 수감할 정부 직할 대형 감옥을 만들고, 이를 '집치감(集治監)'이라 불렀다.[38] 도쿄집치감(1879년 개청)은 고스게(小管)감옥(1903년 개칭)의 전신으로, 수감자 천여 명이 벽돌을 주재료로 만든 방사형 대감옥이었다.[39]

불평등조약 개정에 대비하여 만든 스가모(巢鴨)감옥은 1895년 10월에 탄생하였다. 일본의 사법 개혁 수준을 평가할 국제적 시선을 의식하여 약 5년에 걸친 공사 끝에 만든 이 감옥은 약 6만 평의

---

[37] 1922년에는 단기 미결수를 집중 구금하는 이치가야형무소(1922)가 되었다. 박열과 가네코 후미코가 수감되었던 장소이기도 하다.

[38] 집치감은 미야기(宮城), 도쿄, 북해도, 그리고 미이케(三池)에 세워졌다. 미이케집치감은 1883년 규슈 오무타(大牟田)의 광산감옥으로 만들어져, 장기수의 노역을 이용하여 채광하였다. 이 같은 수인 노역은 미이케탄광이 민영화되는 1889년 이후로도 계속되다가 1931년에 감옥이 없어지면서 폐지되었다(小野義秀, 『日本行刑史散策』, 矯正協會, 2002, 98~104쪽).

[39] 이 시기 일본의 대표적 감옥 건축물로서 1893년의 미국 시카고박람회에 도면을 보내 수상하였다. 重松一義, 1985, 68쪽.

자료 1-5 도쿄집치감
출전: 小野義秀, 『監獄運營一二〇年の歷史』, 矯正協會, 2009, 38쪽.

부지에 총건평 2,714평, 각 방수는 300여 개였다.[40] 1894년 영국과의 조약 개정 이래 영사재판권은 1899년을 기하여 폐지되었다. 조약 체결 후 실제로 치외법권이 폐지되기까지의 유예기간 5년(1894~1899) 중 스가모감옥(일명 국제감옥)이 완공되어 일본에서 유죄판결을 받은 외국인들을 수용하였다.

쓰마키 요리나카(妻木賴黃)[41]가 설계한 스가모감옥은 5m 높이의 거대한 벽돌담이 1.6km에 달하였으며 정문 또한 4m를 넘어 성채와도 같은 분위기를 연출하였다. 좌우 양측의 중앙감시소에서 5개의 독방동이 방사상(放射狀)으로 뻗어나갔고, 수용 인원도 2,400명으로 당시 일본 최대 규모였다.[42] 이케부쿠로의 언덕 위에 거대 성채와도 같은 모습으로 세워진 스가모감옥은 도쿄은행, 동

---

40 重松一義, 1985, 128~129쪽.
41 妻木賴黃(1859~1916): 일본의 1세대 독일파 건축가로서, 메이지기 대표적인 건축물인 동경부청, 동경재판소, 동경상공회의소, 요코하마정금은행 등 주로 관가의 건축을 설계하였다. 藤森照信, 『日本の近代建築』(上), 岩波書店, 1993, 238쪽.
42 朝倉京一, 「刑務所建築 變遷」, 『行刑現代的視點』, 有斐閣, 1981, 245~246쪽.

 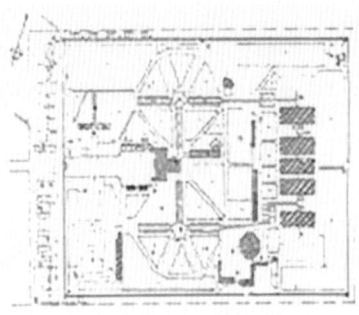

자료 1-6 스가모감옥 정문 사진과 평면도
출전: 司法省, 『刑務所總攬·各刑務所建物配置圖』, 1932; 重松一義, 1985, 267쪽.

경포병공창(東京砲兵工廠: 소총 등을 만들던 무기 공장. 현 도쿄돔 자리)과 아울러 당대에는 도쿄 3대 건축물로 꼽힐 정도로 주목을 받았고, 대만의 감옥 설치 시에도 준거모델이 되었다.[43]

대정·소화 시기 도쿄의 감옥 표준

1915년 나카노(中野)에 만들어진 도요타마감옥(豊多摩監獄)은 1923년 관동대지진 이전에 도쿄에 세워진 마지막 감옥이다. 고토 게이지(後藤慶二)[44]가 설계한 이 감옥은 치안유지법의 적용 이래 가장 많은 사상범을 수용한 곳으로 유명한 장소이다.

---

43 楠富士太郎, 「行刑建築小史」, 『刑政』 65-10, 1954, 13쪽.
44 後藤慶二(1883~1919): 1909년에 동경제대 건축과를 졸업, 사법성에 들어가 첫 작품으로 도요타마감옥을 만들었다. 이후 1915년 6월에 폐결핵으로 휴직 시 총독부 촉탁이었던 세키노 다다시(関野貞)와 함께 조선의 고적 조사 여행에 참가한 바 있다. 1919년에 병사.

관동대지진은 목조나 벽돌로 만들어진 기존 감옥 건축물에 큰 타격을 안겼다. 대지진으로 무너지거나 불타 없어진 많은 옥사는 콘크리트를 사용하여 대대적으로 개축 혹은 신축되었다. 불평등조약의 개정과 청일전쟁에 이은 러일전쟁의 승리 이후 일본은 강대국의 간섭으로부터 상대적으로 자유로워졌지만, 대내적으로는 새로운 종류의 갈등 관계에 직면하게 된다. 기존에도 신문지조례, 행정경찰규칙, 치안경찰법, 경찰범처벌령 등의 다수 탄압법이 있었으나, 1925년의 치안유지법 이래 기존의 '국사범(정치범)'과는 다른 '사상범'이라는 개념이 만들어졌다. 국체변혁과 사유재산제도 부인을 주장하는 새로운 범죄자들이 나타난 것이다.

한편 1920년대에 감옥 운영의 기조가 징계 위주에서 교육형(教育刑)주의로 바뀌는 과정에서 1922년부터 감옥은 형무소로 명칭이 바뀌었다. 감옥 건축도 재감자의 편의를 보다 고려한 방식으로 바뀌어 갔는데, 일본 정부는 감옥 개축이 이루어질 때마다 설비와 통제의 과학성을 선전하였다. 반면 독거방을 늘리는 등 사상범의 격리를 강화하고 미결 전용 시설이 늘어나면서 사상범을 대상으로 한 장기 취조가 비판의 대상이 되기도 하였다.[45]

이 시기 동양 제일의 모던 형무소라 불리던 새 모델은 1929년에 개축된 고스게형무소이다. 개축 이후 다양한 신분의 외국인들(미네소타대학 교수, 벨기에 사회당총리 부인, 주중미국공사, 베를린 성과

---

45 重松一義, 『日本刑罰史年表』, 柏書房, 2007, 187~188쪽.

자료 1-7 도요타마감옥 전경
출전: 司法省, 『刑務所總攬·各刑務所建物配置圖』, 1932.

학연구소장, 미국의 잡지기자와 영화배우 등)이 이곳을 참관하였다. 이들은 대부분 건축물의 "설비가 훌륭하다"는 평을 남겼지만, 통제 방식에 대해 지적하였다. 관리자가 군대식 경례를 하고, 재감자가 지나치게 허리를 굽혀 감사를 표명하는 모습을 엄숙한 군대식 정확성, 비인정(非人情)이라 묘사하였다.[46] 1930년에 참관한 미국인 잡지 기자[47]와 교수는 노동시간이 지나치게 길고 재소자에게 위안이 될 음악, 영화, 경기 등이 없다고 지적하였다. 이에 대해 당시 관계자는 1932년의 시점에는 라디오와 집단운동(체조)이 도

---

46 TY生, 「外人の眼に映じたる小管刑務所」, 『刑政』 45-7, 1932.7, 107~110쪽.
47 뉴욕의 잡지 기자 Henry Albert Phillips의 *Meet the Japanese* 중.

입되었다고 밝혔다.⁴⁸

　5년간의 대공사를 거쳐 만들어진 고스게형무소의 낙성식(1929.10.27)에서 건축기사인 가바하라 시게오(蒲原重雄)⁴⁹는 설계 시 주력한 부분을 설명하였다.⁵⁰ 재질이 철근콘크리트로 바뀐 점 이외에도, 초범자와 누범자의 분리 수용을 위하여 부채꼴 옥사가 고안되었으며, 독방의 창은 옆방과 되도록 거리를 떨어뜨리고 창밖으로 삼각톱 모양의 차단벽을 설치하여 물품 등을 주고받지 못하도록 설계되었다. 이같이 극단적인 격리를 추구하는 옥사 자료 1-9는 1936년 서대문감옥 구치감에서 재현된다. 이 밖에도 고스게감옥의 상징인 약 90척 높이의 감시탑은 단 한 명의 간수로도 한눈에 부지를 감시할 수 있었다(자료 1-10).⁵¹

　도요타마형무소는 1931년에 보수가 완료되는데, 자료 1-11의 십자형 옥사는 좁은 독방으로 이루어진 건물로, 사상범 구금으로 악명높은 장소였다. 1941년 5월에는 당시 가장 낡고 감시가 쉬웠던 제7사를 도쿄 예방구금소로 사용하였다.

　예방구금법에 따라 비전향으로 구분된 자는 필요에 따라 별도 재판 없이 2년간 구금할 수 있었다. 이로써 예방구금소는 '범죄

48　TY生, 1932, 107쪽.

49　蒲原重雄(1898~1932): 1922년에 동경제대 건축학과 졸업. 고스게감옥이 대표작이나, 도요타마감옥의 복구, 스가모·후추(府中)감옥 설계에도 관여하였다.

50　蒲原技師, 「小管刑務所の建築に就て」, 『刑政』 42-12, 1929.12, 111~113쪽.

51　이 탑은 현재까지도 도쿄구치소 중앙탑으로 남아 있다.

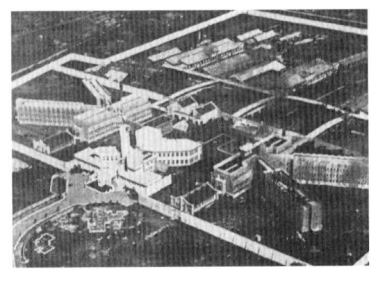

자료 1-8 신축된 고스게감옥(1929)   자료 1-9 고스게 독거감

자료 1-10 사무소 중앙탑   자료 1-11 도요타마감옥 특별감방

출전: 司法省, 『刑務所總攬·各刑務所建物配置圖』, 1932; 小管刑務所, 『小管刑務所圖集』, 1929; 重松一義, 『世界の監獄史』, 柏書房, 2002.

를 저지를 우려가 현저한 자'들을 사회로부터 격리시킬 수 있었다(1941년 5월 14일 예방구금소 관제). 일본에서 공산주의운동을 하던 김천해(金天海)[52]와 독립운동을 하다가 상해에서 검거된 이강훈(李

---

52 김천해: 경상남도 울산 출신. 재일본 조선노동총동맹과 조선공산당 일본총국 간부로 활동하다가 검거되어 복역 후 다시 사상범 예방구금소에 구금 중 해방 후 출옥. 본명 김학의.

康勳)[53]은 이곳에 수용되다가 1945년 10월 10일 마지막으로 석방된 16명 속에 포함된다.[54]

한편 관동대지진으로 크게 부서진 스가모감옥은 1937년에 복구되어 도쿄구치소로 사용되다가 일본의 패전 이후에는 미군 관할의 '스가모 프리즌(Sugamo Prison)'이 되었다. 도쿄구치소 시절에는 전시하에 많은 사상범이 수감되었다. 도쿄구치소 건물에서 특기할 점은 기존의 방사형이 아닌 병렬형으로 지어져 새로운 추세를 보여주었는데,[55] 이는 직전(1936)에 세워진 서대문감옥 내 구치감 건물과 같은 방식이다.

---

53 이강훈: 강원도 김화 출신. 간도·상해 중심으로 활동하다가 일본의 주중공사 아리요시 아키라 폭살 시도로 검거. 1942년에 출옥했으나 예방구금소에 재구금 중 해방 후 출옥. 1977년 독립장 추서.

54 도요타마형무소는 전쟁 중 미군의 공습을 받아 1945년 6월에 수용 인원을 후추(府中)형무소로 이감하였다. 최후의 16명이 석방된 장소이다. 社會運動史的に記錄する會 編, 『獄中の昭和史 豊多摩刑務所』, 靑木書店, 1986, 165쪽; 이강훈, 『역사증언록』, 인물연구소, 1994; 미즈노 나오키, 「일본 패전 후의 정치범 석방과 재일조선인」, 『재일코리안운동과 저항적 정체성』, 선인, 2016.

55 ※ ✕ ✚ 방사형 건축배치의 예. ▦ 병렬형 배치의 예.

2장

제국 일본과
동북아 대표 감옥

1. 대만의 타이베이감옥

1895년은 동아시아에서 여러 가지로 특기할 만한 해였다. 일본은 청일전쟁에서 승리한 결과 그 전리품으로 받은 대만을 첫 식민지로 삼았다. 서구 열강과 불평등조약을 개정하고 난 일 년 후(1895) 도쿄에 스가모감옥이 들어섰다. 다만 요동반도는 삼국간섭으로 반환해야 하였다. 이렇듯 1895년에 일본은 서구와의 관계 속에서 안고 있던 과제를 일부 해소하는 동시에 여전히 서구열강의 견제를 받았다.

대만에서는 식민지 초기 거센 저항을 탄압하는 과정에서 수많은 대만인들이 사형당하거나 수감되었다. 일본 당국은 급한 대로 구청사나 성당, 창고 등을 임시 감옥으로 이용하였다. 대만총독부가 있던 타이베이의 도시 성격과 타이베이감옥의 연혁을 보면 다음과 같다.

타이베이는 식민화 이전부터 형성된 상업도시이다. 1875년에 청조 정부는 타이베이부(府)를 만들었고 1882년에 성채가 완성되어 관아와 시가지가 형성되었다. 1885년에 타이베이가 성(省)이 되어 성도(省都)로서 기반을 마련하던 중 일본의 식민지가 되었다.[1] 일본은 대만을 식민지로 만들면서 타이베이에 대만총독부를 설치

1　橋谷 弘, 『帝國日本と植民地都市』, 吉川弘文館, 2004, 33~38쪽.

하고 기존의 성벽을 철거하였다. 대만고등법원과 감옥 또한 이곳에 들어섰다. 전통적 성곽 도시 위에 식민지 도시가 형성되었다는 점에서 대만과 서울은 공통점을 갖는다.

대만의 감옥령은 1895년 11월 20일에 공포되었고 「감옥가규칙(監獄假規則)」은 1899년 보완되어 「타이베이감옥칙」(율령 제3호)이 되었다(이후 1908년 일본의 감옥법 제정에 맞춘 「타이베이감옥령」 제정). 당초 대만총독부는 타이베이성 안에 있던 청군의 삼부아문(參府衙門) 자리에 감옥을 세우고, 타이베이감옥서라 칭한 바 있다.[2] 1896년 6월부터 그 사무를 개시하였는데, 이후 총독부 지방관 관제 개정 결과 타이베이현 감옥서가 되었고, 1900년 10월에 제정된 「감옥관제」에 따라 타이베이감옥으로 명칭을 바꾸었다.[3] 개감 후 수개월 동안 120여 명이었던 재감자 수는 1900년 초에는 10배로 증가하여 1,200명을 넘어섰다.[4]

임시로 만든 첫 타이베이감옥은 9,399엔 98전 7리의 예산으로 청조시대의 군 시설 일부를 개축한 매우 불완전한 시설이었다.[5] 허술한 건축물이었으므로 파옥 및 도주 사건이 빈발하였다. 외역 중 도주했던 자가 감옥으로 돌아와 다시금 6명의 수감자를 이끌

---

2 刑務協會, 『朝鮮臺灣刑務所沿革史』, 연도불명; 檜山幸夫, 1998, 466~470쪽.
3 志豆機源太郎, 「臺灣監獄の槪觀」, 谷ヶ城秀吉 編, 『志豆機さんの思ひ出: 志豆機源太郎』(植民地帝國人物叢書 臺灣編 13), ゆまに書房, 2009, 408쪽.
4 ボツマン, 2009, 291, 292쪽.
5 檜山幸夫, 1998, 474쪽.

자료 2-1 신축 이전의 구 감옥
출전: 重松一義, 『日本の監獄史』, 241쪽.

고 탈옥하는 사건까지 벌어져, 당시 가장 중요한 감옥 사무는 탈옥 근절이었다. 과밀 상황에서 위생 상태도 매우 나빠 환자가 속출하였고[6] 1898년에 감옥 내 병사자는 일일평균 구금 인원 100명 중 40명에 달하였다.[7]

이러한 내용이 외국 언론에 의해 보도되자 일본 내에서 대만의 감옥 환경에 관한 우려 여론이 형성되었다.[8] 『대일본감옥협회잡지』에는 식민지 감옥 운영에 대해 "수많은 외국인이 일본에 거주하면서 일본과 그 식민지 대만의 감옥제도를 지켜보고 있다"는

---

6   眞宗本願寺派 本願寺, 『日本監獄教誨史』下篇, 1806~1807쪽.
7   谷ヶ城秀吉 編, 2009, 417쪽.
8   林政佑, 『日治時期臺灣監獄制度與實踐』, 國史館, 2014, 88~91쪽.

우려의 기고문이 이어졌다.[9]

> 열국은 우리 제국의 대만 시정을 분명 감시 주목할 것이다. (중략) 대만에서 성공의 열쇠는 근대적인 형벌제도의 설립으로, 그것이 없다면 일본 국법의 신용을 잃고 대만 각지의 사업은 수포로 돌아갈 것이다.

식민지 초기 대만의 재정은 극심한 곤란을 보였다. 무장저항에 대한 진압 과정에서 일본 정부가 대만에 직접 지출한 군사비만 하여도 대만총독부 세출 총액의 절반 이상을 차지하였다.[10] 청조의 군 시설을 감옥으로 개축한 것도 이 같은 재정 상황과 무관하지 않았다. 1906년에야 재정 자립을 달성했던 대만이 1900년대 초반에 타이베이(臺北), 타이중(臺中,) 타이난(臺南) 지방에 거의 동시에 감옥을 신축한 배경은 무엇일까.

그 이유는 크게 보아 두 가지로 요약된다. 우선 1902년까지 대만인의 항일 활동을 무력 진압하는 과정에서 늘어난 재감자 관리가 시급했다. 아울러 일본이 식민지 운영을 개시하는 단계에서 외부의 시선을 고려하였다. 당시 국제 관계에서 근대감옥제도의 완

---

9 臺灣の監獄制度, 『大日本監獄協會雜誌』 9-1, 1896.1, 7쪽; 福澤勇太郎, 「臺灣監獄制度に對する管見」, 『大日本監獄協會雜誌』 95, 1896.4.15, 41~42쪽.

10 문명기, 「대만·조선총독부의 초기 재정 비교연구」, 『중국근현대사연구』 44, 2009, 95쪽.

비와 처우 여하는 서구의 기준으로 문명개화 여부를 판단하는 주요 기준이었다. 따라서 일본 정부는 아시아의 맹주로 등장하는 일본의 시정 능력에 주목하는 서구열강을 대상으로 일본이 그 식민지 인접국에도 문명을 전파할 적임자임을 증명하고자 하였다. 이러한 상황에서 건축물은 그 시각적 효과로 인해 명료한 상징물이 될 수 있었고, 1904년에 신축된 타이베이감옥은 그 규모와 시설 면에서 대표 감옥의 위치를 차지하게 되었다.

대만의 근대감옥은 격렬한 무장저항 진압 후 검거된 다수 대만인들을 수용하기 위하여 세 지역에 잇따라 세워졌다. 타이베이감옥은 수인들을 동원하여 기존의 전통 성벽을 허물 때 나온 석재를 재활용하여 외벽과 내부 격벽, 사무실, 창고 및 병실 등을 만들었다.[11] 타이베이를 지키던 성을 무너뜨려 그 석재로 대만인을 가둘 감옥 건축에 활용한 것인데, 당시 대만총독부 법무국장이었던 데지마 헤이지로(手島兵次郎)는 이 사실을 도쿄의 한 강연 자리에서 밝힌 바 있다. 석재 이용으로 건축 비용을 절약하는 동시에 위풍당당한 감옥 건물이 완성되어 타이베이 미관의 일부가 되었다는 것이다.[12] 기존 성도(省都)의 권위와 상징을 해체하여 새로운 제국의 상징물로 대체하는 과정을 기술과 미관 창출로 보는 식민자

---

[11] 刑務協會 編, 『朝鮮臺灣刑務所沿革史』, 타이베이감옥 편; 臺北刑務所, 『刑務要覽』, 1934, 3쪽.

[12] 手島兵次郎, 「臺灣監獄談」, 『監獄協會雜誌』, 1905. 5, 28~29쪽(ボツマン, 2009, 295~256쪽에서 재인용).

인식의 단면을 보여주는 대목이다.

일본의 감옥 설계사 야마시타 게이지로(山下啓次郎)는 동경제대 건축학과를 1892년에 졸업하고 스가모감옥 건축에 관여한 인물이다. 1897년에 사법성 건축기사가 된 야마시타는 대만 출장(1899)을 다녀온 후 다시 구미를 시찰하고 나서 1904년에 타이베이감옥을, 1907~1908년에는 일본의 5대 지방감옥인 가나자와, 치바, 나가사키, 나라와 가고시마 감옥을 완성하였다. 이같이 일본과 대만에 감옥을 만드는 일정이 겹치면서 타이베이감옥은 스가모, 고스게와 같은 대형 감옥의 영향을 받는 한편 이후에 만들어지는 대만의 다른 감옥과 일본의 5대 지방감옥의 건축에도 영향을 미쳤다고 평가된다.[13]

스가모감옥 등 도쿄감옥의 위풍당당한 벽돌 건물을 보면, 도쿄 출신자는 물론 많은 이가 분명히 경탄할 것이다. 그러나 타이베이에서 감옥은 벽돌보다 우수한 석재로 만들어졌다. 건설 비용은 31만 엔으로 시내 어느 건물보다도 대규모로 계획되었다고 보아도 좋을 것이다. 면적은 50에이커(약 1,200평)로, 주위에는 15~20에이커의 경작지가 있다. 한 번에 1,200명의 수인을 수용할 수 있고 볕이 좋으며, 통로와 바닥은 전부 시멘트로 덮여 땅이 드러난 곳은 어디에도 없

---

13 黃舒楣,『原臺北刑務所, 光復後之臺北監獄及華光社區等 文史資料調査』, 臺灣大學建築與城鄉研究所, 2015, 1-14~1-17.

다. 물건이 떨어지면, 그 소리가 건물 중으로 울려 퍼진다.[14]

이 글은 일본의 식민학자이자 정치가인 다케코시 요사부로(竹越与三郎)가 1904년에 준공된 타이베이감옥을 소개한 글이다. 이 글의 주 내용은 위풍당당한 대형 건물의 위용, 위생성의 향상, 철저한 계호(戒護)로 요약되는데, 당시 일본의 스가모감옥은 해당 시기 감옥 표준에 가까운 준거 모델이었다.

자료 2-2의 원 안에 보이는 방사형 부채꼴 모양의 옥사가 타이베이감옥이다. 당시 중심부의 지도를 보아도, 필적할 만한 큰 건물이 거의 없다는 점에서 그 스케일을 짐작할 수 있다. 30만 엔의 건축비를 들인 1,200명 수용 규모의 타이베이는 일본과 비교해봐도 손색이 없는 모범감옥이라 평가 받았다.[15]

대만총독부는 1900년에 「감옥관제」를 발포하여 감옥을 총독의 직접 관리하에 두었다. 대만에는 「비도형벌령(匪徒刑罰令)」(1898년 11월 5일 율령 제24호)으로 항일 저항자를 도적이나 강도와 동일시하는 극단적 탄압법령에 근거하여 탄압하였다. 1895년에서부터 사실상 비도에 대한 탄압이 종식되었다고 평가 받는 1902년 사이 처형된 '비도' 중 4분의 1에 해당되는 인원은 정식 법률 수속없이

---

[14] 竹越与三郎, 『臺灣統治志』, 博文館, 1905, 319쪽.
[15] 「台北監獄を見る(九)」, 『台北日日新報』, 1904.7.15, 5면(林政佑, 2014, 1쪽에서 재인용).

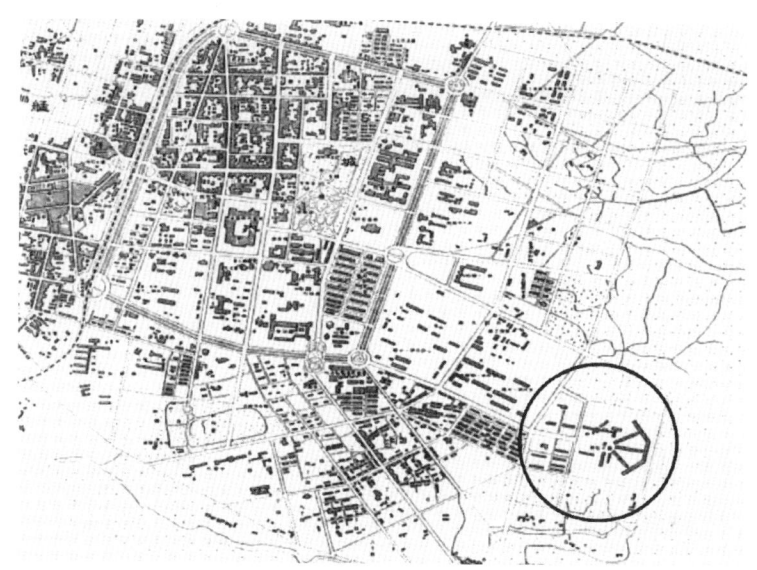

자료 2-2 타이베이 중심부와 감옥(1914) 위치
출전: ボツマン, 앞의 책, 295쪽.

처형되었다.[16] 타이베이감옥은 완공되자마자 이들 범법자들을 수용하였으나, 식민지 초기 재감인원의 폭증을 해결하기 어려웠다. 따라서 「벌금 및 태형처분례(1904)」으로 자유형을 대체할 태형을 제도화하고 때때로 사면을 행사하는 방식으로 수감인원을 조절하였다. 태형은 미개한 식민지 민중을 다스리는 방식으로 정당화되었고 구금 비용을 줄일 수 있었다. 이렇게 하여 태형은 대만에서부터 시작되어 이후 조선, 관동주 등지에서 활용된 바 있다.

16　王泰升,「植民地下臺灣の彈壓と抵抗」,『札幌学院法学』21-1, 2004, 232쪽.

타이베이감옥에 대한 연구에서는 일본인 형무관들의 관사(官舍) 터가 상당한 면적을 차지하였다는 사실이 밝혀진 바 있다.[17] 이는 식민지 감옥 시설의 특징으로 볼 수 있는데, 일본인 관리자들이 대만에 단신으로 부임하는 경우가 많았고, 그 비율이 크게 줄지 않았기 때문이라는 것이다. 재감 인원이 증가함에 따라 관리 인력도 증가하였음을 보여준다.

1940년을 전후로 재감자들의 영역 안에 신사(神社)가 신설되는 경우가 눈에 띤다. 이는 조선에서도 동일하게 나타났다. 일본의 경우 감옥 내 요배소 정도만을 설치해왔던 사실과 비교해볼 때, 식민지의 재감자 황민화를 위한 당국의 집념을 읽을 수 있다.

식민지 초기에 한하여 돌아보면, 가혹한 탄압법과 재판없는 처형, 수용인원의 폭증과 사망자 속출, 태형을 통한 수용 인원 조절과 같은 일련의 일들은 사실상 근대적 사법개혁의 내용과는 거리가 먼 것이었다. 높은 담벽과 육중한 문 너머의 대규모 건축과 경관만이 형정 근대화의 상징으로 널리 선전되었다. 다만 대만은 조선과는 달리 1920년대 이후로는 체제 내 정책 반대운동이 주류가 되었고, 1937년 이후로 항일운동은 정체되었다.[18] 따라서 대만에서는 일본 및 조선과는 달리 사상범보호관찰법이나 예방구금소가 설치되지 않았다.

---

17 黃舒楣, 2015 참조.
18 王泰升, 2004, 242쪽.

2. 조선의 서대문감옥

간이감옥 시대

1876년에 조선과 일본은 「조일수호조규」를 맺었다. 이 조규에는 일찍이 일본이 개항했을 때 어쩔 수 없이 수용했던 영사재판권이 명시되어 있다. 조선은 이후 미국 및 영국, 독일과도 동일한 일련의 조약을 체결하였다. 일찍이 서구열강이 일본에 대해 "근대법제도의 불비(不備)로 재판의 정당성이 담보되지 않아 야만적인 옥정에 자국민을 맡길 수 없다"고 했던 주장을 이번에는 일본 정부가 조선을 향해 되풀이하였다. 1905년에 침략이 본격화되면서 그간 한국에서 추진되어 온 재판과 형정의 독자적 근대화 시도는 종지부를 찍게 되었다. 1907년에 「감옥관제」가 제정되고, 12월 27일에는 「경성감옥서를 설치하는 건」(법부령 제1호)이 발표되었다.

이 무렵 일본에 저항하다 검거된 한국인이 급증하였고, 다수의 일본인이 감옥 관리를 위해 한국으로 들어왔다. 1907년에는 독립문 밖 금계동(이후 현저동)에 감옥을 신축하였다. 격증하는 수감자 수용을 위해 서둘러 세워진 경성감옥(1912년 서대문감옥으로 명칭 변경. 이후 서대문감옥으로 표기)은 목재와 아연판을 붙인 간이 건물에 가까운 건축물이었다. 건립비 48,000엔에 1908년에 준공된 청사와 그 부속 건물의 총건평은 80평이었고, 옥사 및 그 부속 건물은 총 480평이었다. 수용인원 역시 500여 명에 불과했지만, 1908년 10월 19일에 문을 연 서대문감옥은 조선에서 가장 큰 규

모의 감옥이자 모범감옥이었다.[19]

감옥의 설계자는 시오텐 가즈마(四王天 數馬)로 알려져 있다.[20] 시오텐은 1898년 11월 북해도 삿포로감옥 전옥을 거쳐 1901년 11월에 도야마(富山)감옥, 1903년 와카야마(和歌山)감옥의 전옥(형무소장에 해당)을 거쳐 1907년에 한국에 초빙되어 들어왔다. 그는 이후 경무고문으로서 한국 감옥을 일본식 감옥체제로 바꾼 인물로 기록되고 있으나, 상세한 내용은 알려지지 않았다.[21]

일본의 유명 감옥 건축가 야마시타 게이지로(山下啓次郎)가 타이베이감옥의 설계 과정에 직접 관여한 사실을 감안해볼 때, 조선의 대표 감옥이 만들어지는 과정에 대해서는 정보가 부족한 것이 사실이다. 다만 일본에서 출판된 『감옥협회잡지』를 보면 1909년에 대한제국 서지부 건축기사인 이와타 사쓰키마로(岩田五月滿)[22]가 일본의 감옥 및 재판소 시찰을 위하여 출장왔다는 기사가 있다.[23] 이와타는 동경제국대 건축학과를 1904년에 졸업하고, 1905년에 내한하여 건축기사로 일하던 중 도쿄, 고스게, 스가모,

---

19 西大門刑務所, 『刑務要覽』, 1943, 4~5쪽; 藤井龜若 編, 『京城と內地人』, 朝鮮事情調査會, 1916, 194쪽.

20 中橋正吉, 『朝鮮舊時の刑政』, 朝鮮治刑協會, 1936, 127~129쪽.

21 重松一義, 『名典獄評傳-明治·大正·昭和三代 治蹟』, 日本行刑史硏究會 編, 1983, 184~185쪽.

22 이와타에 대해서는 김태중·김순일, 「1905~1910년 내한한 일본인 건축기술자 암전오월만, 국지박, 도변절」, 『대한건축학회 논문집』 9-8, 1993.8; 西沢泰彦, 『東アジアの日本人建築家-世紀末から日中戰爭』, 柏書房, 2011, 14쪽 참조.

23 「韓國監獄建築技士來る」, 『監獄協會雜誌』, 1909.4.

이치가야, 요코하마, 오사카, 호리카와, 고베 등 일본의 대표 여덟 감옥을 참관한 바 있다.

다만 일본의 대형 모범감옥에 이미 익숙한 인물에게는 초기의 감옥 건물이 인상적으로 다가오지 않았다. 일본의 법제국 참사관으로 1914년에 조선을 여행한 하라 쇼이치로(原象一郎)는 서대문감옥에 대해 다음과 같이 기록하였다.

> 감옥이라 하면 높은 벽돌담으로 둘러싸인 장엄하고 음습한 건물을 상상하게 되나, 의외로 간이 건물이다. 무엇보다 벽이 벽돌이 아니라 9척 정도 높이의 아연판으로 둘러싸여 있다. 다소 강한 힘으로 누르면 뒤집힐 것고 끈과 같은 것을 던져 오르면 간단히 넘어설 수 있을 것 같았다. 옥사도 튼튼해 보이지 않았다. (중략) 다만 놀라운 일은 좁은 옥사에 무척 많은 수도(囚徒)를 밀어 넣은 것이다. (중략) 평당 6명 정도였다.[24]

전체 재감인원은 1908년을 기점으로 2,400명을 넘어섰고, 수용인원 500명의 경성감옥에만 835명이 수용되었다(자료 2-3). 전국의 본감(本監) 8곳, 분감(分監) 13곳의 총 수감인원의 약 29%를 넘어서는 인원이었다. 이 시기 급증의 주된 원인이 일제 강점에 반대하는 의병운동의 고조와 이에 대한 대대적 토벌의 결과라는

---

[24] 原像一郎, 『朝鮮の旅』, 嚴松堂書店, 1917, 123~124쪽.

자료 2-3 전국 대비 서대문형무소의 연말 재감인원 [단위: 명]

연도	전국 총 재소자	서대문형무소 재소자	연도	총 재소자	서대문형무소 재소자
1908	2,424	835	1926	13,981	1,608
1909	6,061	1,968	1927	13,762	1,634
1910	7,021	2,053	1928	14,264	1,796
1911	9,599	2,478	1929	15,897	1,938
1912	9,595	1,954	1930	17,232	1,955
1913	9.932	1,486	1931	17,377	2,273
1914	9,489	1,578	1932	18,877	2,280
1915	9,810	1,686	1933	19,101	2,184
1916	10,888	1,827	1934	17,963	2,204
1917	12,288	미상	1935	18,440	2,336
1918	11,778	1,856	1936	18,557	2,359
1919	15,176	3,075	1937	19,358	2,670
1920	14,450	1,701	1938	19,328	2,766
1921	16,716	2,502	1939	19,398	2,932
1922	15,101	미상	1940	19,254	3,127
1923	13,726	미상	1941	20,206	3,079
1924	12,833	미상	1942	22,722	3,554
1925	13,119	1,489	1943	23,532	2,061

출전: 조선총독부, 『조선총독부통계연보』, 각년판; 남조선과도정부, 『조선통계연감』, 1948.

점은 이미 잘 알려져 있다.

당시 경성감옥을 시찰한 인물들은 대부분 과밀수용을 지적하였다. 그 수용 부담은 1912년 마포[당초 지명은 경기도 고양군 용강면(龍江面)]에 3만 엔의 공비로 목조 경성감옥이 신축되고 나서야

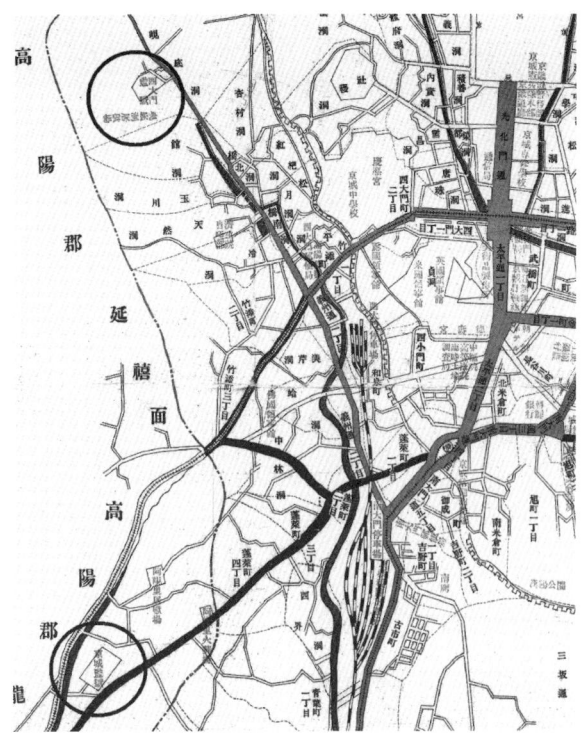

자료 2-4 경성의 두 감옥(1917)

실질적으로 완화되었다. 이로써 경성에는 두 개의 본감이 존재하였다. 자료 2-4 위쪽 원형 표시가 서대문감옥(1912년 개칭), 아래쪽 원형 표시가 경성감옥이다. 이후 조선에서 감옥은 5만 원 미만의 예산으로 조금씩 확장을 거듭하였다.

그러나 소규모 증축으로 재정을 절약하려던 조선총독부의 계획은 3·1운동을 계기로 좌절되었다. 유혈적 시위 진압과정은 물론, 조사 과정에서의 고문, 처벌 과정에서 남발된 태형 처분 그리고 재감자의 과밀 수용에 대한 고발이 일시에 국내외 여론을 통하여 알려진 것이다. 운동을 진압하는 과정에서 두드러진 폭력 행사로 일본 정부는 서구열강으로부터 다시금 야만이라는 비판을 받았다.[25] 3·1운동 이후 조선총독부는 감옥 확장에 거대 예산을 사용하게 되었다.

서대문감옥의 확장

오늘 나는 두 장의 사진을 보고 깊은 인상을 받았다. 그중 하나는 1910년에 찍은 서대문형무소의 사진이었다. 형무소는 작고(유일한 장점이다), 보잘 것 없는 나무로 된 건물은 부실했으며, 뒤에 보이는 산은 민둥산이었다. 또 다른 사진은 1919년에 찍은 서대문형무소였다. 벽돌로 된 건물은 웅장했고, 형무소 공간은 거의 서너 배 가량 넓어졌으며(유일한 단점이다), 모든 것이 깔끔하고 최신식으로 보였다. 뒤에 있는 산에는 나무가 울창했는데, 감방은 꽉 차서 터질 지경이었다.[26]

---

[25] 이 시기 형정을 둘러싼 서구열강(언론 및 선교사집단)-일본 정부(조선총독부, 매일신보)-조선의 민중(운동) 세력 사이의 갈등과 봉합 사정에 관해서는 李鍾旼,「日本の植民地支配と笞刑-朝鮮の事例を中心に」,『地域社會から見る帝國日本と植民地』, 思文閣出版, 2013.

[26] 김승태·유진·이항 엮음,『강한 자에게는 호랑이처럼 약한 자에는 비둘기처럼』, 서울대 출판문화원, 2012, 80~81쪽.

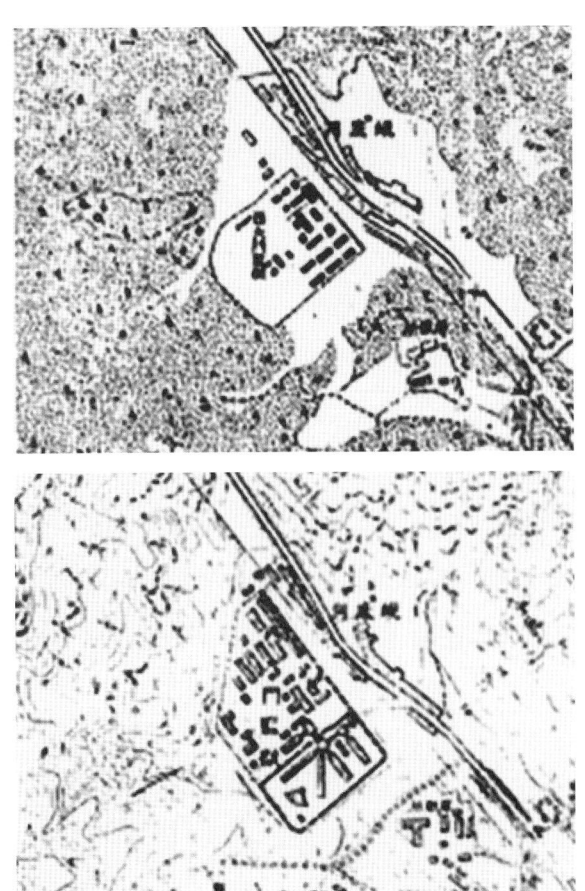

자료 2-5 1915년(위)과 1921년(아래)의 서대문감옥
출전: 서대문구, 『서대문형무소 보존 및 활용계획』, 2009, 71쪽.

위 인용문은 당시 서대문감옥을 거의 매일 방문하여 상황을 살피던 의학자이자 선교사인 영국인 스코필드의 기록이다. 그가 본 사진(1919)이 어떤 광경이었는지는 확인되지 않으나, 1915년에서

2장 제국 일본과 동북아 대표 감옥   65

1918년에 걸쳐 45,000원의 경비를 들여 개축한 구치감과 여감 등의 사진이었을 가능성이 크다.[27] 그는 감옥 설비의 개선에 대해서는 인정하였으나 태형 처분을 받은 재감인의 환부 사진을 서구 사회에 공개하여 총독부 권력의 폭력성을 드러낸 바 있다.

조선총독부는 스코필드를 강제출국시키던 1920년에 태형을 폐지하였고, 재감 인원의 격증에 대비하여 1919년에서 1922년까지 대대적인 감옥 확장 공사가 이루어졌다. 1920년대 이후 서대문감옥의 증축은 대대적인 공사만 두 번이 있었는데, 이것이 첫 번째 확장 공사였다.

『명치대정재정사(明治大正財政史)』를 통하여 조선총독부의 세출 통계를 보면, 1920년에서 1922년에 걸쳐 건축비가 극단적으로 증액되는 것을 확인할 수 있다. 1921년의 건축비 약 883만 엔 중 조선 통치와 관련해서는 총독부 청사 신축에 70만 엔, 총독부 의원 건축비로 120만 엔, 각지의 경찰서 신축에 156만 엔, 그리고 감옥 신축 비용으로 64만 엔이 들어갔다.[28] 이 중 서대문감옥 신축 비용만 약 21만 엔이었다.[29] 보통경찰체제로의 전환과 태형 폐지로 인한 감옥 확장 사업 등 통치체제를 정비하는 일에 재정 투입이 이루어진 것이다. 다만 이 같은 정비와 투자는 1919~1922년 사이에 집중되었고, 1924년경에는 신영공사의 대부분이 다시 중지되

---

27 西大門刑務所, 1943, 4쪽.
28 西澤泰彦, 2011, 181~185쪽.
29 西大門刑務所, 1943, 5쪽.

었다.[30]

　감옥의 수용 한도에 다시 문제가 발생한 것은 1920년대 후반이었다. 「치안유지법」(1925)이 만들어지고 그로 인해 사상범이 양산되면서 그들을 격리 수용할 공간이 필요해졌다. 특히 조선에서는 독립(민족해방)과 새로운 사회건설이 결부된 위험 사상이 옥내에서 전파될 우려가 높다고 판단되었다. 따라서 서대문형무소에 사상범 격리를 위한 구치감이 출현하게 되었다.[31]

　이것이 두 번째 확장공사이다. 당시 조선총독부 건축기사로서 경성부청(구 서울시청)을 만들었던 사사 게이이치(笹慶一)[32]가 설계한 것으로 알려져 있다.[33] 1931년 10월에 공사를 시작하였고 1935년 5월에 완성되어 조선형정사상 새로운 콘크리트 건물이 탄생하였다. 그 건물의 명칭은 경성구치감이었다. 이 구치감 건물은 총 338,700엔의 공사비로 2층 청사, 2층 잡거감, 2층 독거감 및 병감, 2층 영치품 창고와 욕장 및 기관실 등으로 이루어졌다.[34]

30　朝鮮總督府, 『施政30年史』, 1940, 154쪽.
31　자세한 내용은 박경목, 「1930년대 경성구치감 설치와 사상범」, 『한국사연구』 199, 2022 참조.
32　笹慶一는 동경제대 건축학과를 1913년에 졸업하고, 1923년부터 조선총독부에서 건축기사로 근무하며 경성부청이나 경성제국대, 경성재판소 등을 지었다. 총독부의 『직원록』에는 1938년까지의 기록이 남아 있다.
33　『法政新聞』, 1936. 6. 9.
34　西大門刑務所, 1943, 5쪽.

신건물의 설계 내용을 보면 전부 콩클리트로써 이층으로 여섯 채를 짓게 되는데 전부 남향으로 일광이 잘 쪼이도록 되었으며 감방은 독방이 242개, 잡거방이 36개 그리고 독방에 부속된 병실이 여섯 개 잡거방에 부속된 병실이 다섯 개라 한다. (중략) 이번에 증축하는 그 감방에는 약 500명 가량은 수용할 수 있도록 되었다 하며 그 설계는 도이(土居)형무소장이 일본 각지의 형무소를 시찰한 나머지 기후(岐阜)형무소와 동경고스게(小管)형무소의 건축 양식을 본받아 절충하여 설계한 것인데 적어도 조선 안에서는 제일이라고 할 수 있는 모던형무소로서 「죄수아파트」라고 할 만한 최신식의 것이라 한다.[35]

인용문으로 가득한 신문 기사는 확장공사 이전부터 상당히 부풀려진 홍보가 있었음을 보여준다. 투입되는 예산이나 수용인원에 대해 1930년 이후 다양한 예측 기사가 쏟아졌다. 사회운동이 활발하였던 1920년대 말~1930년대 전반기는 세계대공황기와 겹쳐 긴축경제로 운영되었으나, 조선에서는 거대 죄수아파트에 예산을 편성해야 할 만큼 재감인원이 폭증하였다.

따라서 당시 조선의 여론과 사회운동 진영은 "사회의 모든 문화적 시설의 경비는 예산부터 긴축의 태풍에 모두 풍전등화와 같이 희생되었으되 오직 이 세상의 인간 지옥인 감옥 증축을 위한 거대한 예산만이 기어이 승인 통과하기를 요구하는 것이 현하 조

---

[35] 『조선일보』, 1933. 5. 12.

선의 사회적 사정"이라며 비판한 바 있다.[36]

경성구치감은 사상범 피의자와 피고인을 효과적으로 격리 수용할 독방 중심의 구치감으로 설계되었다. 자료 2-7에서 확인되듯이, 새 구치감은 2층 옥사에 잡거방이 41실인데 비해 독거방은 242실이었다.[37] 재감자 격리에 주안점을 둔 것이다. 기사 내용대로 서대문형무소를 만들 때 일본에서 1929년에 신축된 고스게형무소의 독거감은 유력한 모델이 되었을 것이다(1장 3절 참조). 새 구치감 건물은 기존의 방사상(放射狀)형 설계에서 벗어나 병렬형으로 배치되었다. 1937년에 만들어진 도쿄구치소와 같은 방식이다. 이상과 같이 1930년대 이후의 대표감옥은 대내적 치안유지와 사상적 방어 기능에 중점을 두고 운영되었다.

전시체제하에서는 사회운동의 쇠퇴로 사상범은 줄어든 반면, 시장 통제로 인한 경제사범이 늘어나 수감자 총수는 오히려 증가하였다. 그러나 1936년 이후로는 옥사를 확장하기보다는 작업장(공장)을 늘리거나 국기게양탑(1935) 및 신사(1940) 등을 설치하여 전시체제하 일본의 전체주의적 통치성이 감옥 구조 안에 직접 반영되는 것을 볼 수 있다.[38] 재감자들은 담장 안에서 '국민화'되어야 했고, 노동을 통하여 "국가에 보답"할 것을 강요당하였다.

---

36 『조선일보』, 1930. 11. 10; 이철악, 「조선혁명의 특질과 노동계급전위의 당면임무」, 배성찬 편역, 『식민지시대 사회운동론 연구』, 돌베개, 1987, 143쪽.
37 「京城拘置監 新築落成式」, 『法政新聞』, 1936. 6. 20.
38 서대문형무소, 1943, 6~7쪽.

자료 2-6 신 구치감 청사

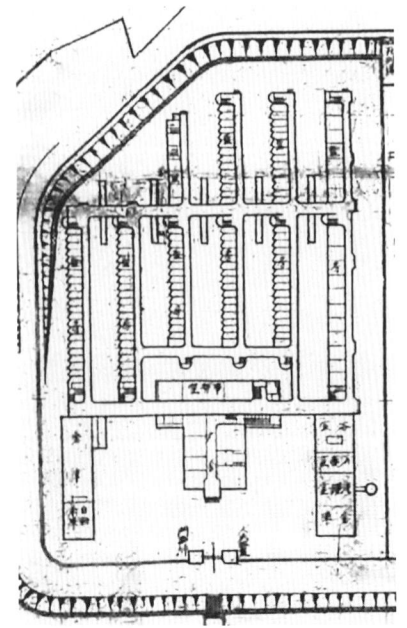

자료 2-7 구치감 배치도(1936)
출전: 西大門刑務所, 『刑務要覽』, 1943; 최병설(서울구치소 전 교도관)제공.

한편 위험인물로 간주된 사상범은 사회로부터 완벽하게 격리하기 위하여 「사상범예방구금령」에 의거, 형기를 마쳤어도 사회로 돌려보내지 않았다. 바로 그 시설이 서대문형무소 내 예방구금소(보호교도소)였다(1941. 7, 총독부령 제53호. 1943년에 청주로 이전). 이렇듯 서대문형무소는 1930년대 중반 이후 대형 구치감과 예방구금소를 총괄하는 거대 사상범 수용기구로 기능하였다. 수감자의 내심을 둘러싼 선택 강요와 억압은 해방 이후에도 이어졌으므로, 그 어느 감옥보다도 긴 사상통제의 역사를 가지고 있다.

3. 관동주와 만주의 감옥: 여순과 연길

관동주의 여순감옥

여순(旅順)감옥은 이미 110년의 역사를 가진 곳이다. 일본은 청일전쟁 이후 점령한 요동반도를 3국 간섭으로 인해 반환한 바 있다. 이때 러시아는 반도 반환에 대한 공로를 주장하고 청나라와 1898년 3월 27일에 「여대조지조약(旅大租地條約)」을 체결, 여순항을 군항으로, 대련(大連)항은 무역항으로 러시아에 조차하도록 하였다. 이로부터 여순항은 포트 아서(Port Arthur)가 되었고, 러시아는 7년간 요동반도를 통치하는 과정에서 여순감옥을 만들었다.

러시아는 여순의 중심 시가지를 여순항 서쪽의 해변가에 정하되, 감옥 부지는 시가지에서 멀리 떨어진 동쪽 원보방(元寶房)이라 불리던 지역에 정했다. 원보방이란 청나라 시기 군대의 은고(銀庫)로 쓰이던 곳으로, 구릉과 산지로 둘러싸여 은폐성이 뛰어난 곳이었다. 다만 여순 기차역에서 감옥까지의 거리는 불과 2.5km밖에 되지 않았다. 도심에서 떨어져 있었지만, 죄수 이동에 어려움이 없었다.[39] 1902년부터 시작된 감옥 건설은 1904년 러일전쟁 상황으로 도중에 중단되었다.

일본이 러일전쟁에서 승리하자 다시 요동반도를 점거하였고, 2차 대전이 끝날 때까지 40년간 이 지역을 통치하였다. 이렇게 반도를 두고 러시아와 일본이 세력 다툼을 하는 동안 해당 지역 주민들은 많은 희생을 치러야 했다.

러시아가 1902년부터 짓던 감옥을 일본이 증축하면서 여순감옥의 규모가 커졌다. 당초 1906년 9월 1일, 관동도독부가 여순에 법원을 설치하면서 형사피고인이 급증하였고 감옥의 규모를 늘리는 작업이 시작되었다. 러시아로부터 인계받을 당시 90명이었던 관동주의 죄수는 1907년 6월 말에 253명이 되었다.[40] 1906년 관동도독부 민정부(民政部) 안에 감옥서를 두고 여순에는 본감, 대련에는 지서를 두고 금주(金州)에는 출장소를 설치하였다.[41] 러시

---

[39] 주애민, 「여순감옥의 건축특성과 보호 이용」, 『세계유산의 가치로 본 서대문형무소와 여순 감옥』, 서대문형무소역사관, 2015, 65쪽.

[40] 당시 육군의 위수감옥을 수선하여 이를 여순 민정부 假감옥으로 삼았다. 「關東州の監獄」, 『監獄協會雜誌』 20-9, 1907.9, 54~55쪽.

[41] 이하 자세한 연혁은 旅順刑務所, 『所務要覽』, 1939년 판에 의거하였다.

자료 2-8 시기별 여순감옥의 명칭 변경

연 도	명 칭
1906. 9.	감옥서 여순 본감
1920.	관동청감옥
1926.	관동청형무소
1934. 12.	관동형무소
1939. 1.	여순형무소

출전: 旅順刑務所, 『所務要覽』, 1939.

아가 짓던 감옥을 증축하여 1907년에 이감하고 1908년 10월에는 「관동도독부감옥서관제」를 발포하여 경찰사무와 분리된 감옥서가 되었다.[42] 이후의 명칭 변경에 대해서는 자료 2-8과 같이 표로 정리하였다.

여순감옥의 청사는 1906년 이후로 수차례 증축하였다. 여순감옥 동측 옥사의 경우, 저층의 러시아식 회색 백돌과 상층부 일본식 붉은 벽돌이 합체된 독특한 모습을 하고 있다. 애초 러시아가 지은 건물은 85칸의 감방과 4칸의 밀실 정도였으나, 일본이 증축하여 1938년 현재 253칸의 감방과 18칸의 병실, 4칸의 암실, 사형장, 15개의 공장으로 확장되었다.[43] 총 면적은 26,000m²였다.

수용인원에 대해서는 1907년 이후의 정확한 누계가 아직 없으

---

[42] 1920년에 관동청관제개정에 의거, 감옥서의 명칭은 관동청감옥으로, 監吏는 간수장으로 바뀌었다. 旅順刑務所, 1939, 1쪽.

[43] 旅順日俄監獄舊址博物館, 『旅順日俄監獄舊址博物館』, 金城出版社, 2018, 38쪽.

자료 2-9 여순형무소
출전: 旅順刑務所, 『所務要覽』, 1939.

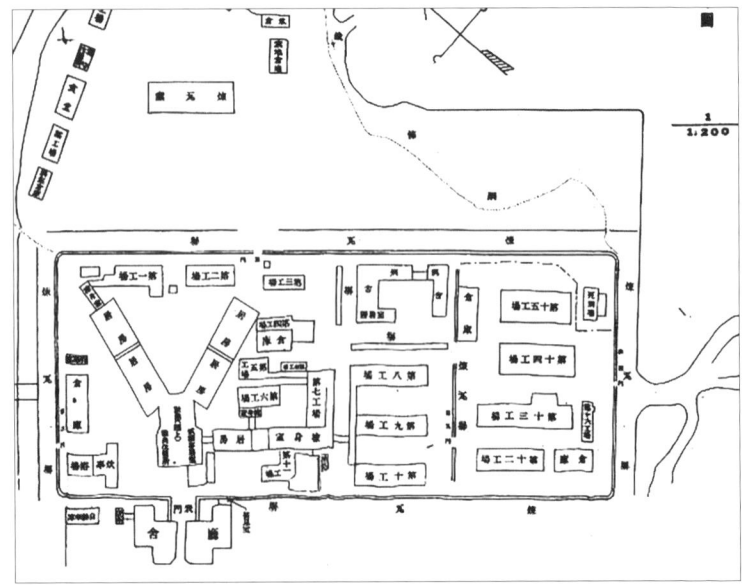

자료 2-10 여순형무소 평면도
출전: 『所務要覽』, 1939.

자료 2-11 사상범 수용인원 누계

연도	일본인	조선인	만지인	총계	지소(支所) 수용비(%)
1923	-	-	-	-	-
1924	(3)	-	-	(3)	100
1925					
1926	-	-	-	-	-
1927	-	-	53(51)	53(51)	96
1928	(1)	6(3)	83(66)	90(70)	78
1929	(21)	-	51	72(21)	29
1930	-	-	-	-	-
1931	(38)	5(3)	-	43(41)	95
1932	(1)	(2)	-	(3)	100
1933	(6)	1	(37)	44(43)	98
1934	(1)	10(9)	(1)	12(11)	92
1935	-	8(7)	(3)	11(10)	91
1936	1	3(2)	-	4(2)	50
1937	4	(4)	(2)	10(6)	60
1938	(1)	5(3)	41(22)	47(26)	55
1939		7(3)		7(3)	43
계	71(66)	51(36)	269(182)	400(284)	71

출전: 旅順刑務所, 1939, 20쪽. ( ) 안은 지소 인원.

나, 1933년부터 7년간의 통계를 보면, 1933년 727명에서 1936년 997명으로, 이듬해인 1937년부터는 1,000명을 넘어서 1,176명, 1939년에는 1,213명이었다.[44]

다만 자료 2-11에서 사상범 입소 인원을 보면 여순감옥의 대련지소(支所)에 대해 주목할 필요가 있다. 자료 2-11을 보면, 전체 사상범 중 약 70%가 지소에 수용되는 것을 알 수 있다. 그 이유는 이 통계가 시작된 1923년부터 지방법원이 대련으로 이전하여 그 분감(지소)을 대련에 설치했기 때문이다. 지소는 1923년에 신축 완성되어 지방법원에 계속(繫屬)된 형사피고인을 수용하기 위해 설치된 장소로, 1923년 8월 1일부터 사무를 개시하였다.[45] 따라서 본감 인원은 대부분 재판 중이거나 형을 선고받은 인원이었을 가능성이 크다. 이를 다시 조선인에 한정시켜 보면, 비교적 소수만이 여순의 본감에 머물고, 나머지 인원은 대련의 지소에 있었음을 알 수 있다. 따라서 차후에는 대련지소에 수용된 사상범에 대해서 좀 더 집중하여 살펴볼 필요가 있다.

만주의 연길감옥

1932년 3월 1일에 만주국이 세워지고 3월 9일에 만주국 정부 조직법과 제 관제가 공포되어, 사법부가 정식으로 발족되었다.[46] 만주국 이전의 행형제도는 형기를 돈으로 환산하여 석방할 수 있었는데, 일본은 이 제도를 1932년 6월에 폐지하였다. 이후 감옥은 자연히 만원 상태가 되었다.

다만 정식으로 감옥법이 제정 공포된 것은 1939년 11월로,

---

44 旅順刑務所, 1939, 3쪽.
45 旅順刑務所, 1939, 1쪽.
46 滿洲矯正追想錄 刊行會,『追想錄-動亂下の滿洲矯正』, 1977, 57쪽.

12월부터 시행되었다. 만주국의 감옥은 형무소(감옥) 30개소, 형무지소(분감) 80개소로 110개에 달하였으며, 대용감옥(경찰서 유치장)으로도 10여 개소가 사용되었다. 수감자 수는 총 31,000여 명이었다.[47]

당초 저자가 만주의 감옥에 대해 주목하게 된 계기는 단지 일본이 지배했던 만주에 세워졌다는 사실뿐만 아니라, 동북 3성의 감옥, 특히 연길감옥에 대해 주목할 만한 언급을 발견했기 때문이다. 일본의 감옥사 연구자 시게마쓰 가즈요시(重松一義)는 만주에 유일하게 조선인 집금시설로 연길감옥이 사용되었다는 사실을 언급한 바 있다.[48] 다른 자료를 보아도 간도공산당 사건 등 항일운동 관련 조선인이 다수 수용되었다는 사실을 확인할 수 있다.

사회운동이 폭발적으로 활발해졌던 시기인 1920년대 후반 이후『조선일보』는 연길감옥에 미결수와 기결수를 합쳐 일천여 명이 있었고 조선인민회장 연합회의에서 이들의 석방을 당국에 요구했다고 전하였다.[49] 따라서 연길감옥에 대해서는 보다 구체적으로 살펴볼 필요가 있다. 다만 현재로서는 시설 자체가 사라진 상태이고 구체적인 관련 연구를 찾아보기 어려운 실정이다.

만주의 감옥이 흥미로운 점은, 제국 일본의 감옥 중 1930년 후

---

[47] 『치형』 1942년 8월호에 실린 견학기록에는 만주의 감옥 개소를 본감 24개소, 분감 82개소로 집계하고 있다. 직원은 3,800여 명으로 이 중 일본인이 800여 명이다. 柳淸一, 「滿洲」, 『治刑』, 1942. 8, 26쪽.
[48] 重松一義, 『日本監獄史』, 雄山閣, 247쪽.
[49] 『조선일보』, 1931. 10. 15, 12. 9.

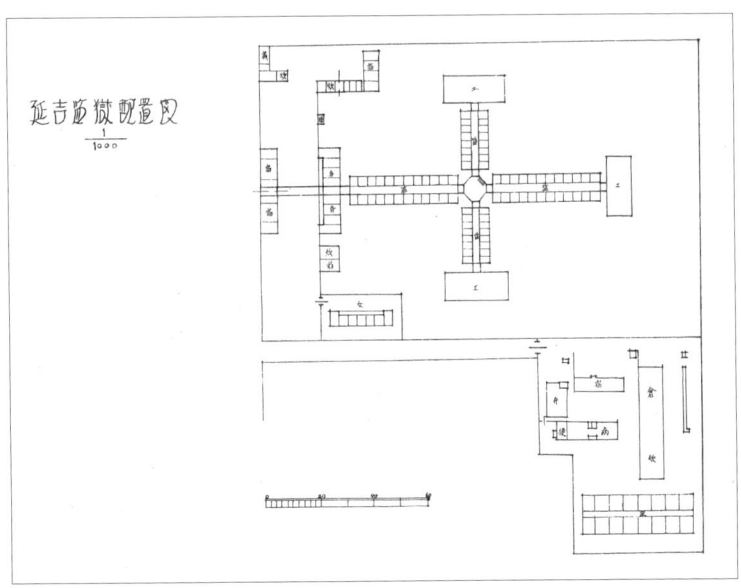

자료 2-12 연길감옥 배치도
출전: 만주국 사법부, 『각 감옥배치도』, 1937.

반에 지어진 가장 후기 모델이지만, 만주가 일본의 식민지는 아니었다는 점에서 최소한의 비용으로 강력한 수인 통제를 시도한 독특한 사례로 보인다. 일본은 대공황기에 만주국을 세웠다. 행형제도를 정비하기 위해 여러 조치를 내세웠지만, 전시체제로 들어가는 상황에서 행형제도를 만주국 재정에서 독립시켰다. 즉 감옥 운영을 자급자족 체제로 돌려, 재정적 지원없이 일체의 경비를 작업 수익으로 감당하도록 한 것이다(감옥특별회계제도). 더구나 만주의 감옥은 부랑자 수용 제도와 시설을 행형제도 안에 포함시켜 그들에게 전시하 군수공장 및 광산노동을 강제하고 식량 증산을 위한 농업감옥을 별도로 만들었다. 정치범 등에 대한 엄벌주의적 행형도 눈에 띄는 부분이다.

즉 전시체제하의 부족한 자원채취와 물자생산을 위한 노동력의 무한 이용과 식량증산, 정치범에 대한 철저한 억압과 배제 전략 등 일본이 만주 지역에서 필요로 했던 부분을 행형제도의 틀 안에서 노골적으로 구현한 것으로 보인다. 다만 연길감옥에 대한 현지 조사 및 연구사 검토는 코로나 사태로 인한 사정으로 충분히 이루어지지 못하였다. 아쉽지만 이 글에서는 연길감옥의 개요만을 알리고, 차후의 과제로 삼고자 한다.

연길감옥은 연길현(延吉縣) 국자가(局子街)에 위치하였고 길림성 제4감옥으로 1925년 10월에 신축하여 문을 열었다.[50] 1932년 6월을 기하여 형기를 돈으로 환산하여 지불할 수 있었던 기존법(監獄疏通弁法)이 폐지되면서 만주의 감옥 인구는 폭증하였다.[51]

일찍부터 조선인이 사상운동이나 항일운동으로 검거되는 사례가 많았던 연길 지역의 특징으로 인해, 연길감옥은 600명 수용 한도의 시설로서 천여 명까지 수용된 바 있다. 만주국 설립 이후 연길감옥은 연길모범감옥으로 불렸고 연변 지역 내 가장 큰 감옥(10,000m^2가 넘는 면적)이었다. 다만 자료 2-12의 배치도에서 볼 수 있듯이 비교적 규모가 작았으므로, 대형감옥이라고 보기는 어렵

---

50 鈴木裕,「滿洲國監所之沿革」,『刑政』47-4, 1934. 4, 60쪽.
51 中井久二,「舊滿洲國政權崩壞時の司法府矯政機構の實情」,『刑政』86-8, 1975, 80, 57쪽.

다. 1930년대 이후 이곳에는 간도공산당사건 관계자들이 다수 투옥되었는데, 일본의 경찰에 인계되어 정식재판을 받게 된 피의자들이 조선으로 이송되었던 반면,[52] 중국경찰에 의해 검거되었거나 형기가 가벼운 경우 또는 정식 재판으로 넘어가기 이전 상태의 피의자들은 이곳에 상당 기간 수용되었을 것이다.

우리 사회에서 연길감옥에 대한 관심과 시선은 거의 없었다고 볼 수 있는데, 그나마 가장 알려진 사건은 1935년 6월에 일어난 이른바 '파옥투쟁'이다.[53] 1935년 6월 7일에 일어난 이 탈옥 사건은 "항일전쟁기 동북의 많은 감옥 투쟁 가운데 유일하게 성공한 투쟁"으로 형무소 직원을 살해하고 49인의 수감자들이 탈출한 사건이다. 연변 조선족 자치주에서는 2000년 6월 7일 이 일을 기리기 위해 감옥터에 자리한 연변예술극장 옆에 〈연길감옥 항일투쟁 기념비〉를 건립하였다.

연길감옥에 대한 정보의 대부분은 이 기념비에 새겨진 글에 의거한 것이다. 그런데 막상 이 사건 이후에 대한 정보는 거의 찾아볼 수 없는데, 그 이후 시기가 갖는 중요성은 본 연구자의 관점에서 볼 때 두 가지이다.

첫째, 대부분이 조선인이었다고 전해진 이곳의 수형자들에게

---

[52] 水野直樹,「在間島日本領事館と朝鮮總督府」,『人文學報』106, 京都大学 人文科学研究所, 2015 참조.

[53] 독립기념관의 독립운동유적지 국외편 중 연길감옥 항일투쟁기념비편. 당시 탈옥에 실패한 10명에게는 곧바로 사형이 집행되었다(『동아일보』, 1935.6.13).

1930년대 후반기는 많은 시련을 안겨 주었다. 앞에서 언급한 바와 같이 만주감옥은 특별회계를 통하여 정부로부터의 재정 보조 없이 자급자족해야 하는 체제였으므로, 수인 노동을 통한 수입만으로 운영되어 수형자들의 의식주는 매우 열악한 상태였다. 게다가 전시체제하에서는 전쟁 수행을 위해 자원 채취와 전쟁물자 및 식량생산을 위한 노동력으로서 수형자들을 무한 이용하는 한편, 정치범에 대한 철저한 탄압으로 최소한의 식생활과 치료조차 무시한 방치 상황이 이어졌다는 점에서 일본의 여타 식민지 감옥과는 또 다른 매우 열악한 조건하에 있었다고 판단한다.

둘째, 일본의 패전과 만주국의 붕괴 이후 연길감옥은 만주국의 고관 및 민간 유력자, 만몽개척청소년의용군이었던 일본인 소년들을 주로 수용하는 하남(河南)수용소로 활용되었다.[54] 일례로 만주국의 왕후 완룽은 1946년 6월 연길감옥에서 사망하였다. 만주국 사법교정기구에서 관리로 일했던 일본인은 700여 명에 달하였으나, 전시체제하 군인이 되어 전사하거나 전후 출옥자의 습격을 받거나 인민재판으로 목숨을 잃은 자가 수백 명에 달한다.[55] 연길의 사례는 일본의 패망 직후 만주국의 관료, 군인, 형리, 부역자들이 어떤 방식으로 처분, 수용, 이송되었는지를 보여주는 주요 장소 중의 하나이다.

54　早蕨庸夫,『延吉捕虜收容所』, 大門出版, 1988.
55　滿洲矯正追想錄 刊行會,『追想錄-動亂下の滿洲矯正』, 1977, 57쪽.

4. 동북아 감옥 유적을 둘러싼 기억과 과제

일본의 근대감옥을 포함하여 동북아의 감옥 유적은 현재 어느 정도 남아 어떻게 기억되고 있을까. 저자는 남아 있는 유적을 견학하거나 조사하여 보았다.

1932년에 미국의 희극배우 찰리 채플린은 일본을 처음으로 방문하였다. 도쿄역은 인산인해의 환영객으로 뒤덮였고, 그는 도쿄의 여러 곳을 안내받아 둘러보았다. 당시 그에게 소개한 코스 중 한 곳이 바로 1929년에 신축한 고스게감옥이었다. 채플린은 이곳을 둘러보고 "세계의 문화 수준은 감옥을 보면 알 수 있는데, 일본은 세계 최고"라는 평을 남겼다. 과연 그의 평이 고스게감옥을 절찬하는 의미였을까를 둘러싸고 여러 해석이 난무하는 가운데, 감옥 고스게는 현재 도쿄구치소로 사용되고 있다. 매년 열리는 교정전(矯正展)에 맞추어 이 시설이 대중들에게 일시 공개되면 채플린이 보았다는 중앙탑(자료 1-10)을 보고 온 일본인들이 블로그에 그 모습을 소개하고 있다. 일본의 근대감옥 건축 일부를 보여주는 상징물이자 유일하게 현재까지 사용 중인 장소이다.

도요타마감옥은 패전 후에는 GHQ점령하에 미8군형무소(US Eighth Army Stockade)로 사용되다가 일본에게 반환되어 나카노(中野)형무소가 되었다. 현재는 사용되지 않고 평화의 숲 공원으로 활용되고 있다. 이 감옥의 정문이 남아 2021년 6월 4일 나카노구(中野區) 유형문화재로 지정되었다.

스가모감옥은 일본의 패망 이후 미군 관할 하에 스가모 프리즌(Sugamo Prison)이 되었다. 1945년 11월에 개소하여 전범 혹은 그 혐의가 있는 자들이 대거 수용되어, 도조(東條)내각의 관료, 군인, 정치가, 재계의 인물에서부터 작은 마을의 주민, 조선인을 포함한 외국인들이 수감, 처형된 장소로 유명해진 바 있다. 1952년 4월 28일 이후로 다시 일본 정부 산하의 '스가모형무소'가 되었다.[56] 이후 그 자리에는 선샤인빌딩이라는 고층건물이 들어서 쇼핑과 놀이의 중심지가 되었는데, 인근 공원에 처형된 많은 전범들을 달래기 위해 〈영구평화를 기원하며〉라는 기념비가 세워져 있다.

간단명료한 표시석에 새겨진 '평화'가 어떤 의미로 사용되는지는 명확하지 않다. 120년을 훌쩍 넘어가는 일본 근대감옥의 역사를 비대한 국가 폭력의 기억으로 기록하려던 시도는 퇴색되어 가고 있다. 현재로서는 제국 일본의 근대화 노력이나 천재 건축기사의 하나 남은 유작(자료 2-13), 일본의 근대화에 일조한 죄수 역군들의 땀방울의 역사가 점차 부각되고 있다.

그동안 일본의 감옥을 돌아보려는 시도는 사실상 북해도 형정에 한정되어 이루어져 왔다. 아바시리(網走)감옥박물관이 대표적이다. 아바시리감옥은 중죄를 저지른 장기수들의 유형지와도 같은 곳이었다는 점에서, 메이지시기의 특수한 단면을 보여주는 장소이다. 따라서 혹한과 절망 속 노역(개척노동)과 탈출 시도를 엿

---

[56] 內海愛子,『スガモプリズンー戰犯たちの平和運動』, 吉川弘文館, 2004, 7쪽.

자료 2-13 구 도요타마감옥 정문

볼 수 있는 다크 투어로 유명해진 곳이다. 다만 최근에는 메이지 정부에 의한 북해도 개척과 러시아제국 남하에 대한 방어선 구축과 관련된 감옥 건설과정이 더욱 부각된다.[57] 여기서도 수감자들은 일본의 근대화를 떠받친 역군으로 재조명된다.

타이베이감옥은 전후 국민당 정부에 의해 계속 사용되다가

---

[57] 1990년대에 방문했을 당시 아바시리박물관은 '번지없는 토지'(번지가 없는 관유지 혹은 국유지를 의미: "番外地")로 일본의 최북단에 지어진 별세계를 대상화시킨 장소였다. 실제 탈출기를 그린 '網走番外地'라는 유명 영화의 로케지도 유명하다. 삿포로 북쪽의 카바토(樺戶)박물관 역시 명치 정부 하 '북해도 개척'을 뒷받침한 '수형노동자'와 관리자들의 이야기를 주로 다루고 있다. 이종민, 「일본지역 근대 감옥의 활용 현황」,『동아시아 근대 감옥의 가치발굴과 비교연구-서대문형무소를 중심으로』, 서대문형무소역사관, 2014.

1963년에 해체 이전되어, 현재는 아치형의 문과 일부 담벽이 타이베이 고적으로 남아 있다. 그런데 이 문은 흔히 근대감옥의 유적으로 남겨지는 정문이 아니라, 사체를 반송하는 문이었다는 점에서 어쩌면 가장 상징적인 부분일 수 있다. 일본이 근대화를 추진하면서 역점을 두었던 건축물 중 하나였던 감옥은 사실상 좀처럼 내부를 공개하는 일은 없었다. 청사와 옥사 등의 건물보다는 정문이 더 많이 소개되었다. 차단된 세상 밖과 안을 연결해주는 정문은 공식 통로이자 해당 감옥의 인상을 결정하였다. 피의자와 수형자를 보이지 않는 벽돌담 속으로 흡입하는 거대 성채와도 같은 건물에서 사실상 해당 장소의 개성을 보여줄 장소는 정문 밖에 없었다. 따라서 당대의 쟁쟁한 일본의 감옥 건축가들은 대부분 정문의 디자인 설계에 많은 공을 들였다.

현재까지 일본에서 근대감옥 유물로 남아 있는 건축물은 대부분 정문이다. 그런데 타이베이시에 남은 문은 여론에 자주 공개되던 정문이 아니라, 어쩌면 한 번도 사진이 공개된 적이 없었을 뒷문 중의 뒷문이었다. 유족들에게 사체를 반송하는 기능을 하던 시구문이었기 때문이다. 감옥에 관한 식민지 대만 민중의 기억 가운데 가장 가슴 아픈 장소가 남겨진 셈이다. 조선의 독립운동가 조명하(趙明河)도 이곳에서 처형되었다. 그는 1928년 5월 14일 대만에서 히로히토 일왕의 장인인 구니노미야 육군대장을 습격하려다가 현장에서 체포돼 그 해 10월 10일 타이베이형무소 사형장에서 스물셋의 나이로 순국하였다. 현재 이 담벽에는 타이베이시 고적이라는 표식과 아울러 태평양전쟁 말기 포로로 잡혀 처형 당했던 미군 13명을 기린 표시판이 걸려있다.

 이렇듯 대만에서 가장 오래되고 가장 컸던 타이베이감옥은 일본에 의한 형사처벌과 인권침해의 역사를 지켜본 장소였지만, 담벽(일명 통곡의 벽)을 제외한 옥사는 전부 철거된 상태이다. 대만 감옥의 역사를 기록하는 기념관은 의외로 대만 남부 자이(嘉義)에 자리잡고 있다. 자이감옥은 분감(分監)으로 사용되던 곳으로, 재래감옥 중 가장 최근까지 사용되다가 1994년에 문을 닫았다. 타이베이감옥이 이전한 1963년에 비하면, 보존에 대한 인식이 높아진 시점에서 자이감옥이 옥정(獄政)박물관으로 남을 수 있었다.

 일본과 대만의 박물관 형성이 주변부의 감옥지에 형성된 데 반하여, 우리 사회는 서대문감옥을 일부 보존, 복원하였다. 조선의 대표 감옥으로서 저항 및 박해의 기억과 항일 메시지의 발신 장소라고 보아도 좋을 것이다. 현저동에 남아 있는 서대문감옥역사관의 별칭은 '민족의 성지'이다. 잘 알려진 바와 같이 서대문형무소는 단지 일본의 통치 잔재만이 아니라, 해방된 이후로도 군사독재 시절까지 수많은 정치범을 수용했다는 점에서 한국사회의 시름을 상징하는 장소이다. 따라서 모진 그 시절을 끝내고 1987년에 장소 이전을 결정하였을 때, 이곳을 이대로 없앨 수 없다는 여론에 힘입어 남겨진 장소이다.[58]

---

[58] 김동현·민경원 외, 『서대문형무소-옮기던 날의 기록 그리고 그 역사』, 열화당, 1988, 140쪽. 애초 시민휴식기능을 위한 공원을 만들려던 계획은 "국민교육장"의 역할을 살리는 쪽으로 방향을 틀었다. 해체, 이전하기 직전 형무소의 전모를 사

식민지 조선의 재정 지출 우선순위에서 감옥은 거의 후순위였으나, 서대문감옥의 경우는 꾸준히 확장을 거듭하였다. 서대문감옥은 단지 대표 감옥이라는 점이나 수용된 사상범(정치범)의 비중 면에서만이 아니라, 수용인원의 규모 면에서도 주목할 만 하다. 수치 비교가 가능한 1923년의 수용인원을 비교해보면, 일본 전국의 감옥 중 오사카감옥이 최대 2,618명을 수용하였고, 애초 2,000여 명의 수용 정원을 자랑하였던 스가모감옥의 수용인원이 1,698명이었다.[59] 그렇다면 1920년대 서대문감옥의 수용인원이 1,600~1,800여 명이라는 수치는 제국 일본이 동북아시아에 지은 감옥 중 수용인원 면에서 역대급 규모였음을 알 수 있다. 1942년에는 3,554명까지도 수용하였다.

자료 2-14에서 볼 수 있듯이 일본은 대표적인 감옥 몇 군데 이외에는 소규모 감옥을 촘촘히 설치하여 총 155개의 감옥을 두었으므로 1930년 현재 감옥당 평균 재감인원은 366명이었다. 반면 조선은 감옥당 평균인원이 679명으로,[60] 총 7곳의 감옥에 불과한 대만과 비교해보아도 조선이 평균 재감인원이나 재소자 비율, 간수 1인당 비율이 가장 높았다.

1930년대 평균 인원이 2,000여 명을 넘기고 1940년대에는 3,000명을 넘어선 서대문감옥은 일제하 수용인원 면에서 매우 부

진으로 담은 이 책은 중요한 사료적 가치를 가지고 있다.
59　內閣 統計局, 『日本帝國統計年鑑』, 1923, 476~477쪽.
60　조선총독부 행형과, 『예산서류』, 1936(국가기록처 소장 자료).

자료 2-14 조선과 일본, 대만의 구금 상태 대조표　　　　[단위: 명, 개소, %]

구 분	조 선	일 본	대 만
재감인원 수(1935)	18,323	56,677	3,961
감옥 수(1935)	27	155	7
일감옥당 평균 재감인원(1935)	679	366	566
인구 1만 명당 재소자 비율(1932)	9.2	7.9	8.8
간수 1인당 재소자 비율(1935)	8.8	7.4	6.2
잡거방(雜居房) 1평당 인구(1935)	3.129	1.197	1.377

출전: 법무국 행형과, 「조선내지대만 행형비교통계표」, 『1936년도 예산서류』, 1935년.

담이 컸던 장소이다. 항일운동 및 사상운동이 활발했던 만큼 수용하는 피의자, 피고인의 수도 유난히 많았으므로, 규모를 지속적으로 확장해도 식민지 조선감옥의 평당 인구 수가 언제나 가장 많았다. 수감자 집단을 대하는 관리자들의 긴장도와 폭력성도 그에 비례하여 더욱 높아졌을 것이다. 형무소 이전을 마치고 기념공간으로 다시 태어났을 때 서대문감옥은 자연스럽게도 극단적인 폭력과 죽음으로 기억되는 대표적 장소가 되었다.

일제하 이곳에서 수감 생활을 했던 인물들은 해방 이후 이곳을 다시 찾았다. 해방 이후 가장 먼저 이곳을 찾은 인물은 여운형이었다. 여운형은 1929년 7월에 상해에서 체포된 후 경성으로 옮겨져 징역 3년을 선고받고 1930년 9월까지 서대문형무소에서 생활한 바 있다. 총독부 당국과의 교섭을 통해 일본의 패망 직후 정치범과 경제사범을 가장 먼저 석방시키고자 했던 여운형은 8월 15일과 16일 양일에 걸쳐 서대문형무소를 찾아와 석방시켰다(6장

참고). 1946년 1월에는 1911년부터 3년간 복역한 바 있는 김구도 같은 경험을 한 동료들과 함께 방문하여 옛일을 회상하였다.

스스로 방문 기록을 남긴 사례로는 일본인 활동가 이소가야 스에지(磯谷秀次)가 있다. 1930년대 초반 태평양노동조합사건으로 검거되어 총 10년의 재감기간 중 서대문형무소에서 2년간 생활한 그는 신구치감에서 몰래 교류한 당대의 활동가들에 대한 기록을 남긴 바 있다.[61] 그중에는 제5차 간도공산당사건 관계 사형수인 주현갑, 이동선도 있었다. 그가 있던 특별감 3동의 창 너머로는 사형장이 보였다. 서대문형무소에서 그들의 사형 집행 소식을 들은 바 있던 그는 출옥한 지 50여 년이 지난 1991년 4월에 서대문형무소를 찾아 옥사와 사형장을 둘러보았다. 귀국 후 그는 일본 정부에 통치에 대한 사과를 촉구하는 한편 이곳에서 처형된 활동가들을 생각하며 개인적으로 일본에서 추도 법회를 열었다.[62]

서대문형무소는 식민지감옥 뿐만 아니라 군사독재하에 교도소로 도합 80여 년에 걸쳐 운영되었다. 일제 감옥으로 시작되어 해방 이후 미군정과 한국전쟁 시의 역할, 1980년대까지 이어진 정치범 탄압과 사상통제의 연속성을 보여주는 대표 시설이다. 따라서 지배와 감금에 관한 근현대사의 비극이 되풀이되지 않도록 다

---

[61] 이소가야 스에지, 『우리 청춘의 조선』, 사계절, 1988; 磯谷秀次, 「死者は語り得ずとも―50年ぶりの感じたこと」, 『世界』 565, 1992.

[62] 이와 같은 사실은 이소가야 선생이 돌아가신 후 저자가 받은 몇 가지 저작물 중 당시 법회와 관련된 글을 통하여 알게 되었다.

면적 기억을 상기시켜줄 기념관으로서의 역할이 요청되는 곳이기도 하다. 아울러 거대 감옥을 중심으로 만들어진 지역으로서 현저동 일대를 재조명해 볼 필요도 있다. 가령 80여 년에 걸쳐 감옥 인근에서 재감자의 가족 및 친지가 필요한 도움을 주거나 정보를 교환하던 옥바라지 골목이나, 형무관들의 집단 거주지이자 사격훈련장, 수인노동을 위한 채석장, 사형자 및 사망자를 처리하던 화장장을 품은 독특한 마을을 지금은 현존하지 않더라도 기술적으로 재구성해 볼 수 있지 않을까 한다.

여순(혹은 여순감옥)은 한·중·일 삼국에서 비교적 뚜렷한 형태로 각각 다른 의미를 갖는 특이한 장소이다. 우선 한국인에게 여순감옥은 안중근이 사형을 당한 순국의 장소이다. 신채호 역시 1928년 5월 대련으로 호송된 이래 대련지소와 여순감옥에 수감되던 중 1936년 2월에 병사하였으므로,[63] 여순감옥은 항일운동과 직결된 장소가 되었다. 한국인의 단체 여행에서 여순감옥과 안중근이 재판을 받은 관동청 고등법원은 대부분 필수 코스다. 이 두 장소에서 한국인은 우리말로 자세하게 병기된 해설문을 읽을 수 있으므로, 당시의 상황을 쉽게 이해할 수 있다.

한편 중국인에게 여순감옥은 '47년간 통치를 당한 기억의 부호'[64]이다. 1895년 러시아에게 여순을 25년간 빌려주기로 한 이후부터 시작된 여순 주민의 고난은 1905년 러일전쟁에서 승리한 일

---

63 김월배·주우진, 『단재 신채호, 중국에 역사를 묻다』, 걸음, 2021.
64 旅順日俄監獄舊址博物館, 2018, 2쪽.

본에 의한 학살과 핍박, 2차 대전의 종전 이후 여순에 진군한 소련군의 점령으로 이어지는 역사를 감당하고 1955년이 되어서야 끝을 맺을 수 있었다. 이와 같은 의미에서 여순은 재난이 연속된 어두운 장소인 동시에 이에 대한 중국민의 저항, 즉 '공산당원의 분투와 항일운동, 독립의 함성, 파시즘전쟁의 최종 승리'를 기념하는 장소가 되었다.[65] 중국은 26,000m²의 감옥 부지 속 253칸 감방으로 이어진 옥사, 15개의 공장과 사형장, 병감 등을 그대로 유지하여 박물관으로 활용하고 있다.

여순박물관에서 특징적인 점은 감옥 묘지의 재현이다. 일본 당국은 러시아 통치 시절 만들어진 사형실 설비가 불완전하고 낡았다는 이유로 1934년 7월에 사형장을 새로 만들었다. 감옥 내 북동쪽에 115.5m²의 2층 구조였다. 아울러 감옥에서 1km 밖에 묘지를 마련하여 교수형을 받은 자 외에도 수감 도중 사망한 사체를 묻었다. 여순박물관은 감옥 내 15공장 자리에 묘지를 복원하여 사체가 담긴 나무통을 재현하여, 일본 통치하의 죽음을 실감할 수 있는 장소를 마련하였다. 이는 일본, 대만, 한국에서는 볼 수 없는 장소이다.[66]

현재 이 박물관은 1988년 '전국중점문물보호단위'로 지정된 후, 전국애국주의교육시범부지(2005), 국가국방교육시범기지(2009)로 활용되고 있다. 일반 관람객은 물론, 타지역 주민이나 학

65　旅順日俄監獄舊址博物館, 2018, 2쪽.
66　旅順日俄監獄舊址博物館, 2018, 83쪽.

생, 군인 등을 대상으로 나라를 지키는 일의 의미와 애국심을 되새기자는 교육을 시행한다.[67] 2014년 한 해에만 45만 명이 관람하였고, 그 가운데는 한국인 관람객도 4만 명이 포함된다.

반면 일본인에게 여순은 러시아와 힘을 겨룬 군항이자 요새로 기억된다. 요동반도에서 대련이 일본인의 대거 이주로 발달한 도시가 된 것과는 달리, 여순은 전략적 요충지이자 러일전쟁 시 격전을 벌인 장소일 뿐이었다. 일본인을 대상으로 한 단체 및 개인 여행 동선에서 여순감옥은 대부분 빠져 있다. 주요 코스는 러일전쟁 승리를 기념하여 지어진 백옥산탑, 203고지, 동계관산 요새와 같은 곳에 집중된다. 러시아에 맞선 일본군의 필사적인 전투와 승리를 뒤돌아보고 일본군의 과거 영광을 음미하는 아련한 향수 속에서 전혀 다른 기억이 자리잡는 것이다.

연길감옥의 경우는 연변예술극장과 연길감옥 항일투쟁기념비의 기억을 제외하고는 회고가 불가능하다. 연길감옥에 대한 많지 않은 정보의 대부분이 연길감옥투쟁에 대한 것으로, 매년 4월 3일에는 연길감옥 항일투쟁 순난자 추모식이 열린다고 한다. 이 기념비의 요지는 다음과 같은 것이다.

> 1935년 6월 7일 김명주는 리태근, 이영춘과 손잡고 또 다시 17명의 결사대를 조직한 후 간수들이 단오 명절을 쇠는 기회를 타 족쇄를 끊어버리고 일본 지도관과 감옥장을 처단한 후 감방문을 짓부수고

---

[67] 2019.9.21. 여순일아감옥구지박물관에서 가진 주애민 부관장과의 대담.

수백 명의 수감자들을 해방하여 파옥에 성공하였다. 이 파옥은 항일전쟁시기 동북의 많은 감옥 투쟁 가운데서 유일하게 성공한 투쟁이다. 65성상이 지난 오늘 지난날의 연길감옥 자리는 연변 인민의 예술전당으로 되었다. 혁명영웅들의 업적을 추모하고 이를 후세에 길이 전하기 위해 이 비석을 세운다.[68]

탈옥한 이들 중 일부는 천신만고 끝에 인민혁명군 제2군 연대로 합류하였다고 한다.[69] 탈옥이 단순한 도망이 아닌, 조선족의 혁명투쟁으로 이어지는 과정이었다는 점에서 후세에 전달하고 기념할 만한 기억으로 남은 것이다.

이 비의 정면 상단에는 당시의 투쟁 모습을 표현한 부조가 새겨져 있고, 비문 아래에는 당시 감옥 안에서 부르던 연길감옥가가 새겨져 있다. 매년 현지에서는 청명절에 이 노래를 부르면서 '인간지옥' 연길감옥이 인민예술전당으로 바뀌는 과정과 중국혁명을 기리는 의식이 행해진다고 한다.

일본의 패전과 만주국의 붕괴로 인해 일본인 및 만주국의 주요 인사들은 연길감옥에 수용되었다. 하남수용소가 된 연길감옥의 기억은 일본인들에게 추위와 동료의 죽음 등으로 기록되었다.

---

68 연길감옥항일투쟁기념비, 『세계한민족문화대전』 한국학중앙연구원 홈페이지.
69 유종걸, 「연길감옥투쟁」, 『연변문사자료휘집』 1, 연변인민출판사, 2007; 「연길에서의 옥중투쟁」, 『연변일보』, 2009. 12. 18. 관련 자료를 주신 다나카 류이치(田中隆一) 선생께 감사드린다.

자료 2-15 연길감옥 항일투쟁기념비

칼바람과 매일 아침 운반해야 하는 동료의 검게 변색한 사체, 필기도구가 없어 기록하지 못하는 생활에 대한 안타까움 등으로 회고되었다.[70] 이렇듯 만주 연길감옥에 대한 기억은 타이베이나 서대문형무소와는 사뭇 결이 다른 것이었다. 종전으로 인하여 지배자와 피지배자의 처지가 완전히 역전되는 일은 만주지역의 감옥 및 수용소에서 가장 극적인 형태로 경험되었다.

이렇듯 동아시아의 여러 감옥은 개항 이후 동아시아가 거친 침략과 식민지화, 전쟁 수행, 학살과 포로수용 등 격변과 고난 속을 살아온 대중들의 역사를 생생하게 증명하고 있다. 19세기 후반

70　中田慶雄,「還らぬ友」, 坂井靖三 編,『義勇魂: 元滿蒙開拓靑少年義勇隊 第5次 京都中村中隊記念誌』, 義勇魂出版事務所 京都出版ロータリー, 1971.

에서 2차 대전 종전에 이르는 시기이다. 제국 일본의 근대감옥사는 서구 열강에 대해 일본의 근대화 정도와 식민지운영 능력 등을 증명하기 위한 기구로 출발하였다. 동시에 그 역사 속에는 제국 일본의 통치 질서로부터의 일탈자 및 체제 반대자 등을 효과적으로 격리 배제하고 체제 내화시키기 위한 시도가 축적되어 왔다고 할 수 있다.

현재의 시점에서 각 감옥 유적은 장벽 안에서 희생된 죽음을 기리는 장소로 남아 있다는 점에서는 공통적이나, 새로운 도시 경관을 만든 건축 능력이나 근대화를 뒷받침한 동력으로 기억되기도 하고(일본), 식민지배의 생활 그 자체를 재현하려는 노력(대만)으로 이어지는 한편 민족적 고난과 저항의 상징으로 자리잡는 등(중국, 한국) 적지 않은 편차를 드러내고 있다. 현재 각 감옥은 그저 기록된 대상이 아니라 해당 감옥에 대한 새로운 기억이 끊임없이 발굴되고 때로 특정한 방향으로 만들어지고 있다. 복원과 재현의 폭이 전례없이 확장되는 가운데 근대감옥의 역사 또한 동북아 식민지 역사전쟁의 한 축을 형성하고 있다. 이 글은 각 형무소의 위상과 유적의 재현 방향을 짚어볼 수 있기를 희망하면서 유적으로 남은 근대감옥의 과거에서부터 1990년대 이후의 재현 방식을 살펴보았다.

3장

조선의
감옥 설치와 운영

1. 감옥 설치와 사무 관할

1905년의 을사늑약 이후로 대한제국의 감옥 개혁과 운용은 종지부를 찍게 되었다. 1907년 12월 13일에 「감옥관제」(칙령 제52호)가 공포되어 기존 감옥서의 관할은 내부(內部)에서 법부(法部)로 이관되었다. 경무청 산하의 경찰 업무와 분리되면서 공소원 검사장이 법부대신의 명을 받아 관할지 내 감옥을 감독하였다.

법부는 법부령 제1호(1907.12.27)로 「경성감옥서를 설치하는 건」을 내려 1908년 1월 1일부터 시행하게 하였다. 아울러 제2호(1908.4.11)로 전국 8개소의 감옥 명칭과 위치를 정하고 같은 해 7월부터 감옥 사무를 개시하였다.[1] 경성, 평양, 대구, 공주, 해주, 광주, 진주, 함흥감옥이었다. 공소원(경성, 평양, 대구) 및 지방재판소(공주, 함흥, 해주, 진주, 광주)가 설치된 지역과 일치한다.

한성부 경무청 감옥서가 경성감옥서가 되었고, 1908년 10월 이후 신축 이전하였다(금계동. 현재의 현저동 위치). 경성을 제외한 평양, 대구, 공주, 해주, 광주, 진주, 함흥에서는 기존의 관아 및 감영의 감옥을 인수하거나 군이나 경찰 시설을 감옥기구로 대체하였다. 일본 영사관경찰의 유치장으로 사용되다가 이사청감옥으로 승계되어 다시 감옥이 된 경우도 있다(자료 3-1 참조). 1909년 7월

---

1 통감관방, 『한국시정연보』, 1908, 104쪽.

12일 「한국의 사법 및 감옥 사무를 일본국 정부에 위탁하는 건에 관한 각서」 조인으로 한국 정부는 사법과 감옥 사무를 일본 정부에 위탁하게 되었다.

「통감부 감옥관제」(칙령 243호)는 1909년 11월 1일부터 시행되었는데, 통감이 그 설치와 폐지를 결정하도록 하였다. 감옥의 감독과 지휘는 통감의 명을 받은 공소원 검사장이 맡았다. 한국 정부는 1908년 지방재판소 소재지에 감옥 본감 8개소를, 1909년 2월 이후 지방재판소 지부 소재지에 감옥 분감 8개소를 설치하였는데, 1909년 10월 31일부로 그 감옥을 통감부에 이관하였다. 종래 법부가 담당했던 사법 행정과 감옥 사무는 통감부 사법청이 맡았다.[2]

감옥 분감의 일부 위치를 변경하여 영등포 이사청감옥이 통감부 감옥이 되었고, 분감 1개소(평양감옥 신의주분감)를 증설하여 본감과 분감 각 9개소로 1909년 11월 1일로 그 사무를 개시하였다(자료 3-1 참조).[3]

조선총독부는 1910년 10월에 감옥을 다시 개편하여 본감 8개소와 분감 13개소를 발표하였다(자료 3-2 참조, 총독부령 제11호).[4] 통감부 사법청 사무를 이어받은 조선총독부 사법부는 서무과[5]·민

---

2 김병화, 『근대한국재판사』, 한국사법행정학회, 1974.
3 통감부, 『제3차 시정연보』, 조선총독부, 1911, 52~53쪽.
4 『조선총독부 관보』, 1910년 10월 1일.
5 1912년 3월 30일 제령 제27호로 서무과는 감리(監理)과로 바뀌었다.

자료 3-1　1909년 통감부 감옥의 위치와 명칭

명 칭	위 치	장소 연혁
경성감옥 　인천분감 　춘천분감	한성부 금계동	1908년 10월 신축이전 인천이사청 건물 사용 춘천관아 감옥과 순사교습소 일부 사용
영등포감옥	경기도 영등포	
공주감옥 　청주분감	충청남도 공주	공주관아의 감옥(외감옥, 내감옥) 사용 청주 진아대(鎭衙隊) 부속 건물 영창 인수
함흥감옥 　원산분감 　청진분감	함경남도 함흥 함경남도 원산 함경북도 청진	함흥관아의 감옥 사용 원산관아의 감옥 사용 이사청 감옥 사용
평양감옥 　신의주분감	평안남도 평양 평안북도 신의주	평양이사청감옥 사용 1909.10. 신설. 신의주 이사청감옥 사용 일본군 헌병대 산하 감옥시설이었던 이전 의 의주 분감은 신의주분감의 의주출장소 로 사용
해주감옥	황해도 해주	해주감영의 감옥 사용
대구감옥	경상북도 대구	대구감영 감옥 사용
부산감옥 　진주분감	경상남도 부산 경상남도 진주	부산이사청 감옥 사용 진주관아의 감옥 사용
광주감옥 　전주분감 　목포분감	전라남도 광주 전라북도 전주 전라남도 목포	광주관아의 감옥 사용 전주감영의 감옥 사용 목포 이사청 감옥 사용

출전: 『통감부 공보』 1909.10.21.

사과·형사과를 두어 기존 통감부 사법청 직원과의 업무[6]를 서무 과로 흡수시켰다. 이 3과 체제는 1915년에 총독부 기구 감축 기조

6　직원과는 감옥 설치와 폐지, 관할 구역 사항을 담당하였다.

자료 3-2 조선총독부 감옥 위치와 명칭(1910. 10. 1)

명 칭	위 치
경성감옥	경성
경성감옥 영등포분감 → 영등포감옥(1920.10)	경기도 영등포
경성감옥 인천분감	경기도 인천
경성감옥 춘천분감	강원도 춘천
공주감옥	충청남도 공주
공주감옥 청주분감	충청북도 청주
함흥감옥	함경남도 함흥
함흥감옥 원산분감	함경남도 원산
함흥감옥 청진분감 → 청진감옥(1920.10)	함경북도 청진
평양감옥	평안남도 평양
평양감옥 진남포분감	평안남도 진남포
평양감옥 신의주분감 → 신의주감옥(1920.10)	평안북도 신의주
해주감옥	황해도 해주
대구감옥	경상북도 대구
부산감옥	경산남도 부산
부산감옥 마산분감	경상남도 마산
부산감옥 진주분감	경상남도 진주
광주감옥	전라남도 광주
광주감옥 목포분감 → 목포감옥(1920.10)	전라남도 목포
광주감옥 전주분감 → 전주감옥(1920.10)	전라북도 전주
광주감옥 군산분감 → 전주감옥 군산분감(同)	전라북도 군산

출전: 『조선총독부 관보』 1910. 10. 1.

에 따라 법무·감옥 2과로 축소되었다. 이로써 기존 형사과의 한계(係)에 지나지 않던 감옥계는 1915년 이후 과(課)로 승격되었다.

3·1운동 이후 총독부 관제가 크게 개정되면서 종래의 사법부는 법무국으로 바뀌었다. 자료 3-2에서 확인되는 바와 같이 1920년 10월에 분감에서 본감으로 승격된 다수의 감옥들이 있다.

이는 3·1운동으로 수용인원이 급증하고, 이후 태형이 폐지되면서 재소자가 증가한 데 따라 과밀 수용을 해소하기 위해 일시적으로 본감과 분감이 증가하였기 때문이다. 3·1운동 이후로 감옥 명칭과 위치를 정하는 총독부령은 1919년 5월의 부령 제86호에서 1924년 12월 제78호에 이르기까지 7차례나 변경되었다.[7]

1920년에 법무과가 형사과와 민사과로 나뉘고, 감옥과가 유지되어 다시 3과 체제가 되었다가 1924년에 다시 법무과와 행형과의 2과 체제로 돌아왔다. 1923년에는 감옥을 형무소로, 분감을 지소로 명칭을 변경하였으므로(1923.5.5, 총독부령 제72호), 기존의 감옥과가 행형과가 되었다. 이후로 감옥 관련 업무는 행형과로 이관되었고 이 체제는 1939년 말까지 지속되었다.

1936년에는 치안유지법 위반자로 형기 만료된 사상범을 보호관찰에 부치는 사상범 보호관찰제도가 실시되었다. 이때부터 법무과 업무에 사상범 보호관찰 사항이 추가되었다. 1939년 12월 27일 조선총독부 훈령 제80조로 법무국은 다시 민사과, 형사과, 행형과 3과 체제로 확대되었다. 1941년부터는 「조선사상범예방구금령」이 공포되어 예방구금제도가 실시되어 법무국 업무에 예방구금의 청구부터 재판, 위원회 업무가 더욱 추가되었다. 행형과 업무에는 예방구금소 업무가 추가되었다.

---

[7] 1919년 5월 제86호, 1920년 10월 제158호, 1921년 3월 제41호, 1923년 3월 제62호, 1923년 5월 제72호, 1924년 4월 제14호, 1924년 12월 제78호로 3·1운동 이후 1920년대에만 7차례 개정이 이루어졌다.

자료 3-3 조선총독부 사법부(법무국)의 부서 변천

시 기	부서 변천			
1910. 10 사법부	민사과	형사과	서무과	
1912. 3 사법부	민사과	형사과	감리과	
1915. 5 사법부	법무과	감옥과		
1919. 8 법무국	법무과	감옥과		
1920. 8 법무국	민사과	형사과	감옥과	
1924. 12 법무국	법무과	행형과		
1939. 12 법무국	민사과	형사과	행형과	
1942. 4 법무국	민사과	형사과	행형과	보호과
1943. 12 법무국	민사과	형사과	총무과	
1944. 11 법무국	민사과	형사과	법무과	

 1942년 4월 1일에는 보호과가 더 생겨 4과 체제로 확장되었다. 이후 행형과는 형무소, 형무관 연습소, 가출옥, 범죄인의 이동 식별에 관한 사항을 관장하고, 보호과는 보호관찰소, 예방구금소, 소년심판소, 교정원, 사법보호 등의 업무를 맡았다. 구금과 아울러 동원 및 사상통제 업무의 중심이 된 행형과와 보호과는 1943년 이후로는 다시 행정 간소화에 따라 총무과로 통합되었고, 1944년 11월 22일에는 다시 총무과가 법무과로 개칭되었으나 그 업무 분장은 유지되었다. 각 부서의 변천 과정은 자료 3-3과 같다.
 이 밖에도 1923~1924년에 2개소의 소년형무소(김천, 개성)가 새로 생기고, 1936년에 다시 소년형무소(인천)가 개설되었다. 1920년대 후반~1930년대 초반기 이래 사상범이 늘어남에 따라 서대문형무소의 수용 부담을 완화하기 위하여 함흥 및 대전에 감옥

자료 3-4 총독부 감옥 개소 추이

연도	본소	지소	계	개요
1910	8	14	22	본감: 경성·공주·함흥·평양·해주·대구·부산·광주 분감: 인천·춘천·청주·원산·의주·신의주·목포·전주·진주·영등포·청진·진남포·마산·군산
1911	8	14	22	
1912	9	14	23	경성감옥을 신설(구 경성감옥을 서대문감옥으로 개칭)
1913	9	13	22	의주분감을 폐지(경성(鏡城)출장소 폐지)
1914	9	13	22	
1915	9	13	22	
1916	9	13	22	
1917	9	13	22	
1918	9	13	22	금산포출장소 신설
1919	10	13	23	대전감옥 신설
1920	15	8	23	영등포·청진·신의주·목포·전주 각 분감을 본감으로 승격
1921	15	14	29	강릉·서흥·안동·제주·김천·금산포 각 분감을 신설
1922	15	15	30	개성분감 신설
1923	16	13	29	개성분감을 개성소년형무소로 개칭, 인천분감 폐지
1924	16	10	26	김천분감을 김천소년형무소로 개칭, 영등포형무소·강릉지소·제주지소를 폐지
1925	16	10	26	
1926	16	10	26	
1927	16	10	26	
1928	16	10	26	
1929	16	10	26	
1930	16	10	26	
1931	16	10	26	
1932	16	10	26	

연도	본소	지소	계	개요
1933	16	10	26	
1934	16	10	26	
1935	16	11	27	소록도지소 신설(대흥군출장소 폐지)
1936	17	11	28	인천소년형무소 신설
1937	17	11	28	마산지소에 불구노쇠자 수용
1938	17	11	28	공주형무소에 심신미약자 수용
1939	17	11	28	공주형무소 청주지소가 대전형무소 청주지소로 변경
1941	17(+1)	11	28	보호교도소 신설(서대문형무소 부설. 1943년 청주지소로 이전)
1943	17(+1)	11	28	서흥지소와 안동지소가 소년형무소 지소로 전환

출전: 朝鮮總督府法務局行刑課, 『朝鮮の行刑制度』, 18~19쪽.

이 신축되고 구치소도 새로 만들어졌다. 1930년대 후반에는 신체나 정신상태에 따라 심신미약, 불구노쇠, 한센병자를 별도로 구금하는 특수 목적의 감옥이 새로 만들어졌다.[8]

해방 직전까지 운영된 1944년 당시의 운영 개소를 정리해보면 다음과 같다(자료 3-5 참조). 형무소 17개소와 그 지소 11개소로 총 28개소가 있었고, 보호교도소(1943.10.1. 서대문에서 청주로 이전)가 1개소였다.

---

8 1930년대 이후의 명칭과 장소 개정은 1934년 7월 제75호, 1935년 7월 제92호, 1935년 10월 제120호, 1936년 7월 제52호, 1936년 10월 제106호, 1939년 3월 제26호, 1942년 12월 300호로 변경. 『조선총독부 관보』 참조.

자료 3-5 1944년도의 형무소 위치와 명칭

명 칭	위 치
1. 경성형무소	경기도 경성부
2. 서대문형무소	경기도 경성부
춘천지소	강원도 춘천군 춘천읍
3. 대전형무소	충청남도 대전부
청주지소(1943.10. 보호교도소 이전)	충청북도 청주군 청주읍
4. 공주형무소	충청북도 공주군 공주읍
5. 함흥형무소	함경남도 함흥부
원산지소	함경남도 원산부
6. 청진형무소	함경북도 청진부
7. 평양형무소	평안남도 평양부
진남포지소	평안남도 진남포부
8. 신의주형무소	평안북도 신의주부
9. 해주형무소	황해도 해주부
금산포지소	황해도 은율군 북부면
10. 대구형무소	경상북도 대구부
11. 부산형무소	경상남도 부산부
마산지소	경산남도 마산부
진주지소	경상남도 진주부
12. 광주형무소	전라남도 광주부
소록도지소	전라남도 고흥군 금산면
13. 목포형무소	전라남도 목포부
14. 전주형무소	전라북도 전주부
군산지소	전라북도 군산부
15. 인천소년형무소	경기도 인천부
16. 개성소년형무소	경기도 개성부
서흥지소	황해도 서흥군 서흥면
17. 김천소년형무소	경상북도 김천군 김천읍
안동지소	경상북도 안동군 안동읍

2. 시기별 변천과 특징

1910년대: 재감인원의 폭발과 엄벌주의

1909년은 일본식 감옥 도입 역사에 있어 형식적인 기점이 된다. 이 해에 이루어진 「한국의 사법 및 감옥 사무를 일본국 정부에 위탁하는 건에 관한 각서」(1909. 7. 12)에 의해 한국의 사법권과 감옥 사무가 최종적으로 일본에 위임되었기 때문이다. 실제로는 이미 치외법권의 명목으로 재한 일인을 대상으로 한 이사청감옥이 1906년에 세워져 일본의 감옥제도 도입이 가속화되었다.[9]

1906년 통감부는 경성, 부산, 평양, 마산, 군산, 목포, 인천, 진남포, 원산, 성진, 청진, 대구, 신의주의 13개소에 이사청을 설치하였는데 각 이사청에는 감옥 시설이 부설되어 있었다. 1908년 3월에는 일본인 기결수를 집단수용(集禁)한다는 구실로 대규모의 이사청감옥을 영등포에 신설하여 서울에는 경성 이사청감옥과 함께 2개의 이사청감옥이 있었다.[10]

당시 다수의 일본인 형무관이 채용되었고 감옥 사무와 설비, 직원 선임 등의 준비를 거쳐 1908년에 전국 8개 감옥의 명칭과 위치가 확정되었고, 7월 16일부터 감옥 사무가 시작되었다.

---

9 갑오개혁 이후의 감옥 개혁에 대해서는 홍문기, 「1894년『감옥규칙』성립과 근대감옥제도의 도입 양상」, 『한국사연구』185, 2019. 참조.
10 법무부, 『한국교정사』, 1987, 345쪽.

자료 3-6 법정형의 내용

사형	비공개 교수형
징역	1개월 이상 15년 이하
금고	1개월 이상 15년 이하이나 정역이 없음
구류	1일 이상 30일 미만
벌금	20원 이상
과료	10전 이상 20원 미만

이로부터 「통감부 감옥관제」와 「총독부 감옥관제」로 이어지는 1908~1910년 사이에 전국의 감옥을 본감과 분감으로 개편하는 흐름이 집중되었다. 기존의 조선 관아와 감영감옥을 그대로 사용하는 한편 일본의 영사관경찰감옥 및 이사청감옥을 신축 이전하는 방식이 혼재하였다. 대한제국으로부터 인계받은 지방 감옥의 건물들은 대개 온돌감방 2~5개 정도가 달려 있는 소규모였다.

1912년부터 일본의 「감옥법」(1908년 법률 제28호)에 의거하여 「조선감옥령」과 「조선감옥령시행규칙」(조선총독부령 제34호)이 정식으로 시행되었다. 당시 법정형은 사형과 징역, 금고, 구류, 벌금과 과료로 설정되었다(자료 3-6 참조). 1920년까지 이어진 태형(신체형)은 사형 외 형벌의 대체형으로 존치되었다. 감옥은 징역과 금고형인 자유형을 집행하는 시설인 동시에 형사피고인 구치 시설(구치소)을 포함하고 있었다.

연말 재감인원을 보면 1908년에 2,424명이었던 인원이 이듬해인 1909년에는 여기서 다시 약 3배 증가한 6,026명으로 급증하였다. 이렇게 갑작스레 증가한 원인은 일제 강점에 반대하는 의병운

자료 3-7 1908년 이후 연말 재감자 수 추이   [단위: 명]

연도	전국 총 재소자	연도	총 재소자
1908	2,424	1926	13,981
1909	6,061	1927	13,762
1910	7,021	1928	14,264
1911	9,599	1929	15,897
1912	9,595	1930	17,232
1913	9,932	1931	17,377
1914	9,489	1932	18,877
1915	9,810	1933	19,101
1916	10,888	1934	17,963
1917	12,288	1935	18,440
1918	11,778	1936	18,557
1919	15,176	1937	19,358
1920	14,450	1938	19,328
1921	16,716	1939	19,398
1922	15,101	1940	19,254
1923	13,726	1941	20,206
1924	12,833	1942	22,722
1925	13,119	1943	23,532

출전: 朝鮮總督府, 『朝鮮總督府統計年報』 각년 수치로 작성.

동의 고조와 이에 대한 대대적 '토벌'의 결과였다. 다만 의병운동이 일단락된 이후에도 수형자가 지속적으로 증가한 이유는 사법권 이양 이후로 징역, 금고, 구류에 처해지는 인원이 증가했기 때문이다. 당시 일본인 형무관의 관점을 인용하면 "재판에 의해 범한 죄에 상당하는 형벌을 받고 속속 보내진 죄수들이 대부분 장기수가 되어 각지의 감옥은 만원의 성황"[11]을 이루게 되었다는 것이다. 이와 같은 상황 속에서 수감자들의 생활은 지극히 불안정할 수밖에 없었다. 평당 수용인원이 7명 이상까지 이르러 열기와 악취 속에서 3~4교대로 잠을 자야 하는 상태가 지속되는 가운데 결사적인 탈옥이나 시설 파괴가 자주 이어졌고,[12] 감방 이외에 수용할 공간이 없어 집단으로 고함치고 반일 감정을 표출하곤 하였다.

1909년경에는 도주 기사가 자주 보이는데, 4월에 7명이 간수의 칼을 뺏고 한꺼번에 목책을 넘어 도주하는 일도 있었으며, 9월에도 도주를 시도하다가 간수의 칼에 목숨을 잃는 사례도 나타났다. 당시 신문은 "간수 순사의 칼에 맞아 죽었다"고 표현하였다. 상시 칼을 차고 있던 간수를 순사와 동급으로 인식하였고, 도주 시 그 자리에서 총이나 칼에 의해 사망하는 사건이 일어났음을 알 수 있다.[13]

이전에는 없었던 이질적 새 규칙의 강제에 대해서도 저항이

---

[11] 「朝鮮の監獄」,『監獄協會雜誌』, 1910. 1 이 글에는 저자가 누구인지 특정하기 어려운데, 일본인 관리가 조선에 새로 부임한 직후 관찰한 조선 감옥의 실상이 자세히 서술되어 있다. 일본의 감옥사 연구자인 重松一義는 이 저자를 최초의 근대 감옥인 서대문감옥을 설계한 四王天數馬로 보고 있다. 重松一義,『名典獄評伝』, 日本行刑史研究會, 1983, 185쪽.

[12] 中橋正吉,『朝鮮舊時の刑政』, 治刑協會, 1936, 172~174쪽.

[13] 「감옥서풍파」,『대한매일신보』, 1909. 4. 15;「포성굉발」,『황성신문』, 1909. 4. 15;「죄수참살」,『대한매일신보』, 1909. 6. 26. 이밖에도 전국 각지에서 도주 시도와 도주 중 사망한 예가 적지 않았다.

많았다. 특히 판결 확정으로 정식 수형자가 될 때 이루어지는 강제 삭발[14]은 매우 큰 고통을 안겨 주었다. 전통적 가치에 따라 두발 및 수염을 유지하려 했던 당시 조선인들은 외관을 유지하게 해달라고 애원하였고, 단발 시 눈물을 흘리며 마치 골육(骨肉)과 헤어지는 듯한 비통한 모습을 보였다.[15] 특히 유림들은 삭발 이후 서로 손을 잡고 오열하거나 혼절하였으며 단식을 단행하기도 하였다.[16] 의복에서도 수형자는 "평생에 구경도 하지 못하던 일본 의복에다가 발가락이 끼는 일본 버선에 일본 게타(下駄)" 착용에 대하여 이중의 고통(구금과 아울러 이질적인 의복 강제)을 느꼈다.[17] 이러한 복식에 대한 저항감과 불편 호소는 식민지 초반 이후

자료 3-8 재소자들의 모습
출처: 『朝鮮の行刑制度』, 1938.

14 감옥법 제36조에 의거하여 재감자의 두발과 수염은 짧게 깎도록 강제되었다. 다만 형사피고인은 특별히 필요한 경우가 아니라면 그 의사에 반하여 깎을 수 없다.
15 中橋政吉, 「舊韓國時代の監獄に關する思出」, 『治刑』, 1941. 5, 49쪽.
16 『흑산일록』, 1919년 음력 3월 16일조 참조(서동일, 「조선총독부의 파리장서운동 참가자에 대한 사법처리와 관련 수감자의 대응」, 『한국민족운동사연구』 68, 한국민족운동사학회, 2011, 65~66쪽에서 재인용).
17 「이중 고통의 감옥제도」, 『조선일보』, 1923. 5. 19.

에도 이어졌다.

일본인 형무관들은 근대감옥제도에 걸맞는 수형자 엄중 관리와 통제 질서를 도입하려 하였으나, 열악한 설비와 극단적인 초과 수용 상태에서 그와 같은 시도는 헛된 일이었다고 회고하였다. 그러나 식민지 초기의 열악한 감옥 환경이 행형 당국의 설명처럼 반드시 협소한 기존 감옥과 설비 부족 때문이었다고만 보기는 어렵다.

과밀 수용의 이유로 우선 생각해 볼 수 있는 것은 식민화 전후의 재정 위기를 생각해 볼 수 있다. 일본 정부는 러일전쟁 당시의 무리한 군비 지출로 심각한 재정 위기 속에 있었고, 초대 총독 데라우치는 이토 히로부미의 과다 지출을 비판하면서 조선에서 경비 절감이 가능함을 입증하고자 하였다.[18] 불평등조약을 개정하고 러일전쟁에서 승리한 이후로 일본 정부는 서구열강에 대해 문명개화를 입증해야 한다는 기존의 강박에서 어느 정도 벗어날 수 있었다.

더구나 총독부의 초기 행형 방침은 지은 죄에 응당한 처벌과 열악한 환경 유지가 사회를 향한 경고 메시지를 줄 수 있다는 응보적 징벌주의에 기초한 것이다. 1913년 데라우치 총독은 「전옥(典獄: 형무소장)에 대한 훈시(1913.5.28.)」에서 '헛되이 옥사의 완비

---

[18] 이윤상·김상태, 「1910년대 조선총독부의 재정정책-세입·세출 예산의 분석을 중심으로」, 권태억 외, 『한국 근대사회와 문화 II』, 서울대학교출판부, 2005, 143~146쪽.

를 추구하거나 수인에게 양식을 보급'하여 하층 민중 생활보다 양호하게 되면 편안한 환경이라는 오해를 낳을 수 있다는 점에서, '혹독함을 잃지 않으며 온정으로 흐르지 않도록' 유의할 것을 촉구한 바 있다.[19] 1911년 조선의 감옥은 1평당 8인 이상 수용하였다.[20]

이와 같은 정황 하에 적어도 1910년대 후반기까지 조선총독부는 감옥 신축이나 증축에 소극적이었던 것으로 보인다. 재감 인원이 증가하면 일시적 사면을 거듭하거나 태형 처분으로 대체하는 식으로 과밀 수용을 해소하였다.

1912년부터 일본의 「감옥법」(1908년 법률 제28호)에 의거하여 「조선감옥령」과 「조선감옥령시행규칙」(조선총독부령 제34호)이 정식으로 시행되었다. 감옥 운영과 수형자 처우 전반을 규정한 이 법령은 조선에서는 1939년에 이르기까지 개정 없이 유지되었다. 일본의 「감옥법시행규칙」(1908년 6월 16일 사법성령 18호)이 수형자의 인권 문제 등과 관련, 형구 개선을 비롯한 개정이 이루어지는 동안 조선에서는 개정 가능성이 언론을 통해 언급되었으나 실행되지 않았던 것이다.

일례로 신체구속 기구인 계구(戒具)의 문제를 살펴보면 「조선감옥령시행규칙」 제48조에 규정된 법정 계구는 총 6가지이다. 착의(笮衣)와 발목에 채우는 체(釱), 그리고 수갑과 족쇄와 연쇄(連鎖: 구외 작업이나 이동시 수감자끼리 연결시키는 사슬) 및 포승이다. 일

---

19 水野直樹編, 『朝鮮総督諭告·訓示集成』 1, 緑蔭書房, 2001, 184쪽.
20 『매일신보』, 1911.08.30.

자료 3-9 체를 착용한 수형자 모습
출전: 小野義秀, 『監獄運營120年の歷史』, 矯正協會, 2009.

본의 법정 계구 5가지보다 족쇄가 하나 더 추가되었다. 당국자는 그 이유를 조선의 '특종 사정' 때문이라고 설명하며, 그 사용 역시 각 형무소장의 재량에 맡겼다. 착의와 체는 징역수에 한하여 사용하고, 나머지 계구는 재감자 전체를 대상으로 사용하였다. 연쇄의 경우 일본에서는 구외 작업을 할 때만 사용하였으나, 조선에서는 탈옥 방지를 위해 구내에서도 필요한 경우 사용할 수 있도록 하였다.[21]

착의는 폭행 우려가 있는 자에게 입히는 가죽옷의 일종으로 지나치게 신체를 조일 경우 남용의 우려가 있으므로 12시간 이상 사용하지 못하게 하였다. 체는 도주나 폭행의 우려가 있는 징역수에게 750g에서 3.7kg까지 쇠구슬을 발목에 걸게 했다. 이것은 메이지 초기 오하라가 영국의 식민지 홍콩에서 들여온 것이다.[22] 식민지 감옥을 모방한 제도의 결함 중 하나는 시대적 흐름과는 동떨

21　中橋政吉, 『朝鮮行刑實務戒護指要』, 治刑協會, 1934.
22　平松義郎, 1981, 37쪽.

어진 가혹한 형구 사용이었다.

착의와 체는 1929년 이후로 일본의 국내 법정 계구에서 배제된다. 즉 내지에서는 「감옥법시행규칙」 48조를 개정하여 법정 계구로 진정의(鎭靜衣),[23] 방성구(防聲具), 수갑, 연쇄, 포승(捕繩)을 새롭게 다시 지정하였다. 반면 위의 형구들이 조선의 법정 계구에서 사라지고 새 형구로 바뀐 것은 1938년 12월의 「감옥령시행규칙」 개정(조선총독부령 244호. 1939년 1월 1일 시행) 이후이다.[24] 기존의 착의는 지나치게 온몸을 조인다는 비판을 받고 다소 완화된 형태의 진정의로 대체되었다. 방성구는 제지에도 불구하고 큰 소리를 내는 재감자에게 사용하였는데, 그 기능에 대해서는 1930년대를 살펴볼 때 다시 재론하도록 한다.

식민지 태형

일본은 1882년에 서구열강과의 불평등 조약 개정을 염두에 두고 본국의 태형을 전폐하였지만, 대만·관동주와 조선 등지에서는 새롭게 제도를 만들어 활용해왔다. 서구에서 야만적 형벌로 간주되는 태형 제도는 일본이 문명국으로 진입하는 데 어울리지 않았기 때문이다. 다만 식민지 및 점령지에서는 특수성 논리를 적용하

---

[23] 진정의는 물고기 모양의 옷으로 인체의 목에서 다리까지 전부 감싸되 다리 부분은 둘로 나누어 각각 봉합한 것이다. 이 역시 12시간까지 사용하는 것을 원칙으로 하되 계속할 경우는 3시간마다 갱신하였다. 1929년 5월 14일 제749호 「鎭靜衣等ノ使用上ニ関シ注意ノ件」.

[24] 「수인의 대우 개선」, 『매일신보』 1939. 1. 13.

여 존속시켰다. 식민지 민중의 미성숙과 특정한 성향이 자유형 전면 도입에는 부적절하다는 것이다.

대만에서는 1904년 1월에 「벌금 및 태형처분례」(율령 제1호)가, 관동주에서는 1908년 9월에 「관동주벌금및태형처분령」(칙령 제236호)이 공포되었다. 조선에서는 1912년 3월에 「조선태형령」(제령 제13호)이 「조선형사령」(제령 제11호)과 같이 발포되었다.[25]

3개월 이상의 징역 또는 구류에 처해야 할 자(조선태형령 제1조)나 100원 이하의 벌금 또는 과료에 처할 자 중 일정한 주소가 없는 자나 무자산인 자(제2조), 언도 확정 후 5일 이내 완납하지 않은 자(제3조)는 태형 집행이 가능했다. "교육을 못 받은 대부분의 조선인은 (중략) 수치의 관념이 없는 열등한 자들이므로, 단기 자유형을 집행해도 정신적인 통고(痛苦)에 무딘 자들"에게 현저한 효과를 보기 위해서는 강렬한 고통을 줄 필요가 있다는 것이다.[26]

기본적으로 태형 처분은 비교적 가벼운 죄를 범한 자에 대한 처벌인 만큼 「범죄즉결례」(1910.12, 제령 제10호)에 의해 경찰서장과 그 직무를 취급하는 자도 정식 재판 없이 즉결로 처분할 수 있

---

[25] 태형에 대한 자세한 내용은 이종민, 「식민지시기 형사처벌의 근대화에 관한 연구-근대 감옥의 이식 확장을 중심으로」, 『사회와 역사』 55, 1999; 염복규, 「1910년대 일제의 태형제도 시행과 운용」, 『역사와 현실』 53, 2004; ダニエル·V·ボツマン, 『血塗られた慈悲、笞打つ帝國』, インターシフト, 2009; 李鍾旼, 「日本の植民地支配と笞刑」, 松田利彦·陳姃湲 編, 『地域社會から見る帝國日本と植民地』, 思文閣出版, 2013.

[26] 司法部 監獄課, 「笞刑に就て」, 『朝鮮彙報』, 1917.11, 82~83쪽.

었다. 태형 집행은 감옥이나 즉결 관서에서 원칙적으로 비공개로 진행되었다. 총독부 사법부 감옥과에서 제시한 통계를 보면 1912년에 즉결 처분으로 태형 처분을 받은 자는 18,434명으로 전체 처분 중 51.26%에 달하였고 이후 인원이 점증하여 태형 폐지 논란이 일었던 1917년경에는 태형 처분자가 44,868명으로 전체 처분 중 48.33%를 차지하였다. 정식 재판으로 태형을 선고받은 경우에도 전체 형법범 일심 유죄 인원 35,957명 중 태형 과형 인원은 약 17,761명으로 전체의 49.39%에 달하였다.

당시 감옥과는 태형의 존속을 강력하게 지지하는 입장을 취하였다.[27] 태형제도는 구금 비용의 절약과 구금 밀도 완화에 큰 공헌을 하는데 일례로 1914~1916년간 평균 53,677원이라는 거

---

[27] 태형의 존폐 혹은 확장 논의는 1917년~1918년경에 있었던 것으로 보인다. 이 시기 대만에서도 태형을 둘러싼 존폐 논의가 있었다. 그러한 분위기 속에서 강력한 존속 지지 문건이 조선의 행형계에서 1917년 10월에 발표되었다. 이는 앞서도 소개한 모리 도쿠지로가 쓴 「笞刑に就て」라는 장문의 글이었다. (『朝鮮彙報』, 1917.10.11.) 애초에 이 글은 사법부 감옥과라는 소속 부서의 이름만으로 발표되었는데, 차후에 그의 이름으로 『태형론』이라는 책에 포함되어 출판되었다. 이 책에는 鈴木宗言의 「台湾罰金及笞刑論」, 小河滋次郎의 「笞刑例に就ての所見」, 이에 대한 스즈키의 반론인 「小河氏著笞刑論ヲ讀ム」로 이어지는 태형 논쟁이 실려있고, 뒤를 이어 모리의 글과 관동주의 「태형처분례」, 그리고 마지막에는 「滿洲國人ニ笞刑ヲ科スルコト得ルヤ」(저자는 岡本繁四郞: 변호사)라는 글이 실려있다. 마지막 글이 나온 것이 1936년이니까 이 책은 약 30여 년에 걸친 태형 논쟁을 싣고 있는 셈인데, 당시 식민지의 각 감옥 안에서 자체 인쇄되었다는 사실로 볼 때, 「태형」의 효과와 존폐 전망에 대한 행형 당국의 관심이 얼마나 지대했는지를 짐작할 수 있다. 따라서 『태형론』은 태형에 대한 문제제기와 중대 논점을 모아놓은 편서였다고 보는 것이 정확할 것이다.

액이 절약되었고, 태형이 구금을 대체하면서 일일 평균 4,415명의 수용 완화 효과를 가져온다는 것이다. 태형 처분 인원은 같은 식민지 대만과 비교하여도 조선이 훨씬 많았다. 감옥과에서는 1910~1913년간의 3년 평균 즉결 처분 인원을 비교하여, 대만의 태형 처분이 3,541명(24%)인데 비해 조선은 23,258명(45.3%)으로 이들 중 상당수가 태형 폐지로 인해 감옥에 수용될 가능성을 우려하였다.[28]

당초 과학적, 인도적으로 고안되었다고 선전되었던 식민지 태형의 집행 원칙[29]들은 통치의 불안정성이 높아질수록 무력화되었다. 특히 3·1운동 정국에 포화상태인 수감 사정과 수감자 관리의 편의를 고려하여 징역과 구류형이 태형으로 대체되면서 1918년에 40.87%로 줄었던 즉결 태형 처분은 1919년 다시 48.56%로 증가하였다. 아울러 최대의 고통과 공포를 안겨주도록 조장되어갔다. 즉결 처분 과정에서 비공개 원칙이 무너지는가 하면, 일일 최대 30도(度) 집행, 16세 이상 집행이라는 원칙도 무시되는 경우가 있었다. 특히 3·1운동의 진압과정에서 남용 사례가 이어지면서 태형으로 인한 사망자가 속출하여 문제가 되었다.

1919년의 3월 이후 조선의 감옥은 수감 인원이 폭증하면서 말그대로 전쟁 상태였다. 대표 감옥인 서대문의 예를 보자(인용문

---

28 司法部 監獄課, 「笞刑に就て」, 『朝鮮彙報』, 1917. 10, 56쪽.
29 비공개 처분, 형구(刑具) 통일과 일일 집행회수 30도 제한, 16세 이상 60세 이하의 남자로 대상 한정 등과 같은 규정을 말한다.

1).[30] 감옥 당국의 당혹 및 고심에 대해서는 당시 감옥과 서무계 주임이었던 모리 도쿠지로가 상세히 회고한 바 있다(인용문 2).

1. 현재의 서대문감옥 재감자 수는 3,319인의 다수인즉 그 감옥이 시작된 뒤로 처음 보는 기록이다. 그중에서 1,625인은 이번 소요 사건에 관한 미결수들이요 그 외에 이 사건의 불기소와 기타 관계로 인하여 출옥한 자 이 날짜까지 400명가량이라 한즉 3월 이래 그 감옥에서 취급한 죄인의 정말 수효는 대강 3,700여 명이며 따라서 감옥서가 바쁜 모양으로 말하면 마치 전쟁 구경을 하는 셈이다. (중략) 차입밥을 먹는 사람은 대략 600인즉 세 끼로 말하면 2,800끼의 다수한 벤토(도시락)가 매일 감옥으로 들어오는 터이나 끼니때가 되면 벤토가 산같이 쌓이는데 이것을 계원들은 일일이 자세한 검사를 하여야 하겠고 또 그 외에 옷을 갈아 들인다, 엽서를 사준다, 요사이 일기가 더우니까 부채들을 받아준다, 그 바쁜 모양은 형용할 수가 없을 지경이다. 또 죄수를 맡은 데에서는 재판소로 보냈다 갔다 오는 사람을 받고 지방에서 오는 죄수를 접수하는 등 아무리 하여도 하루에 200~300인의 죄수를 출입시키는 바 많은 사람을 마차로 보내다가는 미처 다 보내기 전에 해가 질 터이므로 요새는 자동차 두 대를 태워서 드나드는 형편이다.

2. 각지에서 어제 몇백 명, 오늘도 몇백 명이 체포되어 미결수가 격

---

30 「비상히 혼잡한 감옥」, 『매일신보』, 1919. 5. 15.

증하였다. 각지의 본·분감이 어느새 구금 불능이라는 보고가 쇄도한다. 십여 년 전의 헌병대와 같이 손발을 묶어 우마(牛馬)와 같이 엮어놓을 수도 없고 도저히 손을 쓸 수 없다는 보고다. (중략) 장거리 전화는 종일 걸려온다. (중략) 점심도 서서 먹는 중에 교섭하러 오는 자도 있고, 그 상담에 응하는 중에 다시 장거리 전화가 온다.[31]

감옥 당국은 태형을 통한 단기간 석방을 강력하게 희망하였다. 하세가와 조선 총독 또한 3·1운동 기간 중 태형의 남용과 가혹성이 비난받는 와중에도 태형 폐지에 대한 반대 의사를 표명하였다.[32]

조선인에 대해서는 특별히 태형이 있다. 외국인 및 조선인 지식계급 중에는 이를 비문명적인 것으로 보고 그 폐지를 고창(高唱)하는 자도 있으나, 민도에 맞는 가장 효과적인 처벌 방법으로서 이를 가볍게 폐지할 수는 없다.

요컨대 이 시기의 태형은 식민지에서의 처벌 효율과 합리적·인도적 교정의 논리가 충돌하는 접점에 있었다. 대규모 시위에 대해 일본의 관헌이 사용했던 폭력적인 진압 방식은 물론 야만적인

---

31 森德次郎, 『槿域矯正界蹣跚の三十七年』, 富士, 1971, 21쪽.
32 「長谷川総督の事務引続意見書」(1919.6), 『朝鮮』 1(姜德相 編, 『現代史資料』 25, 1977, 499쪽).

(태형) 제도의 남용에 대한 국제적인 비난 여론이 일었다.

총독을 비롯한 지배층이 한 차례 바뀌고 일련의 제도 개혁이 있었다. 그중 하나가 1920년 4월 1일을 기하여 이루어진 태형 폐지였다. 당시 조선의 감옥이 포화상태인 가운데, 행형당국은 그 어떤 형벌보다 간편하고 경제적이며 효과적으로 권력을 행사할 수 있는 태형의 이점을 누구보다 잘 알고 있었다.

하지만 일본의 식민지 중 가장 먼저 폐지되었다.[33] 일 년 후에 대만에서 폐지되었고, 관동주에서는 일본의 패전까지 지속되었다. 조선에서의 대규모 시위와 폭력적 제압이 널리 알려져 식민지 운영의 문제점이 불거지는 와중에 몇 가지 개혁적 조치로 이를 봉합하려는 시도 중 하나였다. 당시 법무 당국이 든 폐지 이유는 세 가지였다. 첫째, (조선에서) 민도가 개선되었다는 점, 둘째 태형은 현대문명사에 근거한 형벌의 성질과 배치되는 만형(蠻刑)에 불과하다는 점, 셋째 일본과 조선 사이의 유일한 차별을 철폐한다는 것이었다.[34]

감옥 당국은 민심 안정을 위한 조치로 태형이 폐지되는 것을

---

[33] 당시 조선에서의 폐지 배경으로 하라 내각하에 사이토 총독과 미즈노 렌타로 등 새로운 지배층의 정책이 있었다는 점에 대해서는 의심의 여지가 없다. 다만 당시의 조치를 단지 지배층 물갈이의 효과(하라 내각의 의지)로만 해석하는 것은 조선에서의 민중과 당국 간의 역관계 및 국제관계 변수를 과소평가하는 결과로 이어질 수 있다.

[34] 法務局,「笞刑制度ヲ廢止セムトスル理由(1919)」,『第42回 帝國議會說明資料』, 조선총독부 편,『朝鮮總督府 帝國議會說明資料』11, 不二出版, 1998.

받아들여야 했다.[35] 즉결과 태형에 의존하던 기존의 처벌 구조가 더 이상 존립하기 어려워지면서 많은 변화가 예상되었다. 1920년대는 새로운 처벌 패러다임의 시작이었다.

1920년대: 감옥의 증·개축과 형무소 시대의 도래

이제 감옥 증설과 이를 위한 예산 확보는 지상 과제가 되었다. 앞의 자료 3-4를 보면 식민지시기 감옥의 증·개축 추이가 분명하게 보인다. 1919년까지 23개소였던 조선의 감옥은 다음 해 급히 5개의 분감을 본감으로 승격시키는 임시 조치에서 더 나아가, 1921년에는 본감 15개소, 분감 14개소로 총 29개소가 되었다. 분감을 6개소 더 늘린 것이다.

1920년 태형 폐지 이후 조선의 처벌 구조는 크게 변화되었다. 1919년 법무국은 최근 3개년간 평균치로서 태형 처분의 비중이 재판에서 51%, 즉결에서 49%였다고 밝힌 바 있다.[36] 다음 자료 3-10에서 확인할 수 있듯이, 폐지 이후 즉결에서는 재산형이 대폭 증가하였다. 1910년대에 대부분 40%에 머물던 재산형(벌금, 과료) 처분이 1920년대에는 80%를 넘어선다. 그러나 여기서 주목할 점은 즉결 처분에서 여전히 징역이나 금고 처분이 내려진다는 점이

---

35 태형제도 유지를 강력하게 주장했던 사법부 감옥과의 모리는 당시 폐지 조치를 "민심안정을 위한 1조건"으로 인식하였다. 森德次郎,「朝鮮總督府少年刑務所終焉の記(1)」,『刑政』86-5, 1975. 5, 53쪽.

36 法務局,「大正9年度 新規計畫事項의 詳細 및 豫算要求額」, 朝鮮總督府 編,『朝鮮總督府 帝國議會說明資料』11, 不二出版, 1998.

다. 이는 1920년대에 들어서도 큰 차이를 보이지 않았다.

같은 시기 일본의 경우 즉결 재판에서 징역이나 금고 처분을 할 수 없었다. 그러나 식민지 조선과 대만에서는 징역이나 금고와 같은 중형이 즉결 재판에서 선고되었다. 정식재판의 경우에도 1907년에 1.88%에 불과하였던 징역의 비중은 식민화 이후 74.27%까지 치솟았다. 이후 태형 부과의 증가로 점차 낮아져 약 41%까지 저하되지만, 태형 폐지 직후(1921)에는 다시 70%로 상승하였다. 주목할 부분은 1940년대에 이르기까지 내내 징역의 비중이 약 60%로 유지되었다는 사실이다. 참고로 일본의 경우 1909년에 68%였던 징역형의 비중은 1920년대 이후로는 30%대를 유지하였다. 아울러 벌금형은 식민지 조선에서 30%대에 머물던 것과는 달리 일본에서는 약 60%로 그 비중이 대폭 증가하였다.[37]

요컨대 조선에서는 형사재판이나 즉결을 막론하고 유죄 판결 인원 중 징역형을 선고받는 사례가 일본에 비해 월등히 많았으며, 특히 형법범 정식 재판에서 자유형이 차지하는 비중은 별다른 변동없이 총인원의 60%를 유지하였다. 일본에 비해 조선의 수형자들이 중형을 선고받았으며, 수형자들을 관리하는 감옥의 역할과 비중이 조선에서 훨씬 컸다는 사실을 분명히 확인할 수 있다. 따라서 조선에서 수형자가 늘어나는 속도에 비해 감옥의 확장 속도가 지체되는 것은 불가피한 일이었다. 조선의 감옥은 수적으로 일

---

[37] 식민지 조선과의 처벌 차이에 대한 상세한 내용은 이종민, 「식민지시기 형사처벌의 근대화에 관한 연구」, 1999, 112쪽 참조.

자료 3-10 즉결 재판 처분 인원표   [단위: 명, %]

연도	처벌 총인원	자유형 A			재산형 B		체형 C	각 처벌 비율(%)		
		징역	금고	구류	벌금	과료	태형	A	B	C
1912	35,959	343	34	1,787	5,646	9,705	18,434	6.02	42.69	51.26
1913	46,175	234	25	2,310	7,211	16,109	19,959	5.56	50.50	43.22
1914	50,099	278	38	2,964	6,528	15,936	23,019	6.55	44.84	45.95
1915	60,371	199	21	4,232	6,794	21,393	26,797	7.37	46.69	44.39
1916	82,121	261	466	4,226	7,965	28,995	39,226	6.03	45.01	47.77
1917	92,842	203	33	4,058	9,230	34,421	44,868	4.63	47.02	48.33
1918	94,640	147	11	4,370	10,585	40,750	38,683	4.78	54.24	40.87
1919	71,939	139	12	4,652	8,747	23,495	34,933	6.68	44.82	48.56
1920	59,441	132	10	7,913	13,626	28,775	8,162	13.55	71.33	13.73
1921	73,505	163	19	8,856	19,664	43,100		12.30	85.39	0.00
1922	81,409	117	18	6,617	23,560	48,627		8.29	88.67	0.00
1923	80,734	28	21	7,565	21,871	48,150		9.43	86.73	0.00
1924	93,046	75	74	9,789	25,606	53,787		10.68	85.33	0.00
1925	106,143	540	230	11,498	30,723	58,293		11.56	83.86	0.00

본의 약 6분의 1에 불과했지만 감옥당 재감 인원은 일본의 2배 이상에 달하였다. 조선의 분감 인원이 일본의 본감과 같다거나, 본감의 규모가 일본의 대감옥에 필적하는 사례가 속속 등장했던 것이다.

    1920년대 초반기에는 태형 폐지로 감옥 신축의 바람이 불어 예산이 늘고 장소 이전, 명칭 변경이 잦았다. 5개의 분감이 본감으로 승격하였고, 강릉·서홍·안동·제주·김천·금산포·개성에 분감을 신설하였다. 이렇게 하여 총 30개소까지 늘었던 감옥 수는

자료 3-11 정식 재판(형법범 일심) 총인원에 대한 과형 비율 [단위: %]

연도	제1심 유죄인원 (단위:명)	생명형 사형	자유형 징역	자유형 금고	자유형 구류	자유형 계	재산형 벌금	재산형 과료	재산형 계	체형 태형
1907	799		1.88	80.85	1.13	83.86	7.25	0.88	8.13	
1908	824		12.38	61.04	1.09	74.51	13.83	3.76	17.59	
1909	855		74.27	0.93	1.52	76.72	14.38	3.27	17.65	
1912	15,077	0.54	62.73	0.04	0.20	62.79	3.98	1.46	5.44	27.42
1917	32,296	0.16	41.11	0.02	0.01	41.14	5.02	1.98	7.00	52.00
1919	26,822	0.18	42.57	0.03	0.01	42.61	8.50	1.64	10.14	44.84
1921	20,792	0.33				70.63			29.04	
1924	13,835	0.13	61.52	0.05	0.01	61.58	32.80	1.66	34.46	
1927	14,437	0.16	62.98	0.17	0.02	63.17	29.30	3.91	33.21	
1932	17,575	0.18	63.82	0.05	--	63.87	25.89	7.17	33.06	
1936	19,095	0.14	56.95	0.11	--	57.06	32.75	8.44	41.19	
1940	19,901	0.12	61.79	0.22	--	62.01	33.63	3.34	36.97	
1942	19,743	0.13	60.69	0.48	0.01	61.18	36.25	1.01	37.26	

출전: 朝鮮總督府, 『朝鮮總督府統計年報』(1907~1940)에서 작성.
* 조선총독부통계연보의 경우 1910년과 1911년의 형법범 과형통계가 빠져있어 식민화로 인한 과형의 차이를 명확하게 확인할 수 없었다.
** 태형은 「조선태형령」(1912~1920)에 의한 집행 인원만으로 작성하였다

1923년의 행정정리와 1924년 이후의 예산 축소로 총 26개소가 되어 1935년까지 유지된다. 많은 신축 공사가 중도에 연기되거나 중단되었고, 기존의 소규모 시설에 분감의 이름을 붙여 일정 기간 활용하는 일이 거듭되었다. 따라서 감옥의 위치 명칭에 대한 부령은 1920년대 전반기에만 7차례나 개정되었다.

1920년대 초반에는 소년감이 생겨났다. 조선에 '특수수형자'라는 개념이 등장한 것은 1922년이다. 18세 미만의 남녀 수형자를 특수수형자로 구분하여 별도의 감옥에 집금(集禁)한다는 것이다. 1922년 9월 21일 「특수수형자 집금에 관한 건」(관통첩 제86호)으로 18세 미만의 남자는 경성감옥 개성분감, 대구감옥 김천분감, 광주감옥과 영등포감옥에, 여자는 서대문감옥 춘천분감, 공주감옥, 함흥감옥, 평양감옥, 대구감옥 안동분감, 부산감옥 마산분감, 광주감옥, 목포감옥 제주분감, 전주분감에 두기로 하였다.[38] 이전까지는 연령을 기준으로 한 별도의 구금 목적과 장소가 마련되지 못했다. 18세 미만의 소년 보호와 교육을 위해 1915년에 소년감을 별도로 만들었던 내지와는 사정이 달랐던 것이다.[39]

1923년에는 명칭의 대대적인 변경 작업이 이루어진다. 기존의 감옥은 형무소로 변경되었다. 감옥은 단지 구금의 장소가 아니라 형무(刑務)를 다루는 관청이자 행정이 이루어지는 곳이라는 의미를 담았다는 것이다. 이때부터 담당 사무가 이루어지는 관청 또한 총독부 법무국 감옥과에서 행형과가 되었다. 당시 영향력을 행사하기 시작한 교육형(教育刑) 사조를 받아들이면서 감옥이 단순히 저지른 범죄에 대한 응보적 의미로 징벌을 받는 곳이 아니라, 교

---

[38] 『조선총독부 관보』, 1922. 9. 21.
[39] 일본에서는 1915년 7월에 '특수수형자' 범주를 만들어 20세 미만의 유소년수, 장기수, 여수(女囚)를 이에 포함시켰다.「特殊受刑者を拘禁すべき監獄及び拘禁すべき者の種類一覧表」(通達監甲499号. 1915. 7).「소년법」이 만들어진 것은 1922년 4월이다. 이때 소년은 18세 미만으로 규정되었다.

육과 개선이라는 목적성을 가진 행정이 이루어지는 곳이라는 의미로 행형(行刑)이라는 개념이 사용된 데 따른 것이다.[40] 행형이라는 용어는 이 시기 이후로 널리 사용되었다.

1920년대에 들어서면서 조선에서도 사상운동이 활성화되고 대중운동을 통한 생존권 투쟁이 증가하였다. 사상운동에 대응하기 위한 치안유지법이 1925년에 만들어지고, 1928년에는 사법과 경찰 양 방면에서 사상진용이 정비되어 개정 치안유지법을 통해 국체변혁에 관해서는 사형까지 선고할 수 있도록 처벌이 강화되었다. 아울러 목적수행죄로 당적과 관계없는 이들도 모두 처벌할 근거 규정이 생겼다. 사상범에 대해서는 특별한 사정이 없는 한 징역형을 부가한다는 방침이었다.[41] 엄벌을 통해 사상범을 예방하고자 한 것이다.

1930년대 전반기: 사상범 증가와 격리

1930년대 초반 이후 조선에서는 사회주의 운동과 연결된 대중운동 증가로 인하여 수감 인원이 급증하였다. 과밀 구금으로 사상범과 일반범의 엄격한 분리가 어려워지자 감옥 내 사상범 사이의 소통은 물론 사상범의 일반 사범에 대한 항일 저항의식의 전파에 대해서도 당국의 우려가 깊어졌다. 행형 당국은 사상범의 영향력을 줄이고 분리 고립시키는 한편 전향 정책을 궁리하게 되었다.

40　小野義秀, 2009, 171쪽.
41　齊藤榮治 編, 『高等法院檢事長訓示通牒類纂』, 1942, 330쪽.

그 결과 1930년대 후반기에는 사상범 통제와 관련한 옥사의 증축과 동시에 대규모 구치감 신축의 흐름이 보인다.

일본에서는 사상범의 급증과 관련하여 1920년대 후반 이래 새로운 형구를 사용하기 시작하였다. 방성구(防聲具)가 그것이다. 제지에도 불구하고 큰 소리를 지를 때 얼굴에 채워 소리를 내지 못하도록 한 일종의 재갈이다. 질식의 우려로 인해 6시간 이상 사용하지 못하게 되어 있으나, 필요할 때는 3시간마다 갱신이 허락되어 더 오래 사용할 수 있었다.[42] 이 형구는 실제로 사상범이 구치소와 형무소 내 공장과 교회당 등지에서 갑자기 일어나 큰소리로 주의 주장을 외치거나 부당한 처우에 항의하는 경우가 많아지자 이들을 제어하기 위해 들여온 것이다.[43] 사상범의 발언은 옥내의 일반범은 물론 다른 사상범에게도 영향을 미칠 수 있으므로 특별 계호 대상이다. 조선의 행형 당국은 1938년에 방성구를 도입하기 이전부터 큰 소리를 낼 경우 음성이 새어나가지 않는 특별 구조의 방에 수용한 바있다.[44] 방성구는 이후 예방구금소에서도 사용되었다.

사회적으로는 1930년대 중반 이후 대도시 지역에서 감옥시설에 대한 기피 혐오 현상이 두드러진다. 지역 발전에 저해된다는 논리가 각지에서 등장한다. 특히 서대문, 경성, 평양, 부산, 대구

---

42 正木亮, 『監獄法槪論』, 有斐閣, 1936.
43 平松義郎, 1981, 38쪽.
44 中橋政吉, 『朝鮮行刑實務戒護指要』, 治刑協會, 1934, 157쪽.

등지에서는 도심의 외곽으로 이전할 것을 요구하는 목소리가 커졌다.[45] 앞에서 살펴본 바 있듯이 메이지 초기 일본의 도쿄 황거(皇居) 옆에 세워졌던 감옥 시설은 쇼와시기에 점차 외곽으로 이전하기 시작하였다. 마찬가지로 서울 외 기타 도시에서도 이전 요구가 분출되기 시작하였다. 19세기 말 사법 근대화를 상징하는 일종의 문명시설로 시선을 모았던 감옥은 1930년대가 되면서 대표적인 기피 혐오 시설이 되어갔다. 당국의 입장에서는 감옥의 확장이 불가피한 상황이었지만, 일반 사회에서는 확장 반대는 물론 이전을 요구하였다.

서대문형무소는 발전에 위협이 될 '붉은 우울한 집'으로 묘사되었고 경성형무소 역시 '서부 경성 발전상 막대한 지장'을 주는 시설로 간주되었다. 경성뿐만 아니라 평양, 부산, 대구 등 기타 도시에서는 도심이 커지는 과정에서 학교나 주거지와의 근접성 면에서 문제를 제기하는 목소리가 높아졌다.[46] 반면 청진과 같은 신개발 지구에서는 역으로 지역 발전을 위해 이전을 반대하였다.[47] 나남과의 지역개발 경쟁 속에서 지방법원과 함께 하는 감옥 시설을 유지하고자 한 것이다.

---

[45] 『매일신보』, 1934. 4. 13.; 『조선중앙일보』, 1936. 6. 30.; 『부산일보』, 1936. 6. 30.
[46] 『매일신보』, 1934. 4. 13·7. 25; 『조선신문』, 1934. 5. 5; 『매일신보』, 1936. 4. 25; 『조선중앙일보』 1936. 6. 30; 『부산일보』, 1936. 6. 30.
[47] 『매일신보』, 1936. 4. 25.

중일전쟁 이후: 수인 분류와 교육 강화

수인을 특징에 따라 세분하기 시작한 것은 1930년대 후반기부터이다. 그 이전에는 성별, 연령(18세 미만이 기준), 형기 10년을 기준으로 장기와 단기, 민족별로 일본인, 조선인, 중국인을 제외한 외국인 정도로 구분하였고, 1923년에 개성소년형무소(1923.5)와 1924년에 김천소년형무소(1924.4) 등 남자 소년을 위한 형무소가 탄생한 바 있다.

그러던 것이 1930년대 후반 이후로는 한센병 환자를 따로 수감하는 소록도지소(1935.9), 인천소년형무소(1936.7), 불구노쇠자 전용의 마산지소(1937.3), 심신미약자(心神耗弱者) 전용의 공주형무소(1938.6)와 같이 종류가 세분화되었다. 불구노쇠자를 수용하는 마산지소의 수용 실태를 보면 1941년 당시 세 범주로 재분류 수용하고 있음이 확인된다. 노쇠자 24명, 노쇠불구자 1명, 불구자 16명이었다. 노쇠수형자는 상시 30명 내외로 관리되었다고 한다. 이 내용을 소개한 무라카미(村上了昭)는 이들을 불생산적이며 기생적 존재라고 규정하였다. 당국의 입장에서 볼 때 가장 '쓸모없는 자'들을 분리 구금한 것이다.[48]

1930년대 후반부터 당국은 체력과 지력이 뛰어난 청년(소년)수형자에 대한 교육과 훈련을 강조하였다. 1937년의 「조선행형교육규정」(조선총독부 훈령 제35호) 이후로는 30세 이상으로 보통학교

---

48 村上了昭, 「朝鮮における老年受刑者に就いて」, 『治刑』, 1941.12.

4학년 수학 정도에 미치지 못한 자와 형무소에서 교육이 필요하다고 인정된 자에게도 교육을 실시할 수 있게 되었다. 국어(일본어)가 교육의 중점이었다. 간이보통과와 보통과로 나누어 간이보통과에서는 주 16시간 중 8시간이 국어, 보통과에서는 주 14시간 중 6시간이 국어교육이었다. 다만 이 같은 교육은 태평양전쟁 이후에 다시 반성의 대상이 되었다. 수형자 교육을 지식에 한정시켜 황국신민 연성을 위한 교육이나 체련 등에 소홀하였다는 것이다.

체력과 지력이 검증된 수형자를 원활하게 동원하기 위해서는 가석방제도를 손볼 필요가 있었다. 아울러 가석방의 기준을 정비하였다. 조선에서 가출옥(이후 가석방으로 개칭)제는 1911년 3월 총독부령 「가출옥취체규칙」을 제정한 이래 시행되어 왔다. 이후 가출옥의 기준에 대해 문제가 제기된 바 있다. 1931년에 일본에서는 형법 제28조에 의거, '개전의 정'이 있다는 주관적 심증에 의거한 기존 가석방 관행에 의문을 제기하고 「가석방심사규정」(1931.5.25)을 발포하였다. 이에 따라 수인을 둘러싼 신상관계, 범죄관계, 보호관계를 심사하여 가석방을 허가하였는데, 1933년에 공포된 「행형누진처우령」(1933.10.25 사법성령 제35호. 1934.1.1 시행)은 여기서 더 나아가 수인 심사를 점수제로 평가할 수 있도록 하였다.

조선에서는 1937년과 1938년이 되어서야 「조선행형누진처우규칙」과 「가석방심사규정」이 공포되었다. 「조선행형누진처우규칙」은 매달 평가되는 행형 성적에 의거하여 결정되는데, 득점 항목은 인격점과 작업점으로 나누어 채점한다. 인격점은 품행의 양부(良否)와 책임 관념 및 의지의 강약으로, 작업점은 수량이나 시간과정에서 면부(勉否)를 채점하였다. 이를 형기로 계산된 책임점수에서 제한 값으로 급을 나누어 처우를 달리하였다.[49] 그 결과 등급에 따라 부식의 양에서부터 작업 상여금 액수, 라디오 청취나 면회, 편지 등에서 차등을 두었다. 4급에서부터 진급을 거듭하여 2급까지 올라가게 되면 가석방이 가능해진다.

다만 누진처우와 가석방에는 조건이 따른다. 누진처우에서 1) 형기가 1년 미만인 자 2) 만 65세 이상으로 서서 하는 작업을 견딜 수 없는 자 3) 임산부 4) 불구나 질병 등 심신장애로 공동작업을 할 수 없고 작업에 적합하지 않은 자 5) 궤격(詭激: 사리에 맞지 않고 지나치게 격렬하거나 거센 모양)한 사상을 품은 자로 그 사상을 포기하지 않은 자는 대상 밖이었다.[50] 가석방 역시 사상전향 상황을 정밀히 심사(제7조)하였고, 범죄 동기 심사에서도 국가 또는 사회 도리나 공익상 비난받을 만한 심정에 기초한 경우, 특히 사상의 추이에 주의하여 그 소신의 포기 여부를 심사하였다(제9조).[51] 이는 결국 작업이 가능한 심신을 갖추고 위험한 사상을 갖지 않았다(전향)라고 평가된 자 이외에는 처우의 개선이나 가석방을 바랄 수 없다는 것을 의미한다.

이 채점과 심사 과정에는 간수와 작업기수, 교사, 의사, 교회사

---

49 朝鮮總督府法務局行刑課 編, 『朝鮮刑務提要』, 1942, 631~635쪽.
50 朝鮮總督府法務局行刑課 編, 1942, 629쪽.
51 『조선총독부 관보』, 1938.4.7.

등 매월 수인을 직접 접촉하는 담당자가 참석하였다. 따라서 형기 1년 이상으로 심신이 건강하고 사상 면에서 안전함을 증명해 보여야 할 청장년층 수인에게 이들 평가 주체의 권력은 막강한 것이 되었다. 점수 여하, 특히 순종적인 태도와 근면한 작업 능력, 사상의 안전성을 평가받았을 때 그들에게는 일종의 돌파구가 열리는 셈이기 때문이다.

1940년대: 동원과 배제

1941년의 형무소장 및 보호교도소장회의는 전시행형으로의 내용 전환을 잘 보여준다.[52] 1941년 11월 6일에서 8일에 걸친 회의에서 나온 총독 훈시는 다음과 같은 세 가지 방침의 중요성을 강조하였다.

첫째, 인적 자원의 활용: 복역 중에는 "형무작업 특히 군수작업에 분골쇄신"하고 석방 후에는 국가유용의 인적 자원으로서 곧바로 산업전선에 설 수 있도록 한다.

둘째, 사상범 중 비전향자의 근절: 사상범예방구금제도를 철저히 실행하여 "재범의 우려가 현저한 사상범의 교화 연성과 범죄 예방 및

---

[52] 1941년 11월 6일에서 8일에 걸쳐 총독부 제1회의실에서 개최되었다. 미야모토(宮本)법무국장의 주재로 재판소 및 검사국장관, 나가사키(長崎)경성보호관찰소장, 나카이(中井)만주국 사법부참사관, 후추(府中)형무소 전옥, 대련형무지소장 등이 특별히 참석하였다. 「刑務所長及保護矯導所長會議」, 『治刑』 19-12, 1941. 12, 38~40쪽.

자료3-12 형무소장 및 보호교도소장 회의(1941.11)
출전: 治刑協會, 『治刑』, 1941.12.

치안의 확보"를 기한다. "임전태세하에 사상 비전향자의 절무(絶無)를 기하고 사상적 치안의 완벽 확보와 거국일치체제의 강화철저를 도모한다. 따라서 보호교도소장은 본 제도의 취지 목적과 현하 국제정세의 긴박화에 맞추어 그 운용을 연구하고 수용자의 구금 감찰과 교화 연성에 대한 방책을 세울 것"을 요구한다.[53]

셋째, 소년행형의 중시: 소년수형자의 교화 연성 및 보호(부랑청소년 포함)이다.

---

53 『治刑』 19-12, 1941.12, 38쪽.

이날의 훈시에서는 태평양전쟁 이전의 행형에 대해 '반성'이라는 용어를 사용하며 수형자 전반을 교화 훈련시킬 방책 모색을 촉구하였다. 그 방향은 첫째, 복역 중인 수형자를 군수작업에 투입하는 것은 물론 석방 이후에도 동원 가능한 인적 자원으로 활용한다는 점이다. 이는 1942년의 사법보호사업 정비로 본격화된다.[54]

전체 사법보호사업의 대상자는 불기소된 자, 형집행유예 언도를 받은 자, 집행정지 중의 자, 형집행이 면제된 자, 가출옥의 자, 형집행이 끝난 자, 「조선소년령」에 의해 보호처분을 받은 자가 된다. 석방이나 가석방 이후에도 손쉽게 동원할 수 있도록 관련 법규와 조직이 정비되었다.[55] 소년령과 교정원을 통하여 소년 통제의 외연을 넓혔으며, 석방자나 가출옥자를 대상으로 하던 보호사업도 대폭 확장하였다. 1942년 3월 23일에 「조선소년령」, 「조선교정원령」, 「조선사법보호사업령」, 「조선사법보호위원」 및 관련 법령이 공포되어 3월 25일부터 시행되었다. 요점은 국가관리 대상을 범죄 우려가 있는 자부터 형집행이 끝난 자까지 포괄하여 외연을 넓힌 것이다.

둘째, 여전히 그 수가 줄지 않는 비전향자를 예방구금한다. 「조선사상범예방구금령」(제령 제8호)은 1941년 2월 12일에 공포되고 3월 10일부터 시행되었다. 본국에서 1941년 3월에 공포, 5월 15일

---

54 사법보호사업에 대해서는 한상욱, 「전시동원체제기 조선사법보호협회의 조직과 활동」, 숭실대 대학원 석사학위논문, 2018 참조.
55 「司法保護事業の全面的整備」, 『治刑』, 1942. 4.

에 시행된 것에 비해 조선에서는 2개월 빠르게 예방구금 조치가 진행된 것이다.[56] 내지 사상범에 비해 전향이 지극히 곤란한 사상범들의 형기 만료가 다가올 것에 대비하는 차원이었다.

예방구금은 보안처분의 일환으로 치안유지법 위반의 우려가 있다고 판단되는 자의 범죄 예방을 위하여 2년간 미리 구금할 수 있게 하였다. 이미 석방되었거나 석방 예정자를 대상으로 하여 재판소에서 결정하였고, 시한이 지나면 다시 2년을 갱신할 수 있었다. 전향을 하지 않는 이상 무기한이 될 수도 있는 것이다. 구금장소는 예방구금소라 하여 서대문형무소 내에 마련되었는데, '구금'이라는 어감이 주는 무게를 우려해서인지 보호교도소라는 명칭을 사용하였다.

행형당국은 예방구금이 선제적으로 실시됨에 따라, 지금까지 정해진 형기가 끝나면 감시 통제가 느슨해질 수밖에 없던 한계에서 벗어나 감옥 내 감옥인 보호교도소 내 격리가 효과를 볼 것을 기대하였다.[57] 보다 자세한 내용은 4장에서 자세히 살펴보기로 한다.

마지막으로는 소년행형의 중시이다. 조선에서 소년범 관리가

---

56 다만 조선사상범예방구금령은 신치안유지법의 실시(1941.5.15.)에 맞추어 폐지되고, 동법 내 예방구금 조항에 근거로 예방구금이 실행되었다. 1940년부터 조선에서 예방구금령이 준비되는 경과에 대해서는 장신, 「1930·40년대 조선총독부의 사상전향정책연구」, 성균관대학교 동아시아학과 박사학위논문, 2020 참조.

57 「思想犯豫防制度の實施に當りて」, 『治刑』, 19-4, 1941.4.

대폭 강화된 것은 태평양전쟁 발발을 전후로 한 상황 전개와 관련성을 갖는다. 일본의 형사정책 담당자들은 제1차 세계대전 이후 많은 장정을 잃은 독일이 소년 육성(강하고 건전한 독일 2세)에 힘을 기울인 점에 주목하며 마찬가지로 중일전쟁 이후로 많은 인적자원을 상실한 일본에서도 소년 양성이 매우 중요하다고 보았다.

이러한 논리는 소년행형에도 적용되어 지식교육(智育)에 치중했던 기존의 소년 행형을 전환하여 대동아공영권의 근로 전사로 만드는 데 역점을 두었다. 당시 일본의 사법당국은 나치 독일에서 「히틀러유겐트에 관한 법률」(1936)로 소년의 근로봉사를 중시하고, 「소년행형령」(1937)으로 범죄소년을 민족공동체 안으로 재편성하고자 했던 시도에 주목하였다. 이제 범죄소년도 근로봉사를 통하여 대동아공영권의 성원권을 얻도록 한다는 것이다.[58]

일본에서 만주사변 발발 이후 1933년에 만들어진 「소년법」은 식민지에서는 태평양전쟁 이후에 적용되었다. 1942년에 만들어진 「조선소년령」이 그것이다. 소년의 대상 연령을 20세까지 확장하였고 25세까지 '보호'할 수 있도록 만들어졌다. 20세 미만의 범죄소년과 범죄의 우려가 있는 소년을 보호한다는 명분으로 소년심판소와 교정원이 창설되었다. 종래 일반 형법으로 재판을 받던 범죄소년들은 소년심판소에서 심판을 받고, 범죄 우려가 있는 소년들은 교정원 혹은 감화원에서 보호처분을 받게 되었다.

---

58 正木亮, 『行刑法槪論』, 有斐閣, 1941, 257~260쪽.; 坂藤宇太郎, 「準小年行刑の進路(2)」, 『治刑』, 1941.2.

보호라는 명분을 세웠지만 실상은 전쟁을 수행하는 과정에서 청년층을 다양한 조직에 편입시켜 언제든 동원 가능한 자원으로 훈련시키는 과정이었다. 태평양전쟁이 시작된 직후 5만여 명의 소년을 인력 자원으로 활용하려는 정책적 의도가 짐작되는 대목이다. 다만 일반적인 소년 보호의 대상에서 치안유지법과 육군형법 제8조, 제9조 및 해군형법 제8조, 제9조에 저촉된 자는 보호 대상에서 제외되었다. 이른바 사상 소년과 일반 소년을 구분한 것이다.

사실상 소년범의 유용 가치는 '근로전사' 이상이었다. 1942년 인천소년형무소 교무과장이었던 와타나베(渡邊貞治)[59]는 징병제 실시에 맞추어 소년행형 교육 부분에서도 청소년이 '훌륭한 제국군인'이 되도록 훈련시킬 방책을 강구해야 한다고 보았다. 조선인이 갖는 정신적, 신체적 결점을 교정시켜 내지인 못지않은 제국군인으로 만들기 위해서는 황민화 교육을 철저히 하는 한편 군사훈련을 강화 확충할 것을 주장하였다. 전시말기 개성소년형무소의 사례를 보면, 소년들의 하루 일과는 노역과 수면 군사훈련으로 나누어 8시간씩 진행하였다.[60] 인천소년형무소는 소학교 3년 교육을 마친 소년범을 수용하고 있었으므로 교육에 많은 힘을 기울였

---

59 渡邊貞治는 1937년 이래 인천소년형무소에서 교회사 겸 교사로 근무하는 한편 경성보호관찰소의 촉탁보호사 일을 겸하고 있었다. 「徵兵制實施と少年行刑敎育」, 『治刑』, 1942. 8, 16~18쪽.

60 松浦秀雄, 「교정직 40년의 회상록」, 서운재 역, 『일제강점기 조선행형의 이야기』, 교도소연구소, 2023(증보판), 68쪽.

다. 이들 소년들이 출감 후에 병사가 될 가능성을 상정하고 있었던 것이다.

다만 범죄 소년층을 범죄의 우려가 있는 소년까지 전부 아우르는 대대적인 조직 관리는 전시 말기에 차츰 부담으로 작용하였다. 1943년 이후로 변화가 감지되었다. 관제 개정으로 보호과가 사라지고 사상범보호관찰기구 역시 축소되었다.[61] 전쟁 말기에 도달하자 조선에서 누진처우제도가 폐지되었다. 통제하에 들어온 거대 집단을 관리할 인원이 부족하였고, 수용자들이 노력을 통해 급수(성적)를 높여도 제도적으로 약속된 보상을 주기 어려워졌기 때문이다.

1943년 1월 19일 관통첩 제5호로 개정된「형무소 수용구분에 관한 건」은 1937년의 수용 구분(관통첩 제6호)[62]을 재조정한 것이다.[63] 1943년 1월에는 소년형무소 지소(서흥지소와 안동지소)가 2개소 늘어, 전국에 개성·김천·인천 소년형무소와 개성소년형무소 서흥지소와 김천소년형무소 안동지소 등 5개소가 되었다.[64] 학력에 따라 인천과 개성·김천으로 나누었던 기존의 소년 분류는 체력이나 적응력 등으로 다시 세분화되어 농업이나 특수 작업에

---

61 荻野富士男,『治安維持法の現場』, 六花出版, 2021, 314~315쪽.
62 관통첩 제6호,「형무소 수용구분에 관한 건」,『조선총독부 관보』, 1937. 3. 24.
63 관통첩 제5호,「형무소 수용구분에 관한 건」,『조선총독부 관보』, 1943. 1. 19.
64 1943년 1월에 대구형무소 안동지소와 해주형무소 서흥지소는 각각 김천과 개성의 소년형무소 지소가 되었다.

적합한 소년을 구분해 서흥과 안동지소로 나누어 수용하였다.

교무와 교회(敎誨)의 영역에서는 사상범 전향 촉진과 관찰에 주력하는 한편 황민화 교육을 강화하였다. 교회에서 기존의 종교적인 성격은 완전히 탈색되고 시국강연과 같은 방식으로 변화되었다.[65] 재소자를 황국신민으로 육성하여 비상시국에 도움이 되도록 행형의 최종 목적을 재편한 데 따른 것이다. 1920년대까지 공장 일부를 빌려 시행하던 교회는 1930년대 후반 이래 전용 교회당과 요배소를 만들어 이어지다가, 1940년대에는 군수외역작업 중 현장에서 실시하는 경우도 늘었다. 전국적으로 길게는 몇 년에 걸치는 군수외역작업에 교회사가 동행하는 방식이었다.

복잡한 관찰과 평가를 위한 조직과 제도는 전시 말기에 두 가지 길로 나누어졌다. 예방구금제도를 활용하여 비전향 사상범들을 사회로부터 철저히 격리 배제하는 한편 전향자를 포함한 수형자와 보호대상자 등은 황민화 교육과 노역 현장으로 대량 동원하는 방식이었다. 전시 말기에 형무소는 예방구금소에서 군수외역작업을 위한 야외 임시 숙소에 이르기까지 확장되었다.

한편 전시 말기에는 형무소 직원이 속속 군인으로 차출되어 형무소 내 관리직조차 부족한 상황에 직면하였다. 그 대책으로 좋은 점수를 받은 수형자를 그 자리에 채용하여 빈자리를 메꾸는 일이 잦아졌다.[66] 1944년 2월 4일 개정된 「조선감옥령시행규칙」 제

---

65 敎誨百年編纂委員會,『敎誨百年』, 320쪽.
66 「수형자를 등용 형무소 사무직원에」,『매일신보』, 1945. 4. 11.

자료 3-13 「조선감옥령시행규칙」 제52조의 내용 변화

1912. 3. 20 당초 규정	1938. 12. 24 개정안	1944. 2. 4 개정안
전옥은 형기 1년 이상의 징역수로서 형기의 반을 경과한 가운데 미리 소방 용무에 임할 자를 지정할 수 있다.	전옥은 징역수로서 형기의 3분의 1을 경과하고 도주의 우려가 없는 자 중에서 미리 소방 기타 응급 용무에 종사할 자를 지정하고 수시로 연습시킬 수 있다.	전옥은 징역 또는 금고의 수형자 중 행형 성적 양호한 자를 지정하여 소방 기타 응급 용무에 임하도록 적당한 훈련을 할 수 있다.

출전: 『조선총독부 관보』, 1938. 12. 24., 1944. 2. 4.

52조는 징역 혹은 금고 수형자 중 성적이 우수한 자를 기타 응급 용무를 위해 훈련시킨다는 내용으로 바뀌었다. 당초 화재 등의 재해 시 소방작업을 도울 수인을 뽑기 위한 제52조가 자료 3-13에서 확인하듯이 감시 보조자 선발을 위한 내용이 된 것이다. 선발 조건인 형기 1년 이상이 1938년에 형기의 절반으로 바뀌었다가 1944년에는 형기를 묻지 않을뿐더러 금고형의 수인도 포함되었고, 관계자들의 평가를 중시하는 방향으로 변형되었다. 이들은 보수라는 이름의 말단 관리직으로 활용되었는데 전시 말기에는 다시 명칭이 경비원으로 바뀌었다. 말기 행형의 급박한 상황을 알 수 있다.

이제 태평양전쟁 속에 수형자들이 마주한 현실에 대해 다음 장에서 자세히 살펴보기로 한다.

4장

사상통제와 형무교회

1. 형무교회의 역사

우선 익숙하지 않은 교회(敎誨)라는 개념부터 정리할 필요가 있겠다. 당초 교회라는 말은 독일어 Seelsorge를 일본에서 번역한 말로, 메이지시기 일본에 많은 영향을 미친 프로이센 감옥학에서 유래된 말이다.[1] 당초의 의미는 광의로 해석하면 '방황하는 영혼에 작용하는 행위'인데, 이 글에서는 형무소 안에서 이루어지는 활동으로 그 범위를 한정하여 수인을 가르쳐 계도하는 '형무교회'와 형무소 내에서 그 역할을 담당하는 교회사(敎誨師)를 중심으로 살펴보기로 한다.[2]

일본에서 형무교회가 제도화된 것은 근대감옥을 도입하면서

---

[1] 前川亨, 「敎誨師の光と影-その思想史的考察」, 『專修大學 法學研究所 所報』, 2016.12.20.

[2] 일본에서 형무교회의 '맹아'는 1790년 마쓰다이라 사다노부(松平定信: 에도시대의 다이묘)가 石川島 人足寄場(도쿄 스미다강 하구에 만든 수용시설)을 창설한 시기로 올라간다. 일본 학계에서 근대 행형의 '일본식 원류'로 일컬어지는 이 시설은 죄인에게 일을 시키면서 교육을 시키는 갱생 시설로 알려져 있다. 요컨대 서구의 감옥제도가 들어오기 이전부터 죄인을 근면하고 바르게 인도하는 감화기구가 있었고 이곳에서 죄인을 감화시키는 일이 형무교회의 전신이었다는 것이다. 이 맹아론은 종종 일본 학계에서 근대적 인간형을 만드는 장치가 이미 에도시대에 자리잡고 있었다는 논의로 이어진다. 그 연장선상에서 식민지 조선의 형무교회 및 전시노역 역시 프로테스탄티즘에 비견할 만한 일본의 전통 불교 사상(親鸞의 報恩 사상)과 '감화'의 맥락에서 이해해야 한다는 논의마저 제기된 바 있다. 山本邦彦, 「1920年代朝鮮における監獄敎誨 一考察-勤勞の强調をめぐって」, 『佛敎大學 大學院紀要 文學硏究科編』 38, 2010.

만들어진 1881년 9월 「감옥칙」에서부터이다.[3] 「감옥칙」 92조에 교회라는 하나의 장(章)이 생겨 교회사로 하여금 기결수 및 징치인[4]을 대상으로 개과천선의 길을 가르치도록 했다. 식민지 조선에도 『감옥법』 제6장 교회 및 교육에 근거하여 1912년 이래 「조선감옥령」(제령 제14호)과 「조선감옥령시행규칙」(부령 제34호)에 교회 실시의 시기와 규칙이 명시되었다.

우선 「감옥법」에서는 "수형자에게 교회를 실시해야 하며, 재감자가 청할 때에도 이를 허용해야 한다"(제29조), "18세 미만의 수형자에게는 교육을 실시해야 하며 기타 수형자에게 필요하다고 인정될 때에는 연령에 상관없이 교육을 실시할 수 있다"고 규정하였다. 「조선감옥령시행규칙」에서는 제6장에서 휴업일(노역을 하지 않는 날)이나 일요일에 교회를 실시하며 병감(病監)이나 독거감방에 구금하는 수형자와 형사피고인에게는 그 거소(居所)에서 하도록 하였다.

교회의 종류는 개인교회, 특별집합교회, 집합(總集)교회의 3가지로 나뉜다.[5] 집합교회는 원칙적으로 휴일에 정기 개최되고, 개인 교회는 개별 수형자의 성향을 파악하기 위해 탐문성 개별 응답 형식으로 진행된다. 특별집합교회는 말 그대로 특별한 필요성이

---

3 小野義秀, 『監獄(刑務所)運營120年の歷史-明治·大正·昭和の行刑』, 矯正協會, 2009, 376쪽.
4 징치인이란 감옥에 수용된 유년 범죄자이다.
5 朝鮮總督府 法務局 行刑課 編, 『朝鮮の行刑制度』, 65쪽. 일반적으로는 집합교회와 개인교회의 2종으로 구분된다.

있을 때만 소집한다. 예컨대 부모의 부고를 받았거나 가출옥이나 가출장 시, 상표를 부여받을 시 그리고 수형자가 사망했을 때 등이다.

교회 사업의 주요 조직적 기반은 정토진종(淨土眞宗) 동·서본원사(東·西本願寺)였는데, 이들은 조선에 들어온 일본 불교의 종파 중 사원과 신도 수 등으로 볼 때 가장 규모가 큰 세력이었다.[6] 조선에서 수형자들을 상대로 한 설교와 면담을 담당하는 교회사들은 이곳의 포교사 중 지원자로서 대부분 형무교회 강습을 받았다.

당시 양(兩) 본원사의 승려들은 병합 이전부터 조선 민중의 대일 감정을 누그러뜨리는데 공헌한다는 취지하에 포교 사업을 전개한 바 있다. 따라서 한국 사회와 언어에 익숙하면서도 형무교회를 맡아 온 경력이 있어 교회사의 요건에 들어맞았다.[7] 본원사 측은 일본 불교를 포교하며 총독부 당국이 원하는 교회사를 양성하기 위해 유학생 제도를 두고 일정한 학력을 갖춘 자를 선발, 각도(各道)의 명사찰과 경성에 파견하여 한국어를 배우게 하고 한국의 역사와 풍속, 지리 연구와 감옥 실무를 연습시켰다.[8]

조선의 감옥 안에서 형무교회가 이루어진 것은 내부 경무청 산하 종로감옥에서 오타니파(大谷派) 동본원사의 승려 오토와(音羽

---

6 吉川文太郎, 『朝鮮の宗敎』, 朝鮮印刷株式會社, 1922, 253쪽; 敎誨百年編纂委員會, 『敎誨百年』, 1973, 309쪽.

7 中濃敎篤, 『天皇制國家と植民地伝道』, 國書刊行會, 1976.

8 敎誨百年編纂委員會, 1973, 309쪽.

玄哲)가 촉탁 교회사로 일했던 1904년경이다. 행형 당국에서는 이를 조선 내 형무교회의 기원으로 본다.[9] 일본과 대만 및 조선 등지에서 형무교회에 적극적이었던 본원사는 1908년에 재한일본인 죄수를 대상으로 한 포교와 감화 활동을 위해 교회사를 파견하기 시작하여 이후 형무교회에서 독점적인 위치를 점하였다.

교회사가 관제상에 나타나는 것은 1909년 11월 1일 시행된 「통감부 감옥관제」(칙령 제243호)부터이다.[10] 감옥의 직원은 전옥 간수장 통역생을 기본으로 하고(제3장), 그 밖에 간수, 여감(女監) 취체, 교회사 및 교사, 감옥의(監獄醫), 약제사 등을 둘 수 있다(제7조)고 명시되었다. 이후 1910년 10월 1일부로 통감부 교회사는 조선총독부 교회사로 전환되었다(부령 제13호). 따라서 교회사를 불교 승려로만 이해하면 감옥 내 교회사의 역할과 위치를 매우 한정적인 것으로 볼 수 있다.[11]

본원사 승려인 동시에 조선총독부 법무국 행형과 소속 교회사라는 직책과 당시 요구된 역할을 가지고 살펴볼 필요가 있다. 본서에서 초점을 맞추고자 하는 대상은 조선의 사상범과 마주한 교회사의 작용과 그 한계 상황이다. 사상범들의 전향은 감옥 내에서

---

9 中橋政吉,『朝鮮舊時の刑政』, 京城: 朝鮮治刑協會, 1936, 311쪽.
10 『統監府公報』, 1909.10.23. 처음에는 경성, 영등포, 평양, 대구에만 전임 교회사를 두었다.
11 小幡尚,「昭和戰前期における刑務敎誨」,『日本歷史』610, 1999, 69쪽.

가장 많이 이루어졌다. 1936년 사상범들의 전향 이유 조사[12]를 보면, '구금으로 인한 후회'(34.6%)와 '훈계(訓戒) 교회의 결과'(20.1%)가 각각 1위와 3위로 상당한 비중을 차지하였다. 같은 해 일본에서 '국민적 자각'이나 '공산주의이론 청산'이 22.5%와 12.3%로 전향 동기 중 2위와 3위를 차지한 데 비해 조선에서는 2.1%와 4.3%에 불과하였다. 주관적인 인식의 변화보다는 장기 구금과 가혹한 처우 및 감옥 내 훈계 등 외부로부터의 압박이 전향을 앞당겼다고 볼 수 있다. 당국으로서는 국민적 자각이나 주의이론 청산과 같은 동기가 조선에서 더 많이 나오도록 늘려나가는 것이 과제였을 것이다. 감옥 내에서 사상범들과 직접 대면해온 교회사들의 역할은 종교적 감화 이상의 것이었다.

2. 사상통제에 대한 모색

본원사 측은 조선에서 이루어진 형무교회의 시기 구분을 4단계로 나누어서 설명한다.[13] 1단계는 병합 이후 10년간이고, 2단계는 1919년부터 중일전쟁까지이다. 3단계는 중일전쟁부터 태평양

12　松田利彦, 『東亞聯盟運動と朝鮮・朝鮮人』, 有志舍, 2015, 54~56쪽.
13　敎誨百年編纂委員會, 1973, 305~320쪽.

전쟁 이전까지이다. 마지막 단계는 태평양전쟁에서 패전 이전까지이다. 사상통제와 관련하여 교회의 대응을 보려면 2단계를 다시 나누어 치안유지법 개정 이후 사상범이 급증한 가운데 사법당국의 대책이 나오기 시작한 1933년경부터 중일전쟁까지를 별도의 단계로 구분하는 것이 합당할 것이다. 본서에서는 사상통제에 주목하고자 하므로, 1930년대 이후부터 중일전쟁과 태평양전쟁 이후를 차례로 살펴보기로 한다.

조선에서 초기 교회는 언어의 소통이나 교회의 방법에 대한 모색이 주를 이루었다. 그러나 1919년의 3·1운동 이후부터는 민족주의에 근거한 항일운동의 폭발과 1917년 러시아혁명의 영향을 받은 공산주의 사상운동과 대중운동이 지속적으로 전개되면서 이른바 사상범[14] 양산에도 대응하지 않을 수 없었다. 1920년대 초반에는 체제에 위협이 되는 각종 위법행위자를 '특종범죄자' 개념

---

[14] 1934년 서대문형무소가 만든 「사상범자행장시찰규정(思想犯者行狀視察規程)」(1934.5.25. 달시 제7호)을 보면 당시 '사상범'의 범주를 알 수 있다. 다음 각 항에 해당되는 범죄자가 된다. 1. 형법 제2편 제1장, 제2장의 죄(황실에 대한 죄와 내란에 관한 죄) 2. 치안유지법 위반죄 3. 노동운동 및 노동쟁의에 의거한 범죄 4. 노동운동 및 소작쟁의에 의거한 범죄 5. 반동운동에 의거한 범죄(폭력행위 등 처벌에 관한 법률 위반) 6. 폭발물 단속 벌칙 위반죄 7. 1919년 제령 제7호 위반(「정치에 관한 범죄 처벌의 건」), 보안법 위반, 보안규칙 위반 행위 8. 출판 범죄 9. 기타 사상에 기반한 범죄가 그것이다. 요컨대 당시 조선에서 '사상'이라고 했을 때 그것은 일제의 식민통치를 반대하는 일체의 사상, 곧 사회주의, 민족주의, 아나키즘 등을 포함한 '반일사상'을 의미하였다. 장신, 「1930·40년대 조선총독부의 사상전향정책 연구」, 성균관대학교 동아시아학과 박사학위논문, 13쪽.

속에 포함시켜 이들의 수용 사실과 옥내 동정을 곧바로 보고하도록 하였다.[15]

특히 1928년 이후에는 대중운동과 결합된 사회운동이 대폭 증가하였고 개정 치안유지법에 의거한 처벌의 엄벌화로 사상범이 급증하였다. 1928년에서 1934년 사이 치안유지법으로 인한 검거와 기소 인원을 일본 내지와 비교해보면 조선에서의 엄벌 경향이 명백히 보인다.[16] 일본에서 검거 인원이 57,468명, 기소 인원이 4,059명이었다면, 조선에서는 15,107명 검거에 4,377명이 기소되었다. 조선에서 기소율이 훨씬 높았음을 알 수 있다.

1928년의 치안유지법 개악으로 '국체를 변혁할 목적으로 결사를 조직한 자 또는 결사의 임원 기타 지도자 임무에 종사한 자'는 사형에 처할 수 있게 되었다(제1조 1항). 실제로 조선에서는 치안유지법 위반 사실만으로 사형이 집행되었다.[17] 1930~1931년간의 제5차 간도공산당 사건으로 검거된 천여 명 중 무려 22명이 소요, 살인, 살인교사, 방화, 방화미수, 강도, 강도치사 등의 형법 위반이 더해져 사형에 처해졌다.

감옥 확장 설비에 소극적이었던 조선에서 사상범 수용자 급증은 삼일운동 이래 초유의 비상사태를 불러왔다. 수많은 사상범들

---

15 「特種犯罪者に關する件」(법무국장 통첩, 1923.6).
16 水野直樹, 「植民地朝鮮·台湾における治安維持法に関する研究」, 平成8-10年度科学研究費補助金研究結果報告書, 1999; 水野直樹, 「治安維持法による死刑判決－朝鮮における彈壓の實態」, 『治安維持法 現代』, 2014.
17 제5차 간도공산당 사건의 피고 주현갑(周現甲)에 대한 사형이 이에 해당된다.

이 열악한 옥내 처우에 반발하여 공개적으로 항거하거나, 일반범과의 잡거 중 선전 선동 등으로 영향력을 행사하게 된 것이다.

당시 신문 기사를 보면, 전국의 수감자가 1931년 연말에 17,037명으로 1919년 5월 말에 18,050명이었던 최고 기록에 육박한다고 보도하였는데 1933년 4월의 집계로는 18,824명을 넘어섰다. 1933년 2월 현재 사상범 재감자만 전국에 2,275명에 달하였는데, 이 중 공산주의자가 1,731명, 무정부주의자가 357명, 민족주의자가 461명, 노동운동 관련이 81명, 농촌운동 관련이 63명이었다. 관리 인원이 부족하여 수인 통제에 어려움이 많아진 결과, 4월 1일 부령 제33호로 감옥 직원을 증원하여 종래 정원 1,839명에서 1,915명으로 늘렸다는 것인데 당시 간수 1인당 수감 인원은 9.9인이고 평당 6인 이상이 생활하는 상황이었다.[18] 결국 감옥 당국은 관리 인원과 시설 확장을 서두르게 되었고, 사상전향 정책의 도입에도 매우 적극적인 자세로 임하였다. 조선총독부 통계에 의하면, 1909년에 5명이었던 교회사는 1928년에 35명, 1933년에는 40명으로 증가한 바 있다.

일본에서 1931년 10월 14일~16일에 걸쳐 열린 전국 형무소 교무주임 회동에는 조선총독부에서도 4인이 참가한 바 있다. 이 회동에서 사법대신인 와타나베 치후유(渡邊千冬)와 사법성 행형국장

---

18 「전 조선 재감자 총수 1만 7,500명」, 『동아일보』, 1931. 12. 19; 「사상관계의 재감자 2,200명 돌파, 공산주의자만 1,400여 명」, 『동아일보』, 1933. 2. 27; 「수인 격증으로 간수를 증원」, 『매일신보』, 1933. 4. 1.

시오노 스에히코(塩野季彦)는 '가장 직접적으로 대면하는 감옥 안의 교화대책'을 촉구한 바 있다.[19] 조선의 경우 우가키 총독은 형무소장 회의(1932.10)에서 사상범이 폭증한 결과 이들의 옥내 교사 선동이나 소요 등으로 직원의 부담이 과중되고 있음을 지적하였다. 이에 따라 과격한 사상범에 대해서는 구금의 위력을 보이는 한편 범죄 원인이나 사상감염의 정도, 사상전향의 난이를 고려하여 적절한 처우를 베풀 것을 주문하였다.[20] 즉 일괄 엄벌하기보다는 엄밀히 관찰 분류하여 사상의 경중에 따라 전향으로 이끄는 방식으로 나아가는 것이다.

교회 대상의 확장

일본에서는 1932년에 시오노 행형국장이 "교육가나 사회사업가 등을 교회에 참여시키는 것을 고려할 필요가 있다"고 언급하였다.[21] 포교에 치우쳐 온 본원사 측 교회사의 자질에 대한 불만을 가져온 행형 관료들의 이른바 '교회개방론'이었다.[22] 일본과 그 식민지에서 형무교회를 독점해왔던 동·서본원사 측은 이러한 움직

---

[19] 敎誨百年編纂委員會,『敎誨百年』(上), 166~170쪽.
[20] 『朝鮮總督府 官報』, 1932.10.19.
[21] 刑務敎誨社業硏究所 開所式에서의 訓示(1932.10.1),『刑政』45-11, 1932.
[22] 행형당국의 관료들은 승려인 교회사들의 자질을 높게 평가하지 않았다. 당시 사법성 행형국장으로서 조선의 행형계에도 압도적인 영향력을 미치고 있던 마사키 아키라의 경우 이미 1920년대부터 승려를 통한 종교교회보다는 전문가를 통한 일반교회가 효과적이라는 인식을 가지고 있었다.

임에 위기를 느끼고 교회사들의 연구회를 개최하는 등 대응 능력 향상에 나서게 된다.[23]

행형국장은 또한 같은 해 5월에 형사피고인에 대한 교회가 매우 중요하다는 인식하에 그 시행을 요청한 바 있다.[24] 원칙적으로 형무교회에 참가할 의무는 수형자에게 있었고 형사피고인은 희망자에 한해서만 교회를 실시할 수 있었다. 그러나 사상범이 폭증하는 상황에서 미결수와도 접촉면을 넓혀 사상운동을 청산하도록 작용한다는 것이다.

사상범은 경찰의 취조가 끝나면, 미결감에 수용해 놓고 예심에 회부했다. 조선에서는 기소되어 예심이 끝날 때까지의 기간이 특별히 길었으므로 기결수보다 미결수 단계가 훨씬 고통스러웠다. 피의자들은 "바른대로 말하지 않으면 예심으로 넘길 터이야, 예심! 알지"라는 검사의 공공연한 협박을 받았다.[25] 예심제는 원래 검사의 부당 기소에 대한 통제와 수사 절차를 규제하기 위해 실시되었지만, 오히려 피의자를 장기 구금하는 수단으로 전락하였다. 일단 기소된 경우 대부분 예심을 청구하였고 당시의 형사소송 절차는 본안 심리에 들어가기까지 몇 개월 또는 몇 년이 걸리기도 하였다. 조선에서는 이와 같은 장기 구금이 전향에 상당한 영향을

---

[23] 小幡尚, 1999, 70~73쪽.
[24] 行刑局長通牒,「刑事被告人に對する敎誨施行の件(1932. 5. 24.)」,『刑政』45-11, 1932.
[25] 「말없는 철문타령(1)」,『동아일보』, 1929. 12. 29.

미쳤다고 보아도 좋을 것이다. 이 단계에서 미결수에게 여러 가능성을 제시하는 것은 검사이지만, 교회사 역시 개인교회 등을 통하여 미결수의 심정에 영향을 미칠 방법에 대해 궁리하였다.

교회사들에게 사상범 피고인은 범죄를 저질렀다는 의식이 없이 오히려 투쟁심에 불타올라 확신을 가지고 있으므로 쉽지 않은 상대였다. 그러나 교회사들은 피고인이라는 신분으로 인해 오히려 다음과 같은 접근 포인트가 있다고 보았다.[26]

① 강한 투쟁의식으로 석방되면 바로 활동 전선으로 복귀한다는 생각을 가지므로, 건강유지와 체력 확보에 깊은 관심을 가지고 있다. 따라서 건강법에 대해 대화를 나누면 오히려 접근하기 쉽다.

② 국제관계나 경제관계의 추이에 관심이 많으므로 우선 일상의 신문기사로 화제를 삼으며 친근해질 수 있다. 천박하고 초보적인 혁명이론이나 고매한 불교철학을 논하는 것은 오히려 냉소와 반발을 불러일으켜 역효과를 낳는다.

③ 서적을 통해 지도한다. 사상범은 왕성한 독서욕과 지식욕을 가지고 있으므로, 주의 깊게 선택한 서적을 대여하는 동시에 독서 감상을 물으면 사상의 종류와 정도, 동향, 운동에 대한 열의 정도를 알 수 있다. 때문에 교회사는 독서 지도를 통해 종교 세계로 이끌어 심정을 변화시키고자 하였다.

이와 같이 사상전향의 난이, 사상의 경중에 따라 교회의 대상

26　あき羅,(卷頭言),「未決時代において感受性の善用」,『刑政』40-6, 1927.

을 형사피고인까지 넓혀 공을 들였고, 일본에서는 1933년 이래 사상전향이 폭증하였다. 조선에서도 1933년부터 기소 유예와 집행 유예 인원이 증가한 바 있다.

압박과 회유의 통로

사상범과 접하며 관리하는 두 축은 간수와 교회사였다. 간수는 평소의 '행동'을 관찰하여 평가하는 반면, 교회사는 사상범의 '생각'을 읽어내거나 그 추이를 살피는 것이다. 교회사의 사상범 관계 직무는 수형자의 성정·동향·근태·행장에 대한 꼼꼼한 검토, 그에 따른 징벌 의견 제출, 서신 검열, 접견 입회, 보호자와의 연락 통신, 읽을 책에 대한 검열로 확장되었다. 아울러 관리에게 오만불손하거나 다른 수형자에게 사상을 선동하는 경향이 없는가, 모여서 일을 도모하는 경향이 없는가, 기타 현저하게 주의를 끈 사항이 있으면 보고하도록 하였다.[27] 당시 사상범 관리에서 중시된 사항은 다음과 같다.

① 서적 관리와 종교 생활

1930년대 초반까지 교회사들은 공산주의 운동과 사상을 포기하게 하고 합법적 사상으로 전화시키는 한편 궁극적으로는 종교적 신앙으로 이끈다는 방침을 가지고 있었다. 앞서도 언급한 바와

---

27 「思想犯行狀視察規程」, 『西大門刑務所例規類纂』, 西大門刑務所, 1939(박경목·이종민·이승윤 편, 『행형제도 감옥(2)』, 동북아역사재단, 2022), 453~454쪽.

같이 사상범은 왕성한 독서욕과 지식욕을 가지고 있으므로, 주의 깊게 선택한 서적을 대여하는 동시에 독서 감상을 통하여 사상의 종류와 정도, 동향, 운동에 대한 열의 정도를 파악할 수 있다고 보았다.

때문에 교회사들은 사상범에게 직접 다가가는 개인 교회나 그들이 읽을 서적을 고르고 통제하는 일에 깊이 관여하였다. 독서를 권유하는 궁극적인 이유는 책을 통해 신앙이나 전통을 알게 되고, 사회를 비판하는 대신 자신을 돌아보고 어떻게 살 것인가를 생각하게 한다는 전략에서 나왔다. 실제로 일본에서 1930년대 초반기에 대량 전향이 이어졌으므로 교회사들은 서적을 매개로 한 개인 교회 방식이 유효하다는 믿음을 가지고 있었다.[28]

다만 형무소에서 발행한 수형자용 잡지나 종교 관련 서적, 일본의 역사 및 기술전문서 이외의 책은 열람을 쉽게 허용하지 않았다. 1930년대 초반기 함흥형무소에 있던 일본인 사상범 이소가야 스에지가 미결수 생활 중 빌릴 수 있었던 책은 『라디오의 조립』이었다.[29] 사상범들이 그나마 몰두할 수 있는 책은 매우 한정적이었으며, 미결수가 차입을 신청해도 허가의 기준이 애매한 경우도 많았다. 같은 시기 서대문형무소에 있던 여운형은 셰익스피

---

28 『教誨百年』(上), 174~176쪽.
29 이소가야 스에지, 『우리 청춘의 조선 - 일제하 노동운동의 기록』, 사계절, 1988, 121쪽.

어의 책이나 『구운몽』의 영역본을 신청했으나 불허되었다.[30] 총독부 기록에 의하면 교회사의 서적 검열은 1932~1934년 3년간 평균 61,080회에 걸쳐 이루어졌다. 특히 1933년과 1934년에는 각각 63,659회, 81,114회로 해를 거듭할수록 서적을 통하여 정보를 차단하거나 생각을 조정하려는 움직임이 커져갔다.[31]

조선의 사상범은 일본의 사상범과 다른 점이 있어 전향을 시키려고 할 때 그 작용점이 다르다고 보았다. 일본의 사상범이 독서를 통해 공산주의 및 무정부주의 신념을 획득한 반면에, 조선의 사상범은 민족 차별에 대한 깊은 반감이 의식의 저변에 깊숙하게 자리잡고 있기 때문에, 외래 서구 사상을 포기하는 수준에서 간단히 사상을 바꾸기는 어렵다는 것이었다. 따라서 교회 역시 일본과는 달라야 한다고 보았다. 조선에서의 교회와 전향 공작은 보다 인격적이고 개별적인 감성 차원의 접근과 세밀한 지도가 요구된다는 결론이었다.[32]

② '혈육 감정' 활용

전 조선 26개 형무소 수인의 사상전향 상황과 그 통계를 지난 3월 말

---

[30] 여운형, 「囹圄의 몸이 된다는 것」, 『신동아』, 1939.9(김상현 편, 『독방』, 한샘출판사, 1977).
[31] 朝鮮總督府 法務局 行刑課, 「最近3個年間教誨師1人의 負擔割合」, 『豫算書類』, 1936.
[32] 『教誨百年』(下), 336쪽.

현재로 법무국에서 조사한 바에 의하면 각 형무소 수형자 중 전향한 자는 치안유지법 위반에 있어서는 349명 전향, 소망자가 307명, 소망없는 자가 87명, 기타 수인에 있어서는 전향한 자가 110명, 소망있는 자가 59명, 소망없는 자가 285명이라 한다.

사상수의 사상 전향의 동기를 보건대 문헌의 연구에 인한 자가 31명, 가정애에 인한 자가 205명, 구금의 고통에 인한 자가 96명, 시국관계에 인한 자가 20명, 건강관계 14명, 종교관계에 인한 자 16명, 석방 또는 감형을 얻고저 한 자 2명, 일본공산당원 전향에 의한 자 1명, 은사의 권고 1명, 기타가 1명으로 가정애에 인한 것이 단연 필두라 한다.[33]

1934년 법무국의 사상범을 대상으로 한 조사 내용을 보면 치안유지법 위반자가 아니라도 전향 가부를 물었고, 전향 동기 중 "가정애"가 가장 많았음을 알 수 있다. 당시 행형 당국이 특히 주목한 요소는 가정 관계였다. 교회사들은 불교적 감화 중 가족 이야기를 통하여 개심(改心)을 유도하였다. 노부모나 처자와의 면회는 효과적이었다. 교회사는 서신 검열과 접견 입회를 통하여 가족 환경과 성장 과정을 파악하는 한편, 가족의 인품이나 애정의 흐름에 대해서도 관찰하여 개개인의 상황을 참고로 하였다.

가족이라는 변수는 부모 자식 간의 정을 이용한 설득이라는

---

[33] 「전향한 사상수엔 가정관계가 首位」, 『동아일보』, 1934.05.19.

직접적인 측면 외에도 일종의 압박 요인으로도 작용할 수 있다. 사상범에게는 경찰 및 행형 당국에 의해 자신의 가족이 관찰과 추궁의 대상이 되었다는 사실 자체로 상당한 부담을 안게 된다. 전향 이유 중 가정 관계는 해가 갈수록 그 비중이 커졌다.

이상과 같이 형무소 내에서도 여러 가지 측면에서 분석과 실행을 반복하면서 수인들을 움직이고자 하였다. 다만 조선인에게 사상운동은 이론의 차원에서 포기하는 문제라기보다 복합적인 민족 정서와 독립이라는 과제가 얽혀 있는 만큼, 전향을 표명했어도 출소 이후에 이를 번복하는 사례가 적지 않았다. 실제로 1928년부터 1936년 4월 말 사이에 석방된 일본의 사상범 수는 1,042명으로 그중 재범자는 27명이었지만, 1930년부터 1935년 사이 전향한 조선인 사상범 2,137명 중 재범자는 221명이었다. 조선의 재범률은 일본의 약 2.5%에 비해 10.3%라는 큰 차이를 보였다.[34]

사상전향을 이끌어내기에 교회사들의 자질이나 노력이 충분하지 못했다는 중간 평가도 이즈음에 나온 바 있다. 1933년 전조선형무소장 회의에서는 사상범의 전향에 대해 "대부분 교회사에 의해 이루어져 철저하지 못하였고 현하의 정세를 수인에게 잘 전달하지 못하였다"는 평가가 나왔다.[35] 일본의 경우 1933년 6월 이치가야형무소의 미결감에 수용 중이던 사노 마나부(佐野学)와 나

---

[34] 김경화, 「1930년대 후반 조선총독부의 사상범 행형 교화와 전향 유도 정책」, 고려대 한국사학과 석사논문, 2015, 26쪽.
[35] 「회의의 중점은 사상문제, 금일 형무소장 개최」, 『동아일보』, 1933.9.29.

베야마 사다치카(鍋山貞親)가 전향을 발표한 이후 전향자가 폭증한 바 있다. 앞에서도 언급한 바 있듯이 형무교회 독점을 유지하고자 사상범과의 접촉 방법에 대한 연구와 모임을 거듭해온 본원사 측은 이후 교회사에 의해 사상범 교화가 가능하다는 인식을 갖게 되었다. 반면 조선에서는 1930년대 중반으로 갈수록 전향률이 점차 낮아지는 한편 재범률 또한 높게 나타났다.

식민지의 경우 기본적으로 (일본인) 교회사와 수감자 사이에는 언어와 생각의 벽이 있었다. 일본에서는 피고인들이 공산주의 사상을 버리고 불교나 애국으로 대체하는 경우가 많았으나, 조선의 경우 사상범들은 일본의 불교 사상 이야기나 일방적 훈계에 거부감을 가졌다. 1930년대 초반 서대문형무소에 있던 여운형은 수감 생활 중 교회를 회고하며 '질색'이라 표현하였다.[36] 이는 대만에서도 마찬가지였다.[37] 사상전향이 큰 과제로 떠오른 1930년대 전반기 조선에서는 교회사의 새로운 역할이 요구되었다.

3. 중일전쟁 이후의 형무교회

---

36 여운형, 1939.
37 식민지 대만에서의 교회에 대해서는 林政佑, 「台湾における宗教教誨の歴史と現状」, 『宗教教誨の現在と未来』, 本願寺出版社, 2017 참조.

1930년대에 전향의 기준은 '운동을 더 이상 하지 않겠는가'(운동의 포기) → '맑스주의를 버렸는가'(사상의 폐기) → '황국신민으로서 충성을 맹세하는가'(새로운 사상의 흡수)와 같은 식으로 점차 변화되었다.[38] 1930년대 초반까지도 교회사들은 공산주의에 대한 대항사상으로 불교를 내세워 전향의 최종목표로 정토진종의 포교를 염두에 두었다. 맑시즘의 신념을 포기한 이들을 이끌 적임자는 열렬한 종교적 신념을 가지고 교리에도 능통한 자신들이라고 자임해왔다. 일반범과는 달리 "도덕적 양심이 마비되지 않은" 사상범들의 "순진한 영혼"을 종교적으로 이끌 수 있다고 본 것이다. 그러나 중일전쟁 이래 종교 활동은 더 이상 교화의 최종 목표가 아니라 수단으로 후퇴하였다.[39] 교회사의 임무는 내선일체 이념에 기반한 동원 이데올로기를 적극 주입하는 방향으로 전환된다.

중일전쟁 직후 1936년 9월 대구의 교회사 후지와라(富士原景樹)는 사상범에 대한 보호 대책을 다음과 같은 세 가지 측면의 접근 전략으로 발표한 바 있다.[40]

1. 객관적 사실: 과거와 현재의 역사적 사실을 인식, 이해시키기.
   - 내선(內鮮)의 역사·지리적 조건에 따른 민족·언어·풍속·

---

38 奧平康弘,『治安維持法小史』, 1977, 150~155쪽.
39 長田欣也,「ファシズム期の思想·宗教統制と「皇民化」政策」,『民衆史研究』 49, 1995, 65쪽; 大西 修,『戰時敎學と淨土眞宗』, 社會評論社, 1995.
40 富士原景樹,「朝鮮における思想犯の保護對策」,『治刑』 14-9, 1936. 9, 25쪽.

관습의 공통점.
- 한일병합의 근본 의의 이해.
- 아시아에서 일본의 특수적 지위 자각.
2. 주관적 사실 : 종교적 이념의 세계 인식시키기.
- 맑스적 신념을 포기하고 그것을 대체하는 새로운 신념이나 신앙 획득.
3. 경제적 생활의 확립과 보전을 도모.
- 직업 훈련으로 석방 후 취직을 알선하고 귀농을 추천하고 농장 경영, 농산물 재배, 과수원 경영에 대한 희망을 주기.[41]

후지와라는 일본에 비해 전향자가 적은 조선의 특성을 어릴 때부터 받은 민족적 모욕과 차별대우, 일본어의 강제사용 등으로 감정이 축적되어 있는 조선인의 민족적 감정에서 찾았다. 따라서 이들은 전향 이후 사상을 버리고 애국적 정열로 옮겨간 일본인과는 달리 공산주의 이론을 청산한 뒤 방향을 잃고 몰락할 수밖에 없다고 분석하였다. 경제적으로도 일본에 비해 취직 등 생활상의 보호가 매우 어렵기 때문에 옛 동지의 집요한 포섭에서 벗어나기 어렵다는 점도 조선인 사상범을 둘러싼 정신적, 경제적 방면의 어려움이라는 것이다.

---

41 『敎誨百年』(下), 336~337쪽.

이에 교회사들은 객관적, 주관적 사실을 인지하게 하고, 경제적 방면의 자립과 보전으로 지도하는 방법을 제안하였다. 농민운동 등과 결합된 사상범들을 지방 농어촌의 중견분자로 만들어 농촌진흥운동의 활성화로 연계시킨다는 생각이었다. 후지와라는 이 글을 쓸 무렵 일본에서 나고야의 명덕회(名德會)와 같은 보호기관의 활동을 배우는 한편 이치가야형무소 교회과장이자 사상범 전문 교회사로 이름높은 제국갱신회의 후지이 에쇼(藤井惠照)[42]를 만나 조선인 사상범과 함께 좌담회를 개최한 바 있다. 사상범 보호관찰제도 실시에 대비한 교회사 차원의 교류가 이루어진 것이다. 이후 후지와라는 광주보호관찰소의 보호사가 되었다.

새로운 사상전향 정책의 일환으로 1936년 12월 21일부터「조선사상범보호관찰령」(제령 제16호)이 시행되었다. 전향하여 석방되거나 기소유예 등으로 일단 사회로 돌아간 사상범들을 관리하려는 것이었다. 1932년 이래 사상범의 검거는 하향 추세였지만 1935년 7월의 코민테른의 인민전선 전술과 조선의 지리적 특성으로 인해 안심할 수 없으며, 재범 가능성이 있다고 보았다. 더구나 1935년까지 치안유지법으로 검거되었다 기소유예, 집행유예, 가출옥, 만기 석방된 인물만 6,400명에 달하였다. 출옥으로 통제에서 벗어나게 되고 다시 운동을 투신할 것이 우려되었다. 이들의 관리를 위해 보호관찰 기관을 독립 기관으로 설치한 것이다.

---

42 후지이는 1933년 이치가야형무소의 교무주임으로 사노와 나베야마의 교회를 담당한 인물이다. 이후 도쿄보호관찰소 보호사가 되었다.

보호관찰소는 소장, 보도관(輔導官), 보호사(保護司)를 두고 경성, 신의주, 평양, 청진, 함흥, 대구, 광주 7개 도시에 설치되었다. 보호관찰에 부칠 것인지 결정하는 것은 검사나 판사이고 조사나 관찰 등 실무를 맡을 보호사직에 경찰관, 법원 서기 외에 형무소 간수장이나 교회사가 포함되었다. 기존의 교회사 중 이토(伊東惠), 후지이(藤井人保), 혼다(本多文映), 후지와라(富士原景樹), 가미사키(神崎和念)는 보호사로 임명되어 사상범을 다루게 되었다.

형무소에서는 이미 1930년대 중반부터 치안유지법 개정에 대비하여 형무소 내 사상범을 전담할 교회사와 그 통역을 맡을 간수 1명을 수형자 2백 명당 1명꼴로 배치할 계획을 세웠다. 사상범 집금(集禁) 형무소를 경성, 서대문, 함흥, 평양, 대구, 광주 형무소로 하고 '사상계' 교회사를 충원하여 사상범 집금 형무소에서 통역 간수와 짝을 이루어 활동하게 한다는 계획이었다.[43] 수형자와의 의사소통을 보다 원활하게 하면서 형무소 내 전향을 확보하려는 대책의 일환으로 이해할 수 있다.

1937년 4월 14일 「가출옥사상범처우규정」(조선총독부령 제49호)이 발포 시행되면서 형무소는 치안유지법 위반자의 가출옥 시 그 거주지 관할 보호관찰소 및 지방법원 검사 그리고 경찰서와 연계하여 감독을 받도록 하였다. 아울러 6개월마다 보호관찰소가 작성한 가정관계, 직업의 유무, 생계 상태, 행장의 양부(良否), 조건

---

[43] 朝鮮總督府 法務局 行刑課, 「朝鮮內地臺灣敎誨師負擔比較表」, 『豫算書類』, 1936. 이 예산이 그대로 통과되었는지는 불분명하다.

존수 상황, 사상의 추이 기타 사항에 관한 보고서를 공유하였다.

1938년 7월 조선총독 미나미(南 次郎)는 전선형무소장회의에서 "사변 후 반도에서 국민 의식이 격앙되고 있는 지금이야말로 황민화에의 호기(好期)로서, 교육칙어를 기조로 일본 행형의 완성을 위해 노력해줄 것"을 주문하였다. 이후 9월에 열린 전조선교무과장 및 주임의 합동회의에서는 미야모토(宮本) 법무국장에 의해 차후의 교회 방향이 구체화되었다. 비상시국을 맞이하여 교회는 국가 의식의 환기, 내선일체의 정신 강화, 인내와 노동, 봉사, 함양 등을 지표로 삼아 행하는 것이 가장 효과적이고, '기존과 같은 종교 도덕에 관한 교회로는 도저히 소기의 목적을 거둘 수 없다'고 못 박았다.[44] 중일전쟁 이후의 교회가 국가 정신을 함양하는 방식으로 획일화되는 것을 알 수 있다.

단적인 예로 중일전쟁 이후 집합교회의 의식(儀式) 변화를 살펴보면 다음과 같다. 1938년 10월에 교회 의식에 관한 통첩(「總集敎誨の式次例に關する件」)이 개정되자 교회당 불당의 문을 열어 독경을 한 후 문을 닫는 의식의 순서가 생략되었다. 그 대신 황거요배, 교육칙어 봉독, 황국신민의 서사 제창 순서가 새로 배치되었다.[45] 불당의 존재나 독경의 역할이 없어진 것이다.

---

[44] 『敎誨百年』(下), 317~318쪽.

[45] 長田欣也, 1995, 65쪽; 「황국신민의 서사를 수인들도 창화케」, 『매일신보』, 1937.10.24. 법무국 산하 단체인 치형협회는 황국신민의 서사를 인쇄하여 각 형무소의 공장, 감방, 교회당, 교실 등에 걸도록 1천 장씩 발송하였다.

이 시기부터는 교회당과 요배소 설치가 주로 이루어졌다. 기존에 교회당을 가진 형무소는 경성이나 서대문과 같은 대형감옥뿐이었다. 여타 형무소는 공장에 불상을 옮겨 임시교회당을 만들어 교회를 실시하였는데, 1936년부터 1940년에 걸쳐 교회당이 만들어지고(공주, 부산, 대전, 평양 등), 1939년~1940년에 걸쳐 요배소가 세워졌다.[46]

이 밖에 수형자의 황민화를 위하여 새로운 기술적 수단을 동원하였다. 우선 '문서에 의한 교화'로 수인용 잡지『도(道)』에 사변의 의의와 추이, 전선과 후방의 미담을 게재하였다.[47] '귀를 통한 지도'로는 정기 교회와 임시 군사 및 시국 강연이 교회당에서 실시되었고, 스피커를 설치하여 라디오와 레코드를 들려주었다. '눈을 통한 지도'로는 뉴스나 영화를 이용하는 새로운 시도가 이루어졌다.[48]

1937년 4월 중 집합교회의 주제일람표[49]를 보면, 기존의 불교적 색채를 거의 찾아볼 수 없다. 천황과 국가주의 관계(신무천황·

---

[46] 『教誨百年』(下), 321쪽.
[47] 『道』는 매월 1일과 15일에 총 4,500부를 발행하여 수형자들에게 열람시켰다. 일본에서 발행된 수형자용 잡지『人』도 활용되었다.
[48] 라디오와 활동사진 이용에 대해서는 이미 1935년 5월에 통첩으로 제시되어 수형자에게 들려주거나 보여주기 전에 청취나 관람시킬 수형자의 범위와 실시장소, 영화 주제 및 내용과 설명 해설의 방법 등을 보고하여 당국의 승인을 받도록 하였다(總督府 法務局 行刑課,『朝鮮刑務提要』, 1943, 925쪽).
[49] 『治刑』, 1937. 6, 110~111쪽.

자료 4-1 서대문형무소 내 요배소
출전: 『治刑』, 1941. 3.

자료 4-2 함흥형무소 요배소
출전: 『治刑』, 1941. 1.

가미가제·야스쿠니신사·호국 영령·진충보국·군민일여·벚꽃 정신 등) 가 압도적으로 많았고, 가족관계(부모 마음·부모의 자애·아름다운 형제애)와 심신 수련(땀과 눈물·필사의 노력·감사하는 생활 등)이 그

뒤를 이었다. 1923년에 교회사들이 만든 교화용 총서『자강(自彊)』의 주제는 입지(立志), 노력, 성실, 절제, 수덕(修德), 가정, 절대(絶對) 등이었다. 수형자를 대상으로 제시된 가치의 순위가 크게 달라졌음을 알 수 있다.

라디오와 영화같은 새로운 매체는 호기심을 자극하고 감성적 호소력이 크기 때문에 수형자들의 관심을 끌 수단이 되었다. 라디오는 1935년경부터 감옥 내에 설치되어 전쟁의 전황을 빈번하게 들려주고 군가를 방송하였다.[50] 1937년 무렵 청진형무소에서는 기념일마다 기미가요를 합창시키고, 각 감방에 스피커를 설치하여 라디오 방송을 틀었다.[51]

1937년 무렵 경성형무소에는 16미리 영사기와 13종류의 필름이 교화용으로 갖춰져 여타 지방 형무소와 돌아가며 이용하였다. 필름의 종류는 다큐멘터리와 만화, 활극(喜活劇)과 이야기극으로 나뉘어졌는데, 장편〈마음의 등불〉,〈우리들의 형제〉와 같은 이야기극은 국가나 공동체에 대한 충성을 강조하고, 가족애를 자극하는 내용으로 이루어졌다.[52] 1937년 4월 청주형무소지소는 개소 이래 첫 "활동사진회"를 개최하여〈해군의 대연습〉,〈엄마의 마음〉이라는 영화를 상영하였다.[53] 군에 대한 자부심, 운동의 중요성 그

---

50 澤野彰,「保護と敎誨を往く」(1),『治刑』18-3, 1937. 3;『동아일보』, 1935. 8. 3.
51 「감방에 확성기 설치」,『每日申報』, 1937. 4. 25.
52 京城刑務所,「敎化用十六ミリ映畫施設」,『治刑』, 1937. 5.
53 淸州刑務支所,「活動寫眞會開催狀況」,『治刑』, 1937. 7, 36~41쪽.

리고 모친의 정에 대한 감상록이 게시되었다.

교회사 측은 1930년대 중반 이래 고심을 거듭하게 되었다. 승려로서 배우고 가르친 불교의 세계로부터 빠져나와 '일본적 성격'을 연구하고 '국체' 및 신사에 대해 알아야 했다. 일본에서는 초기에 본원사 교회사들의 반발이 있었으나, 식민지 조선에서는 당국의 방침이 별다른 저항을 받지 않고 받아들여졌던 것으로 보인다.

1936년에서 1941년에 이르는 시기에 총독부 행형과의 잡지 『치형』에는 사상범의 보호 대책부터 일본 신사의 이해, 존황(尊皇)의 전통, 일본적 성격 그리고 새로운 행형 지도 이념과 교회의 본질에 대한 교회사들의 연구 기고가 잇따랐다. 동(東)본원사와 서(西)본원사계 교회사들은 1940년까지 회동을 따로 해왔으나, 1940년 9월 27·28일에는 교회사·교사·교무촉탁의 합동 회동이 이루어졌다. 총독부 법무국장과 행형국장 그리고 서대문과 경성형무소장이 참석한 가운데 열린 이 회동에 서본원사 소속 28명, 동본원사 소속 19명이 참석하여 "숙제 보고"로 국어지도와 사상범의 간독 서적에 대한 발표가 이루어졌다. 위기감을 느낀 교회사들의 연구가 거듭되는 가운데 1940년경에는 교회의 방향에 대한 총독부 측의 압박이 현실화되었음을 알 수 있다.

4. 태평양전쟁 이후의 형무교회

조선총독부는 1941년 2월 12일에 「조선사상범예방구금령」을 제령 제8호로, 3월 7일에는 총독부령 제52호로 「조선사상범예방구금령시행규칙」(이하 「규칙」으로 표기)을 공포하였다. 행형 당국이 생각하는 「조선사상범예방구금령」 제정 실시의 이유는 다음과 같다.[54] "조선이 지리상 대륙 및 소련과 직접 닿아있으므로 공산주의 사상 침입의 방어에 있어 특수한 위치에 있고, 특히 대륙 전진 병참기지의 특수 사명이 가중되는 정세에 비추어 반도에서 사상정화가 급무이다. 원래 반도의 사상범들은 의식 정도가 낮은 자라 해도 실행력이 매우 높고 흉포함이 현저하며 대부분 편협하고 완고한 민족주의 의식을 가지고 있어 내지 사상범에 비해 사상전향이 극히 곤란하다. 비전향자들은 사변하에도 활발한 지하운동을 계속하여 총후 치안을 교란시키고자 할 뿐만 아니라 목하 재감 중인 사상범 수형자의 사상 상황 역시 행형당국이 필사적으로 노력함에도 지극히 우려할 만한 상황이다. 1939년 10월 말 현재 치안유지법 위반 수형자 총 641명 중 비전향자는 467명(약 73%)에 달하여 1940년 이래 출옥자 중 비전향자가 다수에 달하는 실정으로 서둘러 불온 흉악한 사상운동의 절멸을 기해야 한다. 이와 같은

---

54 法務局 行刑課, 「豫防拘禁制度ノ實施ヲ必要トスル理由」, 『豫防拘禁關係參考書類』, 1941.

반도의 특수사정으로 미루어보아 사상범인에 대한 예방구금제도 창설의 긴요성을 통감한다"는 것이다.

예방구금의 대상자는 치안유지법 형 집행이 만료되는 자와 이미 형 집행이 종료된 자 또는 형집행유예 언도를 받은 자가 「조선사상범보호관찰령」에 의해 보호관찰 중 동법의 죄를 범할 우려가 현저한 자를 포괄하였다. 기존의 감옥 밖 보호관찰과는 달리 새로운 종류의 감옥이 등장한 것이다.

예방구금은 대상자의 현재지 관할 지방법원 검사의 청구로 재판소가 예방구금위원회를 개최한 결과에 따라 명할 수 있다. 조선총독부 예방구금소는 소장과 교도관 3인, 교도관보 8인, 서기, 통역생으로 구성된다.[55] 예방구금소 내에서 교회사의 역할은 크지 않았다. 관제상 소장과 교도관 위치에는 주로 검사나 형무소장이, 교도관보에도 간수장이 많이 포함되고 교회사는 1명에 지나지 않았다. 비전향자의 상태를 판단하는 일에 검사나 형무소장, 간수장 등의 역할이 중시되었음을 추정할 수 있다.

예방구금소 안에서도 분류 심사는 끝나지 않는다. 일반 누진처우와는 달리 사상범만의 누진처우가 존재하여 3급에서 시작되어 "사상상태 심사"에 따라 1급으로 진급하기도 하고 강등될 수도 있었다(「규칙」 제26조). 2급으로 진급하면 다른 수용자와 함께 생활할 수 있었다. 형구도 감옥과 같이 포승, 수갑, 진정구 등이 사

---

[55] 「朝鮮總督府豫防拘禁所官制」(칙령 제166호).

용되었다.

　마사키 아키라는 예방구금소를 "일본 정신의 수련장"이라 보았다. 비전향자가 사회에 복귀하기 위한 요건은 "사상과 정신의 교체"였다.[56] 감옥과 마찬가지로 개인 책은 금지되었고, 당국에 의한 교육과 교화가 이어진다. 초등보통교육 정도의 교육을 받지 못한 자에게는 교육을 실시하였고, 필요한 경우 위탁 강연을 하면서 일본 정신을 주입하는 한편, 농업 훈련에도 힘을 기울였다.

　이로써 1940년대 사상통제는 감옥 밖 보호관찰소와 감옥 내 형무교회와 예방구금소(보호교도소)로 나뉘어 중층적으로 진행되었다. 1930년대 중반 이후 일단 줄었던 사상범은 태평양전쟁 발발을 전후로 하여 다시 폭증하였다. 1940년에 치안유지법 위반으로 인한 검사국 수리 건수가 43건에 286명이었던 것에 비해 1941년에는 143건에 1,414명, 1943년 1월에서 8월 사이에는 244건에 2,050명으로 폭증하였다. 이 중 경미한 사안이 절반 이상이고, 불기소 인원이 늘어갔지만, 전시체제로 들어서면서 평소의 발언이나 가벼운 낙서에도 검거, 송치하는 '폭주'가 이어진 것이다.[57]

　1942년 총독부 통계 중 교회사 총 52명의 소속 중 가장 많은 순서대로 정리해보면, 서대문형무소(6명)-경성형무소(5명)-함흥형무소·평양형무소·신의주형무소·대구형무소(각 3명) 순이었다.

56　矯正協會, 『戰時行刑實錄』, 394~368쪽; 正木亮, 『わが國における豫防拘禁制度』, 『行刑法慨論』, 有斐閣, 1944.
57　오기노 후지오, 『일제강점기 치안유지법 운용의 역사』, 역사공간, 2022, 4장 참조.

시간이 갈수록 전향-준전향-비전향을 가르는 분류 평가와 교화에 더 많은 인원이 투입되었지만, 전향과 준전향에 대한 의심도 깊어갔다. 1942년 11월 19일의 형무소장 회의에서 법무국장은 위장전향이나 인정에 휘둘리지 말고 실질적인 전향상태를 판단하여 재범의 우려가 있는 자는 철저히 조치할 것을 당부하였다.[58] 예방구금제도의 운용은 더욱 엄벌주의로 치달았다.

1941년 12월까지 예방구금소(일명 보호교도소)의 수감자는 42명이었으며, 실제로 1941년부터 3월 10일부터 1944년 9월 말까지 예방구금소의 수용인원은 89명이었다고 한다. 이 중 퇴소자가 24명, 사망자가 4명, 집행정지자가 2명, 1944년 말 수용 중인 사람은 59명이었다.[59]

예방구금소는 서대문형무소 내 옥사 일부에 설치되었다. 일본의 도요타마형무소 내부에 예방구금소가 설치된 것과 마찬가지로 감옥 내 감옥을 만든 것이다. 1943년 11월경에 청주로 이전하여 청주보호교도소(대전형무소 청주지소)가 되었다.

교회사와 사상범

그렇다면 1930년대 초반부터 십여 년에 걸친 사상범 교화를 담당한 교회사들은 어떤 인식을 가졌을까. 1940년대 초반기 교회사 측의 인식을 살펴보기로 한다. 서대문형무소 교무과장이었던

---

58 「法務局長注意」, 『治刑』, 1942.12, 8~9쪽.
59 水野直樹, 1999, 65쪽.

기무라(木村 融)는 조선인 사상범의 투쟁심에서 보이는 특징을 다음과 같이 기록하였다.[60]

첫째, 완고하고 집요하며 배타적이다. 교회사가 동향 관찰을 위해 감상문을 써내라고 하면 거부하는 예가 많았는데, "적에게 교화상의 참고 자료를 제공하지 않으려는 투쟁수단"이라는 것이다. 또한 일반인보다 신체 건강을 중시하는데, 이러한 태도는 언제든 유사시에 아무 지장없이 투쟁할 수 있도록 하려는 마음가짐 때문이라 추정하였다.

둘째, 매우 자존심이 강하다. 인도적 입장에서 사상운동에 가담한 자가 많으므로, 자신을 희생하더라도 계급과 가엾은 일반대중을 위해 일한다는 이타적 희생심에 기반하여 자신이야말로 진리를 위해 몸 바치는 혁명가라는 자긍심이 강하다는 것이다. 따라서 이러한 마음에 작용하여 죄에 대한 자각을 갖도록 하는 일은 지난한 과제라고 보았다.

셋째, 대부분 연구욕이 매우 강하고 독서욕이 왕성하다. 일반적으로 사상범은 지식인층이 많아 연구욕이 강하다고 평가되었고, 이 같은 의미에서 일본의 사상범도 마찬가지였으나 조선의 사상범은 신분이 지식인이든 노동자든 농민이든 모두 연구심에 불타는 것이 특징이다. 따라서 이들의 환심을 사기 위해 교회사 측에서는 서적을 대여한다. 그들의 독서욕을 충족시키기 위해서가

60　木村融,「思想犯の宗教的書籍指導に就いて」,『治刑』, 1942. 5.

아니라 전향이 목적이다.

따라서 문제는 어떻게 서적으로 지도할 것인가의 문제인데, 기무라는 이론을 이론으로 대응하는 전략의 실패 경험을 말한다. 맑시즘 서적을 읽게 했더니 "배격의 근거가 박약"하다며 오히려 반발했다는 것이다. 이러한 경험의 축적으로 당시 교회사나 보호사 등은 이론 투쟁을 일체 하지 않는 것을 원칙으로 하였다. 반면 종교 서적을 대여하면 타인을 탓하기보다 자신을 탓하는 참회구애(懺悔求哀)의 마음을 샘솟게 하므로, 가장 타당하고 효과적이라고 보았다. 불교 서적은 자신을 돌아보고 죄의 자각을 촉구하며 투쟁심을 평화로 이끄는 힘이 있다는 것이다. 불교 서적이 아니더라도 사상범들이 선호하는 정치·경제와 어학 서적보다는 역사와 전기, 일반문학을 권하여 마음을 움직이게 한다.

기무라는 서두르지 않고 서서히 마음을 움직이게 하면, 사상운동에 대한 미련이나 동지 관계로 고민을 거듭하면서도 결국 전향할 수 있다고 보았다. 실전(實戰)을 정찰과 전투 돌격의 3단계라고 볼 때, 서적을 통해 정찰하고 서적으로 정신을 바꾸는 전투를 통하여 전향 권유라는 최후의 돌격 단계로 나아가야 한다. 이상과 같은 기무라의 인식으로 볼 때 전시하에도 많은 사상범들이 자신의 신념에 충실하려는 태도를 견지하는 한편 서적 등을 통해 정보를 취하고자 하였음을 엿볼 수 있다.

한편 사상범의 생활과 환경, 개성에 대한 면밀한 조사를 병행하여 그들의 가정에 무슨 일이 생겼을 때 접근하도록 한다. 이때는 접근하기에 매우 좋은 기회이다. 흔히 '주의자'에게는 부모도

자식도 없다고들 하나, 실제로 그들도 자식인 이상 마음이 움직인다. 그와 같은 때에 이런 책은 어떤가 하고 친절하게 권하면 달가워하지 않으면서도 결국 이런 책을 손에 들게 된다고 보았다. 교회사들은 개인의 환경을 주시 관찰하면서 가정, 특히 부모-자식 관계를 적극 활용하고자 하였다.

사상이 완고했던 것으로 유명한 어느 인물은 내가 가진 사상이 만약 틀렸다 해도 후회는 없다고 했지만 어딘가 석연치 않은 곳이 있었다. 각별히 보살피며 딸도 불러 만날 기회를 주었더니 결국 전향하였다. 그가 북선지방에서 지하 운동을 하며 피신하던 중에는 자신이 먹고 입는 것도 어려운 형편에 딸에게 줄 저고리 선물을 간직하고 있었다. 멀리 있는 딸에게 본인이 전달하겠다는 의지로 기어코 경찰망을 뚫고 딸에게 직접 입혀주고 돌아온 일이 결국 활동가들 사이에 문제가 되었다고 한다. 주의운동에 경도되어 있는 와중에도, 긴 구금 생활 중에 나이가 들면서 다시 딸에 대한 애착이 대두되어 가슴속에서 떠나지 않았던 것이다.

전향 정책 초기에 교회사들은 일방적 훈계와 운동 및 사상 포기 종용 등으로 사상범들의 반발을 불러일으킨 바 있다. 수형자 측에서도 교회사와의 접촉(개인교회) 시 눈 밖에 나는 태도를 취한 결과 독방에 구금되거나 미결 통산을 받지 못하였다. 실제로 사상범들은 감옥 내에서 전향에 대한 방침을 포함한 다양한 대응 전략을 모색하였다. 1930년대 후반기의 움직임으로 다음과 같은 대응 방책이 알려져 있다.[61] 비전향자들은 일제가 요구하는 감상문의 백지 거절, 요배와 일본군 전사자에 대한 추도 거절, 일정 작업률 이하로 작업(특히 군수작업), 작업 재료의 소모, 동지 간 상호 격려, 수인의 일상을 위한 적극 투쟁 등이다. 다만 운동상 큰 영향을 주지 않을 인물이나 출옥 가능성 또는 공장으로 나갈 가능성이 있는 자는 감상문 제출 요구에 대한 백지 투쟁에서 후퇴하여 '쓸 것이 없다'거나 운동을 그만두고 '가정을 돌보겠다'거나 '건강을 회복하겠다'고 하는 한편 직접 투쟁에도 참가하지 않도록 하여 대응을 탄력적으로 조정하였음을 알 수 있다.

이 밖에도 수감 경험의 축적을 통해 변화된 것 중 하나는 감옥 내 선전 선동에 대해 소극적으로 변해갔다는 사실이다. 같은 방에 있더라도 사상이나 주장을 다른 사람에게 선포하지 않는 것이 '수감자의 상식'이 되어갔다.[62] 행형 당국이 감방에 첩자를 넣어 동향을 내사하기 때문이라는 것이다. 각 감방까지 설치된 라디오를 통한 전황 뉴스와 뉴스 해설 등으로 시국의 분위기를 파악한 사상범들은 교회사가 기대하는 기준에 부합하는 대화를 하여 처우 개선을 도모하였다. 다음은 좋은 평가를 받고 3개월 만에 3급에서 2급으로 특진하여 보수(補守)라는 보조 간수의 일을 맡게 된 김광섭[63]

---

61 「일제하(1932~35) 전향공작에 대한 옥쟁투쟁기」, 『역사비평』, 1993년 여름.
62 김광섭, 「사상범」, 홍정선 편, 『이산 김광섭 산문집』, 문학과 지성사, 2005, 421쪽.
63 1941년 2월에 체포되어 1942년 10월 치안유지법 위반으로 징역 2년 형을 선고받고 수형자가 되었다.

과 교회사와의 '모범 답안'과도 같은 면담 기록이다.[64]

> 교회사(문) 요새 어떤 책을 읽는가?
>
> 수형자(답) 주로 불교 서적을 읽지요
>
> 문 불교를 믿을 생각은 없는가?
>
> 답 아직 종교에 귀의할 생각은 없고 교양으로 성경도 좀 읽지요. 나는 열반의 세계가 천당보다 거추장스럽지 않고 훤해서 좋은 것 같아요.
>
> 문 집에서 자주 면회를 오는가?
>
> 답 가끔 오지만 마음에 동요를 느껴 더 괴로운 때도 있고 나 때문에 가정이 파탄이지요.
>
> 문 시국에 대한 감상은?
>
> 답 지난 번 대조봉대일(大詔奉戴日) 훈화를 감명깊게 들었고, 또 곧 승전으로 끝나리라 봅니다. 모르긴 하지만 반도인의 역사적 체험도 깊어질거지요. 더욱이 문필보국(文筆報國)은 놀랍지요.
>
> 문 앞으로도 문필 생활을 계속할 텐가?
>
> 답 산업전사가 되렵니다. 인제는 머리를 쓸 것 같지 않아요. 벌써 3년이나 되니까….
>
> 문 3678번의 얘기[65]는 들었는가?

---

64 김광섭, 『나의 옥중기』, 창작과 비평사, 1976, 85쪽.
65 당시 3768번이었던 히라노(平野贊助)라는 미남 청년 죄수의 이야기로, 그가 관용부(官用夫)로 차와 점심을 나르고 청소도 하는 급사 일을 하면서 신망을 얻은

답 남녀관계라는 얘기가 떠돌지만 잘 모릅니다. 또 알고 싶지도 않고….

해당 교회사는 그들의 전략에 맞추어 읽고 있는 서적에 대한 감상, 신앙이나 시국에 대한 생각, 가족에 대한 생각 등을 물었고, 답변자는 교회사의 승려 신분을 감안하여 불교 서적을 읽고 있다고 답변하면서도 시국이나 가족, 자신의 상황 등에 대해서도 상대가 만족할 만한 단답으로 대응하였다. 물론 소개한 사례 외에도 다양한 사례가 있었을 것이다. 독방에 있으면서 자신의 신조를 지키는 선택에서부터 전향 이후 공장에 나가 작업하며 조금이라도 더 많은 양의 식사를 하여 건강 회복을 도모하거나 간수를 보조하는 관리직(간병부, 보수, 경비원 등)으로 선발되는 경우에 이르기까지 다종다양한 모습으로 나타났다. 이 시기 전향은 전시 말기 감옥 내 생존의 문제와 직결되었다. 재판에서 사형처분을 받지 않았더라도, 예방구금소까지 이미 갔거나 가게 될지도 모를 수형자의 앞날은 어떤 보장도 없었다.

한편 교회사들은 사상범과 개인적으로 밀접한 접촉을 통해 전향의 실마리를 알아내고 완전한 전향으로 이끌어내기 위한 시도를 공유하였다. 출옥이 다가온 수형자에게 그간의 생활을 칭찬하

가운데 생긴 전화교환 양과의 연애 사건을 말한다. 그는 그 일로 "관용부에서 쫓겨났지만 부러운 죄수"가 되어 "졸지에 영웅이 되"었다는 이야기로서, 당시 면담 중이던 수형자는 그 일을 이미 자세히 알고 있는 상태였다.

다보니 돌연 상대방이 울음을 터뜨리며 마음이 열렸다거나, "조곤조곤 친밀히 이야기를 나누자 눈물을 쏟으며 돌연 반성하였다"는 경험담이 곧잘 시찰표에 적히곤 하였다.[66] 비전향자였던 자를 모처에 데려가니 바로 전향했다고 한다. 전향의 동기는 알려지지 않았지만, 그는 신사 앞에서 눈물을 흘리며 기뻐했다고 한다. 교회사들은 이런저런 경험담을 알리며, 전향을 이끌어내는 자신들의 역량을 은근 과시하는 일이 있었다.

그러나 1942년 6월 당시 서대문형무소의 교회사였던 다나카(田中龍興)는 "사상범을 어느 정도 아는 자에게 이러한 이야기(돌연 전향)는 납득하기 어렵다"고 단정하였다. 교회사들이 조급한 마음에 자신의 역량으로 무에서 유를 창조한 듯이 착각하는 것은 과시에 불과하며 이러한 태도는 개인주의, 자유주의와 함께 배격해야 한다는 것이다. 교회사의 능력만으로 전향하는 일은 없다는 것이다.

그는 단순한 감정적 저항이나 기분이나 과시로 운동을 했던 자와 주의 신봉이 두터워 신념을 쉽게 꺾지 않는 자를 구분하지 않고 결과적으로 전향했다는 점만 강조하는 일을 경계한다. 그간의 경험을 통해 "너는 사상을 버렸는가"를 묻기보다는 상대에 초점을 맞추어 소설을 한 권 읽히거나 특정 인물의 이야기에 대해 그의 의견을 듣는 것이 현명하다는 것이다. 전향서를 한 장 썼다

---

66 田中龍興, 「私の力」, 『治刑』, 1942. 6.

고 하여 전향자로 간주하기보다는 공장에 작업이라도 내보내 그 진정성을 좀더 관찰할 필요가 있다고 보았다. 이 시기 교회사들은 조선에서 준전향의 의미를 격하하였다. 전향인가 비전향인가 두 가지만이 있을 뿐이라고 보았다. 국가의 관리라는 신분을 생각하고 진정으로 전향시키는 일이 공동의 책무임을 강조하였다.

이상과 같이 교회사들은 국가 관리로서 전향을 위한 여러 가지 방책을 공유하며 사상전향의 성과를 올리는 일에 많은 관심을 가지고 있었다. 조선의 사상범이 가진 완고한 측면과 민족적 성향을 전제로 사상범들이 전향인 듯 연출하는 상황에 대해서도 깊은 의구심을 가지고 접근하였던 것으로 판단된다.

동시에 교회사 일의 구조적 한계에 대해서도 지적하였다. 수형자 1인당 십 분 정도의 여유도 없이 정형화된 틀에 따라 교회가 이루어지는 현실을 토로하며, 행형 조직이 교회사를 충분히 받쳐주어야 교회력이 발현된다는 것이다. 1935년경 조선총독부 행형과는 교회사가 담당해야 할 전체 수형자 수가 852명으로 일본(405명)의 두 배 이상임을 보인 바 있다.[67] 1930년대 후반기에 다소 늘어났던 교회사 정원은 전시 말기에 다시 줄어 총 45명이었고, 그나마 절반 정도는 입대하여 8·15 당시 인원은 20명 정도로 추정된다.[68] 형무소 교회사와 보호사 사이에 정보 연계가 이루어지지 않아 출소한 사상범에 대한 교회사가 위치가 무력하다는 점

---

67 朝鮮總督府 法務局 行刑課, 「朝鮮內地臺灣敎誨師負擔比較表」, 『豫算書類』, 1936.
68 『敎誨百年』(下), 340쪽.

도 한계로 지적되었다.[69]

전시의 교육행형

행형 당국은 1920년대 이래 "응보행형에서 교육행형으로"라는 문구를 지속적으로 사용하여 왔다. 죄지은 자를 엄금하는 행형에 그치지 않고 이들을 교육시키고 특정한 역할을 부여하면서 사회에 기여하도록 한다는 것이다. 응보는 '소극적인 것'이고 교육은 '적극적인 것'으로 끊임없이 선전되는 가운데 1930년대 이후로는 일본식 교육형이 만들어졌다. 급증하는 사상범을 전향, 교정시켜 황국신민으로 만드는 일은 "적극적인 교육형"이라는 라벨이 붙었다. 다음 장에서 살펴보겠지만 태평양전쟁 중에 수인들을 인적 자원으로 노무 동원하는 일에 대해서도 "교육행형으로의 전환"이라 이름붙였다. 행형당국은 태평양전쟁 중에도 '응보형에서 교육형으로'라는 문구를 외쳤다. 그렇다면 결국 1940년대에도 여전히 응보행형은 굳건히 유지되고 있었다는 의미가 되고 만다.

전향 여부는 수형자 분류의 중대 기준이 되었고 사상범들은 형무 당국의 평가에 취약할 수밖에 없었다. 교회사들은 지속적으로 관찰 분류하며 사상통제의 일익을 담당하였다. 끝내 전향을 거부한 사상범에게 누진처우나 가석방은 처음부터 대상 외였으므로, 사회 복귀가 어려운 상태로 감금 기간이 갱신된다. 결국 사회

---

[69] 松平正夫, 「教誨師と轉向思想犯の保護」, 『治刑』, 1943. 12.

를 향해 비전향자는 이렇게 된다는 것을 보여주는 본보기가 되었고, 누군가의 내심에 대하여 사법 당국이 원하는 방향으로 처분할 정당성이 부여되었다.

요컨대 '전시행형체제'란 합리적인 사법적 판단이 정지된 수형자 관리의 시대를 의미한다. 전시체제에서 수형자 신분이란 언제든 쓰다 버릴 수 있는 값싸고 유용한 노동력이자 선전의 도구였다. 이들이 한 축을 형성하고 있다면 다른 한편에는 사회로 다시는 나올 수 없게 된 비전향자 집단이 있다. 한편에서는 극단적으로 소모되고, 다른 한편에서는 영구 격리되는 것이 전시 말기 행형 정책의 투 트랙이었다고 보아도 좋을 것이다.

5장

형무소 보국대로 본
전시 동원

1. 알려지지 못한 보국대

조선총독부는 전시체제하 인력 부족을 해소하는 방안으로 수인(囚人) 노동력에 적극적으로 눈을 돌리기 시작하였다. 중일전쟁 이후 총동원법이 시행되면서 조선 전역에 걸쳐 일반 민중과 학생들의 노동력을 적극 이용하였는데, 아시아태평양전쟁 말기에 이르자 수인들에게도 군과 행정 당국의 요청이 밀려들었다.

본래 형무작업[1]은 원칙적으로 징역수에게 부과하는 노역으로, 반성과 아울러 근검역행의 습관을 몸에 익혀 범죄자를 교정시킨다는 목적하에 강제되었다. 그러나 전시체제하에서 수형자는 형무작업의 의무를 수행함으로써 '국민되는 자격'을 획득하고 노동으로 국가에 '봉공'해야 한다고 강조되었다.[2]

통감부시기에는 감옥 내 노역을 위한 시설의 미비로 전 수인의 27%만이 형무작업에 종사하였다. 그러던 것이 1930년대 말에 이르면 취업률이 98%까지 올라갔다.[3] 특히 전시 말기에는 군의

---

1   식민지시기 감옥은 1922년을 기점으로 '형무소'로 개칭되고, '감옥노동'은 '형무작업'이 되었다. 이 글은 대상 시기가 태평양전쟁 말기(1943~1945)이므로, 감옥 및 감옥노동을 당시 보편적으로 사용되던 형무소, 형무작업과 같은 용어로 대체하여 표기한다. 다만, 이 시기 수인들의 노무 동원은 통상적인 형무작업의 범위를 넘어서는 장기 파견 방식의 보국대(작업대) 형식이었다.
2   內山, 「刑務作業の基礎觀念と作業收入」, 『治刑』 20-8, 1942.8, 2쪽; 伊東惠, 「日本的 勤勞觀」, 『治刑』, 1943.2, 10~11쪽.
3   朝鮮總督府, 『施政30年史』, 1940, 153쪽.

요청으로 군수작업에 투입되었는데 이 군수작업은 형무소 내에서 하는 소내(所內) 작업과 형무소 밖에서 수행하는 구외(構外)작업으로 구별된다. 조선에서는 구외작업의 일환으로 멀게는 중국 해남도까지 파견되었고, 조선 내 군수공장이나 기타 작업장에 긴급 동원되었다. 이른바 '보국대', 혹은 '작업대' 소속이었다. 1943년 현재 재감인원이 23,532명이었는데, 해외로 보낸 인원이 약 10%, 조선 내 동원이 약 50%에 달하였다는 회고 기록을 참작한다면, 약 60% 이상의 인원이 동원되었다고 볼 수 있다.[4] 젊고 건강한 40대 이하의 수인이 중심이었다.

그런데 수인 동원을 살펴보기 위해서는 '수형자'라는 신분의 특성을 우선 염두에 두어야 한다. 수형자는 '재판을 받고 복역 중인 자'이므로 특별권력관계, 즉 특별한 행정 목적을 달성하기 위해 국가가 필요한 한도 내에서 특정 신분에 있는 자를 포괄적으로 지배하고 수형자는 복종해야 하는 관계하에 있다. 따라서 기본권이 제한되더라도 반드시 법률에 의거할 필요가 없었다.

식민지 감옥 내에 격리되어 있던 수인들이 전쟁 막바지에 담장 밖으로 동원되어 나오는 순간, 이들의 노동력은 소모품과 같이 무한 이용되었고 이들의 생명은 '이미 없었던 존재'였던 것처럼 취급되었다. 수인들은 형무소 입소 이후 축적된 기록에 따라 동원 과정에 막힘이 없었다. 체력과 학력, 사상 등의 기준으로 분류, 각

---

[4] 教誨百年編纂委員會, 『教誨百年』, 1978, 330쪽; 남조선과도정부 편, 『조선통계연감』, 1948, 908쪽.

지로 동원된 이들은 격리된 신분상 작업의 비밀 유지가 용이하였고, 가장 손쉬운 노동 착취의 대상이었다. 그러나 이들이 당시 어디에서 무엇을 하였는지는 제대로 발굴되지 못한 상태이다.

우리 학계에서 전시체제 수인 보국대 연구는 오랫동안 관심의 대상이 되지 못하였다. 저자는 학위 논문을 준비하는 과정에서 일본의 전쟁수행 과정에서 수형자가 활용되어 온 역사에 관심을 가지게 되었다. 이에 따라 우선 수형자 동원의 배경 이념 및 정책을 소개하고, 식민지 조선 내 수인 동원의 규모와 장소에 대해 정리한 바 있다. 이후 발견된 자료를 통하여 형무소별 동원 실태와 수형자들의 동선을 보다 상세히 추적할 수 있었다.[5]

전시 하 수인노동 중 가장 알려진 연구는 중국 해남도에 파견된 사례이다. 일찍이 일본에서 해남도 보국대 관련 연구와 사례 축적이 지속적으로 이루어졌고,[6] 국내에서도 해남도로부터의 귀환 과정이 정리된 바 있다.[7] 다만 국내의 수인 동원과 관련해서는

---

5 이종민, 「일제의 수인노동력 운영 실태와 통제 전략-전시체제를 중심으로」, 『한국학보』 98, 2000; 이종민, 「태평양전쟁 말기의 수인(囚人) 동원 연구(1943-1945)」, 『한일민족문제연구』 33, 2017; 이종민, 「아시아태평양전쟁기 부산형무소의 수형자 동원」, 『한일민족문제연구』 42, 2022.

6 김정미, 「일본점령하 중국 해남도에서의 강제노동-강제연행·강제노동 역사의 총체적 파악을 위해」, 『근현대 한일관계와 재일동포』, 서울대 출판부. 1999; 三重縣本木で虐殺された朝鮮人勞動者の追慕碑を建立する會, 『紀伊半島·海南島の朝鮮人』, 2002; 한국독립운동사연구소 편,『(일제강점하 국외 한인 피해) 실태조사보고서』(1. 중국해남도 지역), 독립기념관, 2005.

7 김승일, 「중국해남도에 강제연행된 한국인 귀환문제」, 『한국근현대사연구』 25, 2003. 6.

지역별 강제동원 및 보국대 연구에서 일부만이 간단히 언급되거나 아직 연구 공백 상태로 남아있다.[8] 아울러 기존 연구에서는 전시 말기 수인 동원을 위한 법제와 제도의 변화에 대하여 충분히 파악하지 못하였다. 총독부 행형 당국은 효과적인 동원을 위하여 수형자를 분류, 훈련하는 과정을 거듭하였다. 1930년대 후반기 이후로 재정비된 수인 분류와 배치 방식은 전시 말기의 행형체제를 이해하기 위하여 밝혀내야 할 또 다른 과제라 할 수 있다.

2. 전시체제하 수인 동원의 배경

1930년대 후반기 행형정책의 변화

전시체제하에 행형 당국은 치안유지를 염두에 두고 감시 및

---

[8] 허수열, 「조선인노동력의 강제동원의 실태」, 차기벽 편, 『일제의 한국 식민통치』, 정음사, 1985, 334~335쪽; 일제강점하강제동원피해진상규명위원회, 『소록도 한센병환자의 강제노역에 관한 조사』, 2006; 일제강점하강제동원피해진상규명위원회, 『일제시기 조선 내 군사시설 조사 - 전남 서남해안 일대 군인동원을 중심으로』, 2008; 김윤미, 「총동원체제와 근로보국대를 통한 '국민개로'」, 『한일민족문제연구』 14, 2008; 이병례, 「일제말기(1937-1945) 인천지역 공업현황과 노동자 존재형태」, 『인천학연구』, 2009.2; 정혜경, 「일제말기 경북지역 출신 강제동원 노무자들의 저항」, 『한일민족문제연구』 25, 2013; 이상의, 『일제의 강제동원과 인천조병창 사람들』, 국사편찬위원회, 2019.

통제를 강화하는 한편, 국가 부담을 덜기 위해 수인에게 드는 비용을 최소화하고 형무작업으로 국가에 봉사하게 하였다. 보다 엄격한 감시 통제를 위해 형무직원의 훈련을 강조하였고, 사상범에 대한 격리도 강화하였다. 아울러 전시 형무비용을 줄이기 위해 일반 수인들의 작업 수입 증대를 꾀하고 군과 관, 일반 사업체에 저렴한 단가를 적극 선전하는 교섭 활동을 하였다.

1912년에 공포된 「조선감옥령」(제령 제14호, 1912.3)은 일본의 「감옥법」(법률 제28호, 1908.3)을 몇 가지 예외 사항을 제외하고 그대로 적용하였는데, 「감옥법」에서 작업은 위생, 경제 및 재감자의 형기, 건강, 기능, 직업, 장래의 생계 등을 참작하여 부과하는 것으로 정의된다. 서대문형무소의 예규에는 구외작업을 시킬 재소자 선택의 기준(1914)이 나와 있는데, 원칙적으로 형기 5년 미만의 징역수로 수형 후 2개월을 경과한 초범자이다.[9] 작업 수입은 국고 소득이 되어, 수형자는 '작업상여금'이라는 명목으로 그중 일부를 받게 되어 있다.

식민지 행형제도가 자리잡기 시작한 1920년대에 형무소의 이상은 공업학교였다. 1920년대 초반(1921.1~1924.6)과 1930년대 전반기(1932.1~1935.3)에 서대문형무소장을 지낸 도이 히로미(土居寬甲)는 1926년에 이상적인 감옥 관리(管理)의 모습을 '조선 유일 무명(無名)의 대직업학교'에서 찾으며 '아침에는 별을 세며 공장에

---

[9] 박경목·이종민·이승윤 편, 『행형제도 감옥(2)』, 동북아역사재단, 2022, 426쪽.

들어가 달이 나올 때까지 일하'는 선량한 직공 양성을 꿈꾸었다.[10]

형무작업의 운영작업은 크게 세 가지로 구분된다.

첫째가 관사업(官司業)으로, 감옥에서 작업에 필요한 재료, 기계를 구입하고 전문기술자의 지휘하에 작업을 시키는 방식이다. 기구 설비·기술·재료 구입·판매 등을 국가가 전담하므로 민간 업자와의 교섭이 없어 통제가 쉽고 저렴한 작업상여금만으로 수인 노동력을 활용한다는 점에서 1930년대 이래 일본 군과 행형 당국 모두를 만족시키는 방식이었다.[11]

둘째는 위탁업(委託業)으로, 작업 위탁자가 재료와 기계를 제공하고 감옥에서는 전문기술자의 지휘하에 물품을 제조하는 방식이다.

셋째가 수부업(受負業)인데, 이는 감옥이 민간 업자(受負者)와 맺은 계약에 따라 수형자의 노동력을 빌려주고 사역에서 관리까지 맡기는 방식이다.

관이 주도하는 관사업방식은 1920년대 중반 이후 민간 업자를 압박한다는 비난 때문에 주춤했다가 만주사변을 계기로 군수품

---

10 土居寬甲,「監獄作業に就いて」,『朝鮮』, 1926. 3. 153쪽. 土居寬甲은 동경제국대 졸업 후 사법부에서 근무를 시작한 정통 관료형 소장으로, 1921년 1월~1924년 6월까지 서대문형무소장, 1924년에는 법무국 감옥과장을 겸임하였고, 1932년 1월~1935년 3월까지 다시 서대문형무소장을 맡은 바 있다. 西大門刑務所,『刑務要覽』, 1943.

11 朝鮮總督府法務局 行刑課,『朝鮮の行刑制度』, 34쪽; 小川太郎,「戰時·戰後の行刑」,『刑法雜誌』5-1, 1954.

과 관용물품에 대한 수요가 증가하면서 확대되었다. 이후 관용주의(官用主義)가 강화되면서 작업에 대한 형무소 측의 통제도 늘어났다. 1932년 이후로 군과의 직접 계약에 의거한 군수작업이 매우 중요한 위치를 점하게 되었다.[12] 조선에서 형무 작업량이 대폭 늘어난 것도 1933년 이후로, 만주국과 관동군의 관공서용 물품과 군수용품 수요의 상당량을 조선에서 담당하게 되었다.[13] 그 결과 1933년 이후 각 형무소의 공장 증축도 본격화되었다.[14]

조선의 형무소 중 형무 작업의 주요 축을 담당했던 경성형무소와 평양형무소 등에서는 1933년 8월에 조선총독에게 작업시간 연장을 허가해줄 것을 신청하였다. 일례로 평양형무소장이 올린 「작업시간 연장의 건 신청」을 보면, '관동군 경리부로부터 군수품의 주문을 받은 바 납기 관계상 작업시간 연장의 필요가 있으므로' 지물공(指物工)에 한하여 8월에서 11월 사이의 작업시간을 한 시간씩 연장하고자 한다는 것이다.[15] 당시 신문은 관련 소식을 다

---

[12] 塩野季彦, 「刑務作業としての軍需工業に就いて」, 『刑政』 47-6, 1934.6, 6쪽. 일본의 사법계에서 '사상전문' 검사로 알려진 시오노 스에히코(塩野季彦: 1880~1949)는 1930년에 일본 사법성 행형국장이 되어 1934년까지 형무작업 방식의 전환에도 일정 역할을 담당하였다. 시오노는 군수작업을 "일본행형계에 가장 타당한 작업"이라 판단하고 추진한 바 있다. 일본의 패전이후 전시사법체제를 만든 전범(戰犯) 혐의로 스가모형무소에 수용되었다.

[13] 朝鮮總督府, 『朝鮮事情』, 355쪽.

[14] 법무부, 『한국교정사』, 1987, 400쪽.

[15] 朝鮮總督府 法務局 行刑課, 『作業關係書類』, 1936년(국가기록원 소장). 지물이란 판자를 사용한 가구 및 기구를 만드는 일이다.

음과 같이 전하였다.

> 최근 법무국에서는 형무소 제품의 만주국 진출을 꾀하고 맹렬한 교섭을 전개하더니 이것이 주효하여 신의주형무소에 만주로부터 목공 기구 등 수십만 원의 대량 주문이 쇄도하여 왔다. 그리하여 동 신의주형무소에서는 법무국과 상의하여 이것을 전선 각 형무소에 분담시켰는데 2만 3,000원의 분담을 맡은 평양형무소에서는 의외의 대주문에 활기를 띠고 이것을 기한 전까지 완성하려고 대분주 중이다. 세상에서는 주문이 없어서 쩔쩔매는 때에 컴컴한 그곳에만 경기 바람이 불어온다고는 입맛이 닫혀질 일이다.[16]

경제공황으로 사회 전반이 어려운 상황 속에 형무소만 호경기라고 지적하는 글이다. 당시 일본 정부는 조선의 산업 재편성 방향을 지하자원 확보와 화학공업의 촉진, 운수설비 확충 등으로 설정하였고, 조선총독부는 신의주, 평양, 경성을 연결하는 북서부 지역을 중점 개발하였다. 군수산업 부문과 광업 부문에서 노동력에 대한 수요가 늘었기 때문에, 당국으로서는 효과적인 노동력 동원과 관리가 절실한 과제였다. 이러한 상황 속에서 급기야 1940년경에는 기존의 '노동' 대신 '근로'라는 용어가 등장하고 그 본질을 "황국민의 봉사활동"(국민의 의무)으로 보는 '황국근로관'

---

[16] 「平壤刑務所에『景氣바람』到來」, 『조선중앙일보』, 1933.08.31.

마저 등장하였다.[17]

이러한 흐름은 행형계로 이어진다. '황도행형(皇道行刑)', '총후행형'이라는 용어가 등장하였고 기존에 1920년대부터 1930년대 중반까지 행형계를 이끈 교육형(教育刑)이념은 서구로부터 직역된 개인주의 및 자유주의와 연관되는 것이라 비판 받았다.[18] 여기서 대안으로 떠오른 황도행형이란 형무소에서 수형자를 가장 유용한 일본인으로 만드는 것이고 행형의 목적은 황국신민의 연성으로 바뀌었다. 이를 주도하는 형무관은 범죄자를 사회로부터 격리시켜 성격을 교정하고, 황국신민으로 환원시켜 복귀시킬 사명을 가지고 있다는 것이다.

형무작업의 성격에도 강조점이 달라졌다. 그동안 작업이 주간(晝間)에 수형자들을 집중 통제할 수단이자 수익 사업의 일환 또는 석방 이후 자립을 위한 훈련이었다면, 전시체제하에서는 다른 면이 강조되었다. 국법을 어긴 자가 국가와 피해자에 대한 윤리적 책임감을 가지고 작업을 통해 공익을 추구하는 한편 작업의 경중난이를 따지지 않고 근로에 임하여 국민되는 자격을 실질적으로 획득하게 한다는 것이다.[19]

1940년에「국민근로보국협력령」(칙령 제775호. 1941년)이 제

---

17 이상의,『일제하 조선의 노동정책 연구』, 혜안, 2006, 156~177쪽.
18 伊東惠,「治刑雜感」,『治刑』, 1941.1, 26쪽; 河畑良道,「刑務官吏の信念」,『治刑』, 1941.3, 21쪽; 小林長藏,「和と規律の行刑」,『治刑』, 1944, 4~6쪽.
19 正木亮,『行刑法概論』, 245~246쪽; 內山,「刑務作業の基礎觀念と作業收入」,『治刑』 20-8, 1942.8, 2쪽.

정되어 조선에서도 12월 1일부터 '국민근로보국대'를 편성하고 14세~40세 사이의 조선인 동원이 시작되었다. 당시 수형자는 탈주 위험 등을 이유로 그 대상 외였다. 그러나 태평양전쟁이 발발하자 형무소의 작업 전반에는 큰 변화가 나타났다.

형무작업은 군수품 제작 위주로 바뀌고, 형무소장은 군의 요청을 받는 형식으로 수인들을 기존의 각 감옥관할 작업장이 아닌 장기 외역 작업에 동원하였다. 즉, 형무소 소내 작업뿐만 아니라 형무소 밖 대규모 군수산업체나 군수관련시설의 건설 및 보수, 채광 작업장 등에 널리 동원된 것이다.

총독부 통계 중 연도별 작업 수지를 비교해보면, 전국의 형무소는 작업을 통하여 1938년에만 4,266,084원의 수입이 있었다. 이는 1911년도의 약 100배, 1934년도의 2배 이상으로 급증한 금액이었는데, 1942년도에는 다시 그 2배인 9,612,333원으로 크게 늘었음을 알 수 있다(자료 5-1 참조). 수지 증가는 형무소의 수용비 부담을 줄이기 위해서도 중요한 의미를 가진다. 1942년부터는 작업 수입액이 그 해 수용비(7,970,000원)를 초과하였다.[20] 수입금액은 「감옥법」 제27조에 의거, 전액 국고로 귀속되고 수인들은 출소 시에 작업내용과 작업성적, 그리고 품행(행장: 行狀) 평가에 따라 최소한의 작업상여금을 받게 된다.

관이 주도하는 작업방식은 이렇듯 최소한의 비용으로 막대

---

20 內山, 1942. 8, 3쪽.

자료 5-1 연도별 작업 수입액 추이

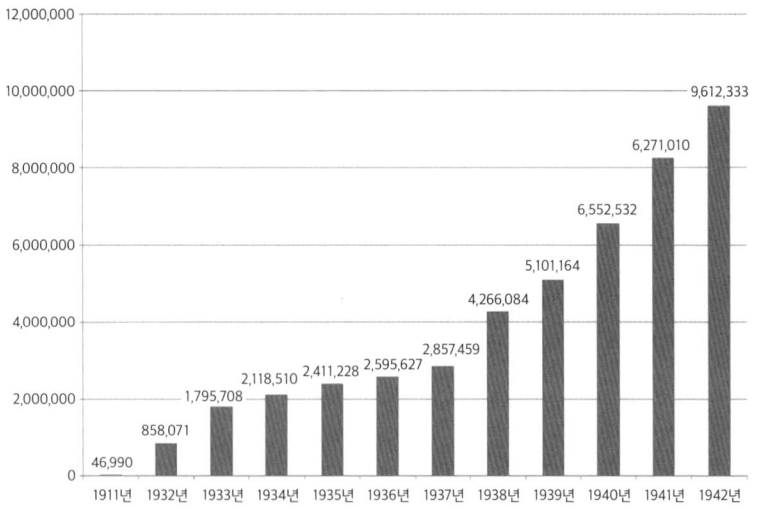

출전: 『조선총독부통계연감』, 1942, 340쪽; 남조선과도정부 편, 『조선통계연감』, 920쪽.

한 수입을 얻은 배경이 되었다. 관사업에 의거한 형무작업의 강화 경향은 자료 5-2에서 명료하게 드러난다. 완만하게 우상향하던 상승폭이 만주사변 이후로 커지고, 중일전쟁 이후로는 급격하게 상승하는 양상을 보인다. 위탁업과 수부업 방식에 의한 작업도 1940년과 1942년 이후로 급상승하는 것을 확인할 수 있다. 전시 말기에 민간 업자와 계약을 맺고 작업관리를 맡기는 사례가 증가하였기 때문이다.

전시 말기에 행형 및 사법 관료들은 외역 작업을 형정의 운명을 좌우할 중대한 것으로 간주하였다. 특히 보국대 작업 중에서도

자료 5-2 작업 방식에 따른 수입액의 변화 [단위: 원]

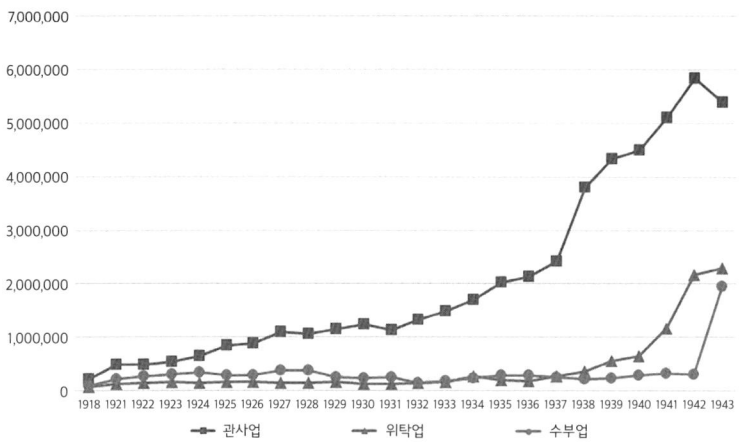

출전: 조선총독부, 『조선총독부통계연보』 각년판에서 작성.

대규모의 작업과 국가적으로 중요하면서도 영속성이 있는 것을 강화하고자 하였다. 이는 소규모의 단기 작업은 관리 직원 배치와 왕복 이동 문제 등이 있어 관리상 문제가 생긴다고 보았기 때문이다. 1944년 단계에서 가장 긴급을 요하는 것은 외역 작업의 확충이었다.[21]

(1944. 8) 금일의 행형에서 외역 작업이 갖는 역할은 매우 중대, 그 성부(成否)는 결전 하 형정의 운명을 좌우한다고 해도 과언이 아니다. (중략) 전국(戰國)이 결전의 단계에 돌입하여 (중략) 우리 행형의

21　渡辺隆治, 「外役作業の運營について」, 『治刑』 44-8, 1~2쪽.

분야에서도 총력을 가장 필요한 유효한 부면(部面)에 동원하기 위해 제반 대책을 강구하지 않으면 되었는데, 그중 긴급한 문제는 외역 작업의 중요적 확충이다. 특히 1. 상당히 대규모적인 것. 2. 그 작업이 국가적으로 중요하고 영속성이 있는 것에 대해서는 철저하게 강화하는 동시에 기타 방면에는 최소한도로 출소하는 방침을 세웠다. 그 이유는 소규모 외박(泊入) 작업을 분산적으로 실시한다면 시설 기타 관계상, 행형 본래의 위력을 발휘하거나 직원 배치 등의 점에서 많은 불리한 문제가 생기고, 가령 대규모 작업이라도 영속성이 없는 토목작업과 같은 것은 단시일 동안 전전하면서 이동 경영해야 하는 관계상, 극히 귀찮은 문제를 동반하여 능력을 불필요한 부면에 빼앗기는 일이 적지 않기 때문이다. 그런 의미에서 초중점주의 채용, 전국(戰國)의 요청에 부응하면서 일보 더 나아가 새로운 행형의 영역을 개척하여 행형 백년의 대계를 뿌리내리기 위해 전술한 것과 같은 조건에 부합하는 보국대를 충실히 하여 그 준비를 충실히 하고 있다.

인용문에서는 새로운 행형의 영역을 개척하기 위해 보국대를 충실히 하는 방법으로 대규모, 장기 영속적인 작업을 개척해야 한다고 강조한다. 이 글을 쓴 와타나베 류지(渡辺隆治)는 1944년 당시 고등법원 검사국 검사이자 '조선간이생명보험위원회'의 위원이었다.[22] 여기서 간이생명보험위원회에 주목할 필요가 있다. 목숨을

---

[22] 와타나베 류지는 1929년 공명당 군자금모집사건 공판의 담당 판사이기도 했다. 『한민족독립운동사자료집』 41권 공판조서 참조.

담보로 보험을 드는 상품은 형무소 측에서 수형자들에게 권유해 왔던 상품이기도 하다. 1933년 공장 내 군수품 제작이 시작된 시점부터 형무소에서는 수형자를 대상으로 간이생명보험에 대한 설명회를 열어 작업상여금으로 보험료를 내면 된다고 권하였다.

> 평양형무소에서는 죄수들의 간이생명보험에 가입하는 것을 장려하여 벌써 8명이나 가입시켰는데, 그들은 작업상여금으로 이 보험금을 지불하는 데 조금도 불편함이 없다 한다. 세상에서는 먹을 것이 없어 쩔쩔매는데, 이곳은 그 속에서 죽은 후의 일까지 처리하고 있다는 부러워할 수도 없는 일(『조선중앙일보』, 1933. 8. 31).
>
> 대전형무소에서는 본월 3일 재감수 8,914명에게 간이보험사업에 대한 강연회를 개최하고 해당 업의 취지를 설명케 하였던 바, 일반 청강자에게 다대한 충동을 준 바 있어 그 다음 날에 7인의 보험가입 신청자가 있었으며, 추후 계속하여 보험에 가입할 자가 상당히 많으리라 하며 금회의 강연은 그 계(界)에서 경험이 많고 포부가 많은 대전 우편국장 이케다(池田寬浩) 씨와 동 국원(局員) 공봉재(孔奉在) 씨라 한다(『매일신보』, 1933.09.08).

국가의 은혜라는 명목으로 받는 극소액의 작업상여금까지 보험금으로 내야 했던 수형자들이 사망했을 때 과연 이 보험의 혜택을 받았을지에 대해서는 차후 검증해 볼 필요가 있다. 아울러 전시 말기 수형자들을 외역 작업으로 몰았던 사법·행형 관료들이 이 보험위원회의 위원으로서 보국대 사업을 '초집중주의'로 확장하자고 기고했다는 점에서 당시 형무소 당국과 간이생명보험 그리고 우편국 측의 관련성에 대한 검토 역시 차후의 과제가 아닐 수 없다.[23]

전시 말기 외역 작업의 성과와 관련하여 총독부 기관지 『경성일보』의 평가는 다음과 같다. 총독부 당국이 수형자들의 효용 가치를 어디서 찾았는지를 잘 보여주고 있다.[24]

종래 국가의 기생충적 존재에 불과하였던 수형자는 이번에야말로 형무작업을 통하여 그 수용비를 전부 회수하고도 남았을뿐더러 새로이 직간접으로 대동아전쟁에 참가하여 국방상 전력증강상 다대한 기여 공헌을 하고 있다.

동원을 위한 법적 제도적 정비
① 수인 분류 조정: 소년수와 특수수형자

수인을 그 특징에 따라 세분하기 시작한 것은 1930년대 후반기부터이다. 그 이전에는 성별, 연령(18세 미만이 기준), 형기 10년을 기준으로 장기와 단기, 민족별로 일본인·조선인·중국인을 제외한 외국인 정도로 구분하였고, 1920년대에 개성소년형무소(1923.5)와 김천소년형무소(1924.4) 등 소년을 위한 형무소가 탄생

---

23 조선간이생명보험에 대해서는 정일영, 「일제 식민지기 간이생명보험을 둘러싼 공공의 기만성」, 『역사학연구』 75, 2019.
24 경성일보사, 『조선연감』, 1944, 394쪽.

한 바 있다.

　그러던 것이 1930년대 후반 이후로는 나병 환자를 따로 수감하는 소록도지소(1935.9), 인천의 소년형무소(1936.7), 불구노쇠자 전용의 마산지소(1937.3), 심신미약자(心神耗弱者) 전용의 공주형무소(1938.6)와 같이 종류가 세분화되었다. 1943년 1월에는 소년형무소 지소(서흥지소와 안동지소)가 2개소 늘어, 전국에 개성·김천·인천 소년형무소와 개성소년형무소 서흥지소와 김천소년형무소 안동지소 등 5개소가 되었다.[25]

　노무동원과 관련하여 주목해 볼 점은 소년수와 특수수형자 그룹이다. 분류의 기준이 되는 것은 크게 보아 체력과 학력인데, 체력은 연령 기준과 심신의 건강 여부이고, 학력은 소학교 3학년 정도의 수학 능력을 기준으로 나뉜다.

　이는 같은 시기 일본에서도 '수형자의 작업 능력'에 맞추어 수용 구분을 했던 것과 같은 맥락에서 이루어진 것이다.[26] 체력, 즉 작업 능력과 관련하여 소년수를 18세 미만의 소년수와 20세 미만의 준소년수로 나누어 전자의 경우는 인천과 개성으로, 후자에 해당되면 김천으로 보냈다. 다만 이 준소년수 중 집단생활에 적합하지 않거나 체력이 약한 경우는 '농업 혹은 특수 작업에 적합한 자'로 분류하여 서흥지소와 안동지소에 집금하였다. 이들 지소는

25　1943년 1월에 대구형무소 안동지소와 해주형무소 서흥지소는 각각 김천과 개성의 소년형무소 지소가 되었다.

26　矯正協會, 『戰時行刑實錄』, 矯正協會, 1966, 465~469쪽.

1943년 1월부터 소년형무소의 지소가 되었는데, 이 시기 소년수의 증가 때문만은 아니고, 일반 노무동원이 어려운 준소년수를 별도로 구금하기 위하여 이용된 것이다.

18세 미만 소년수 가운데서도 소학교 3년 정도의 능력을 갖춘 소년은 따로 인천소년형무소에 수용하였다. 이들은 이후 모두 흥남 제1보국대로 편성되었고, 학력이 이에 미치지 못하는 김천의 소년수들은 제2보국대로 편성되었다. 개성의 소년수들은 진남포 보국대가 되어 제련소로 동원된 바 있다. 각 보국대가 맡았던 작업의 성격이 구체적으로 알려지지는 않았으나, 체력과 지력에 따라 서로 다른 작업을 맡겼을 것이다.

일반 성인 수형자 중에서도 심신 미약자와 불구 노쇠자 그리고 한센병 환자는 특수수형자로 분류되어 각기 다른 장소에 집금하였다. 이 역시 작업 능력 및 집단생활 적합 여부, 전염 여부 등의 기준에 따라 분류된 것으로 보인다. 이들 중 일부는 작업에서 제외되거나, 구내 노동이나 특수한 역할을 하였을 것으로 추정된다. 예를 들어 공주형무소의 경우 1941년 2월 현재 총 수용인원은 61명으로, 이 중 심신 미약자를 대상으로 한 특별공장 2동(2공장과 3공장)에서 52명이 작업하였고, 경증이나 기타 수용자들은 일반 공장에서 8명이 작업한 것으로 알려져 있다.[27] 소록도에서는 송진

---

27 나머지 1명은 작업에서 배제되어 있었다. 岡田道夫,「心神耗弱受刑者の作業附課に就いて」,『治刑』19-5, 1941.

채취와 벽돌, 가마니 짜기가 이루어졌다.[28]

② 가석방(부정기형)제도와 누진처우제의 활용

행형 당국은 누진처우제도를 통하여 수인을 수치로 평가하고 가석방제도를 활성화시킨 바 있다. 아울러 18세 미만의 소년수와 20세 미만의 준소년수에 주목하여 연령과 지력 적응력별로 구금하여 이들의 가석방이 원활하도록 제도를 정비하였다. 선시제(善時制)와 같이 보국대 활동의 보상으로 형기를 단축시키는 제도가 등장한 것도 전쟁 말기였다.

실제로 1943년 이후 보국대에 동원되는 수인들에 대한 당국의 약속 사항은 "6개월 있다가 돌아가면, 장기(長期)는 다 가출옥으로 내보낸다", "6홉밥을 준다"거나, "5년 이하의 징역이었으나, 3분의 1을 채우면 석방시킨다는 조건"이었다는 증언이 있다.[29]

전쟁이 막바지를 향해 치닫기 시작하고, 인력이 절대적으로 부족했던 1944년 2월 4일을 기점으로 「조선행형누진처우규칙」은 시행 정지되었다(조선총독부령 제29호). 가장 큰 이유는 전시 경제 하에서 누진처우상의 등급이 올라도 수인들에게 부식을 비롯한 더

---

[28] 일제강점하강제동원피해진상규명위원회, 『소록도 한센병 환자의 강제노역에 관한 조사』, 2006.

[29] 일제강점하강제동원피해진상규명위원회, 『당꼬라고요?』(강제동원구술집1), 2015, 375~377쪽; 해남도 석록광산에서 일하던 최성렬의 증언(金靜美, 「海南島からの朝鮮人歸還について」, 海南島近現代史研究會, 『海南島近現代史研究』 창간호, 2008.8, 11쪽에서 재인용).

많은 물자나 여유로운 조건을 제공하기 어렵다는 것이었다.[30]

「누진처우규칙」을 대신할 장치로서 1944년에 개정된 「수인 행장표」(1944. 2. 4. 조선총독부훈령 제6호)[31]는 형기를 감안한 기존의 복잡한 점수제를 폐기하고 몇 가지 주안점 기준으로 평가가 단순화되었다. 규칙의 준수, 책임 관념, 작업의 근면도와 교회 및 교육에 대한 태도 등이 우선순위가 되었다. 따라서 누진급수와는 상관없이 현장에서 직관적으로 평가하는 담당자들의 권력은 오히려 더 커졌다고 하겠다. 전세가 급박해지고 작업이 가중될수록 이러한 경향은 더 커졌다. 누진처우제도는 전시 말기에 형해화되었다.

한편 전시 말기의 수인 관리 및 평가와 관련하여 주목해야 할 다른 측면을 살펴보기로 하자. 태평양전쟁 발발 이후로 형무소의 관리 체계는 형무관들이 하나둘씩 전장으로 나가면서 공백이 생겼다. 일본 내각은 1943년 2월에 외역 작업 등으로 인한 관리와 관련 사무를 위해 전옥보와 간수장을 더욱 증원하는 한편, 작업이 많지 않은 형무소의 경우는 예산 절감을 위하여 감원하는 「조선총독부감옥관제」의 개정을 공포한 바 있다(칙령 제85호).[32]

외역 작업을 통제할 관리 인원이 부족해지자 보조 인력 보충이 절실한 과제로 떠올랐다. 1944년 2월 4일 개정된 「조선감옥령

---

30 鵜殿司, 「行刑法令の停止及改正に就て」, 『治刑』, 1944. 3, 8쪽. 다만 일본에서는 유지되었다.
31 『朝鮮總督府官報』, 1944. 2. 4.
32 通牒 제85号 「朝鮮總督府 監獄官制ヲ改正ス」(1943. 2. 20), 『公文類聚』 2A-12-類 2700(일본 국립공문서관 소장문서).

시행규칙」제52조는 징역 혹은 금고 수형자 중 성적이 우수한 자를 기타 응급 용무를 위해 훈련시킨다는 내용으로 바뀌었다.

    이렇게 하여 선발된 수형자는 보수(補守)로 명칭을 통일했다가 이후 '경비원'으로 다시 변경되었다.[33] 이들은 별도로 훈련시킨 정신보국대 가운데 선발되어 관용부[34]에 해당하는 대우를 받았고, 번호가 아닌 이름으로 호명되었다. 이 역할 역시 가석방으로 가는 직통로가 되었다.

    한편 행형 당국은 소년수의 역할에 큰 기대를 가졌으므로 이들을 쉽게 동원할 수 있도록 부정기형을 활용하였다. 부정기형이란 형기를 선고할 때 단기와 장기 두 가지로 선고하는 것이다. 예컨대 한 소년이 단기 1년 장기 3년을 선고받았을 때, 형무소 내 생활 평가에 따라 단기 1년에 출소할 가능성과 3년을 채울 가능성 두 가지를 안고 생활하게 된다. 1943년에는 소년수들의 가출옥과 집행유예를 돕는 「가출옥소년취체규칙」(1943.5.20, 조선총독부령 제147호)과 「집행유예소년취급규정」(1943.5.20, 조선총독부훈령 제37호)이 제정되었다. 이 역시 소년수를 손쉽게 동원하기 위한 법제로 작용하였는데, 치안유지법 위반자는 대상 외였다.[35]

    이 밖에도 기소유예자와 형집행유예자, 가석방자와 만기 석

---

[33] 「優良受刑者中補守及挺身報國隊の處遇に關する件」(1944.6.17. 법무국장 통첩), 『治刑』, 1944.6.

[34] 관용부는 형무소 업무를 보조하는 수형자를 일컫는 말이다.

[35] 『朝鮮總督府 官報』, 1943.8.25.

방자를 대상으로도 6~12개월까지 노무동원이 이루어져, 실제로 1945년 4월에는 3,100명이 동원된 바 있다. 1944년 이후로는 형무소 밖으로 나와서도 사법보호라는 이름으로 재소자들을 동원하였다. 예컨대 부산항 등으로 파견되는 항만정신대는 출소자를 조직으로 묶어 파견하였으므로, 가석방과 같은 장치는 결국 또 다른 동원으로 가는 통로가 되었다.[36]

교육과 교회 강화

1937년 5월에는 「조선행형교육규정」이 제정되었다. 이 규정 전에는 18세 미만의 수형자에 대한 교육 규정(「감옥법」 30조에 근거. 「조선감옥령시행규칙」 제85조)만이 존재하였으나, 새로운 규정이 제정되면서 20세 미만자, 30세 이상으로 보통학교 4학년 수학 정도에 미치지 못한 자와 형무소에서 교육이 필요하다고 인정된 자에게도 교육을 실시하게 되었다. 이들에게는 수신, 국어, 산수와 직업교육 등을 가르치게 하였으나, 중점은 역시 국어였다. 수인의 노동력을 활용하고자 할 때 의사소통이 가능한 수준으로 끌어올려야 했기 때문이다. 1940년 4월부터 9월까지 모 형무소에서 개최한 '기초국어강좌'는 매주 월요일에서 금요일까지 오후 15분

---

[36] 일본과는 달리 식민지 조선에서는 집행유예자나 출소자를 사회 안으로 포용하는 이른바 '사법보호' 제도가 대단히 미비한 상태였다. '사법보호'에 대한 관심이 명백히 증가한 시기는 태평양전쟁 말기로, 동원을 위하여 출소 인원을 불러들이는 과정으로 볼 수 있다. 朝鮮總督府 法務局 總務課, 『司法保護對象者勤勞動員實施要綱』, 1944, 1~13쪽.

씩 진행하였는데, 251명이 수강하여 195명이 수료하였다. 이 중 글자를 읽고 간단한 언어가 가능한 자가 72.9%에 달하였는데, 이는 일반인에 비하여 대단히 높은 수준이라 선전하였다.[37]

1944년 9월 30일에는 교육과정을 다시 개정하여 황국신민 연성을 위한 국민과, 수리과(理數科), 체련과로 나누어 교육하였다.[38] 일본어 교육을 중점 실시하되[39] 체련 등을 강화하려는 최소한의 교육이었다고 볼 수 있다.

수인을 대상으로 한 교회는 기존의 종교적인 성격보다는 '교육칙어를 기조로 한' 시국강연 같은 방식으로 바뀌어 갔다.[40] 응소자에 대한 격려모임(應召者壯行會) 및 애국일 행사 등의 의례도 활용되었다.[41] 형무소 내 수인을 대상으로 한 애국반도 1941년 이래 장려되어 공장 단위로 운영하였다.

군사훈련도 명백하게 늘어갔는데, 1942년 김천소년형무소를 시찰한 한 검사는 다음과 같은 장면을 회고하였다.[42]

각 작업장을 보고 광장으로 나온다. 광장의 정면에는 신사가 모셔져

---

[37] 樹林晴美,「朝鮮に於ける行刑教育の紹介」,『教誨と保護』, 1941. 3.
[38] 『조선총독부 관보』, 1944. 9. 30. 조선총독부 훈령 제84호.
[39] 樹林晴美,「朝鮮における行刑教育の紹介-特に國語教育に就て」,『教誨と保護』, 1941. 3, 12~13쪽.
[40] 教誨百年編纂委員會, 1973, 320쪽.
[41] 教誨百年編纂委員會, 1973, 322쪽.
[42] 久具勇雄(대구지방법원검사),「金泉の少年たち」,『治刑』 20-12, 1942. 12, 19쪽.

있다. (중략) 당일 그 광장에는 일 소대의 소년들이 총을 잡고 맨발로 정렬하였다. 계호과장의 호령에 분열 행진을 개시하였다. (중략) 분열 행진이 끝나면 각종 교련을 시작한다. 「엎드려」 등의 호령이 있을 때마다 민첩한 행동에 우리는 감탄하였다.

1943년에 평양형무소에서 남방파견보국대로 파견되었던 증언자는 당시를 기억하기를 "새파랗게 젊은 아이들만 데리고 가는데, 총쏘는 것도 다 배워주고 가르치고 운동도 시키고 하더라고. 고기는 비적(匪賊)이 많다 그러면서. 그렇게 해서 (중략) 연습 다 시키고, 운동해서 약한 사람은 미끄러지고, 잘하는 사람만 뽑혀서 가고 이랬어요"라고 회고하였다.[43]

법무 당국은 각 형무소에서 시행되던 황민화 관련 연성을 통일시키기 위해 「형무연성요강」을 제정하였다(「형무연성요강의 건」 1943. 9. 6 법무국장 통첩). 이 연성이란 수인만이 아니라, 직원까지 포괄하는 것이었다. 직원은 전 형무소의 직원 중 50명씩 경성에 수용하여 2주간, 일 년에 3번까지 받도록 하였는데, 그 중점은 교련에 두었다. 반면 수인들은 작업시간 중 틈을 내거나 면업일(일을 하지 않는 날)에 군대 교련을 실시하여 군사적 규율에 적응하도록 하였고 보국대나 작업대 파견 시에는 5일간의 엄격한 군대훈련을 실시하였다. 분열과 군사훈련은 물론 나팔반을 설치하여, 군

---

43 일제강점하강제동원피해진상규명위원회, 「일본 순사를 폭행한 죄로, 형무소 죄수가 되어 떠난 남방파견보국대」, 『당꼬라고요?』, 375쪽.

대와 같이 일상의 제 동작신호를 나팔로 알리고 일상을 그에 맞춰 움직이도록 하였다.[44]

3. 수인 동원의 유형과 전국적 동원 실태

동원의 유형

1940년 이래 각 형무소에서는 산발적으로 구외 작업을 실시하여 왔다. 1943년 이후 조선 내외에 걸친 구외 작업에 수인 동원이 본격화되면서 각 형무소 산하 여러 파견대의 명칭이 혼용되자, 이를 정리해야 할 필요성이 생겼다. 1943년 8월 31일 법무국장은 각 파견대의 명칭을 다음과 같이 구분하여 사용할 것을 지시하였다.[45]

---

[44] 『治刑』, 1943. 8, 45쪽.
[45] 「構外作業派遣部隊の名稱に關する件」(1943. 8. 31. 법무국장 통첩), 『治刑』 21-8, 1943. 8, 44쪽. 다만 기존부터 사용되던 다음 파견대의 명칭은 그대로 두었다.
평양형무소 재동작업장 — 평양 형무소 재동작업대
평양형무소 강선작업장 — 평양 형무소 강선보국대
부산형무소 진해작업장 — 부산 형무소 진해보국대
부산형무소 낙동작업장 — 부산 형무소 낙동보국대
광주형무소 여수작업장 — 광주 형무소 여수보국대
함흥형무소 단천작업장 — 함흥 형무소 단천작업대

자료 5-3 조정된 보국대 명칭과 내용

확정된 명칭	내용
① 남방파견보국대	중국 해남도 파견대
② 각 형무소 정신보국대	군 요청에 따른 긴급 작업대로 고도의 훈련을 받은 소수 인원(1943. 8. 26 법무국장 통첩에 의거)
③ 각 형무소 보국대	군 요청에 따른 긴급 작업에 파견
④ 각 형무소 작업대	②, ③에 포함되지 않는 기타 작업대

종류는 자료 5-3에서 확인되는 바와 같이 기본적으로 4가지로 정리된다. 중국 해남도로 보내는 해외 파견인 남방파견보국대(①)와 조선 내 파견인 보국대 및 작업대(②, ③, ④)로 크게 나누었다. 보국대는 정신보국대(②)와 군 관계 긴급작업에 관계된 보국대(③)로 나뉘고 이에 해당되지 않는 기타 파견대는 작업대(④)로 분류되었다. 정신보국대와 보국대는 기본적으로 군의 요청에 의한 긴급 작업이라는 점에서 공통점을 갖는다.

남방파견보국대는 1943년 3월부터 패전에 이르기까지 중국 해남도의 비행장과 도로 건설, 채광 작업에 동원된 수인들의 조직이다.[46] 조선총독부 법무국이 해군 특무부와의 교섭을 통해[47] 2,000여 명의 수인과 이들을 통제할 대규모 간수 집단을 파견하

군산형무소 옥구작업장 — 군산형무지소 옥구보국대

[46] 남방파견보국대에 관한 구체적 내용은 해남도 관련 선행연구 참조.
[47] 「朝鮮總督府受刑者海南島出役ニ伴フ監獄職員等增員ニ關スル件」(1943. 4. 12), 『公文類聚』(일본국립공문서관 소장문서).

여 부족한 노동력을 채운 사례이다. 경성형무소가 주관이 되어 전국에서 모집하여 1943년에만 6차례 이상 파견하여 당초 목표 2,000명을 채웠다.[48] 각 형무소 보국대 역시 군이나 행정관청 등의 요청으로 동원되어 근거리는 물론 원거리 주요 공사장과 군수공장 그리고 채광장 등으로 파견되었다.

정신보국대는 보국대가 1943년 3월경에 조직된 것과 달리 같은 해 8월 26일의 법무국장 통첩에 의거하여 만들어졌다.[49] 그 근거는 1938년 12월 24일의 「조선감옥령시행규칙」 개정 내용 중 제52조 "전옥(형무소장)은 징역수로서 형기의 3분의 1을 경과하고 도주의 우려가 없는 자 중에서 미리 소방 **기타 응급의 용무**에 종사시키기 위해 **적당한 훈련**을 할 수 있다"(강조-저자)는 내용으로,[50] 이때 부가된 내용이 '기타 응급의 용무'라는 문구이다. 이른바 '응급의 용무' 안에는 여러 가지 의미의 역할이 포함되는데, 정신보국대와 보수(補守), 방어정신대와 같은 것이다.[51]

정신보국대는 군의 요청으로 조직되어, 1943년 8월 서대문형무소에서 시작되어 전 조선 10곳의 형무소(경성·서대문·대전·함흥·청진·평양·신의주·대구·광주·부산)에서 엄선된 50명으로 결성되었다. 특징은 소수정예로 어떠한 어려운 일에도 견딜 수 있는

---

48 「治刑情報」, 『治刑』, 1943. 11, 24쪽.
49 「挺身報國隊を語る」(座談會記錄), 『治刑』, 1943. 12, 20~21쪽.
50 朝鮮總督府, 『朝鮮總督府 官報』, 1944. 2. 4.
51 「法令例規」, 『治刑』, 1944. 6, 44~45쪽.

신체와 철저하게 군대적인 규율을 체득한 자들로 이루어진 조직이었다. 따라서 보국대와는 달리 3개월에 걸친 비교적 긴 훈련 과정을 거쳐 파견되었다.

정신보국대라는 조직을 별도로 만들 때 군이 기대했던 바는 무엇이었을까. 1943년 11월 9일 서대문형무소에는 조선군사령부의 소좌와 기사(技師), 중위, 국민총력조선연맹의 문화과 참사(參事), 서대문형무소 소장과 계호과장, 보국대장이 나와 조선총독부 법부국 행형과장과 사무관이 주최하는 좌담회에 참석하였다. 이 자리에서 조선군 소좌 이누지마(犬島)는 비행장의 복구 작업 등을 예로 들며 포탄이 쏟아지는 가운데 어찌할 줄 모르는 자에게 작업을 시킬 수는 없으므로, 기민하게 움직일 수 있고 야간작업 및 비상소집을 상정한 훈련으로 단련된 인원을 요구하였다.[52] 당시 군부는 1943년 3월 이래 5일간의 훈련을 받고 파견된 기존의 보국대 이상으로 훈련된 인원을 필요로 하였고, 그렇게 선발된 소수 정예인원을 더 많이 보내줄 것을 요청하였다.

서대문형무소는 최초로 52명의 인원을 최종 선발, 침식을 같이 하면서 3개월 예정으로 훈련을 실시하였다. 조직은 부대장(간수장)-부부대장(간수부장)-분대장(간수)과 같은 식의 군대식 위계를 설정,[53] 훈련하여 종국적으로는 감시 없이도 기민하게 움직일 수 있는 대원으로 만들고자 하였다. 정신보국대원이 되기 위한

---

52 「挺身報國隊を語る」(座談會記錄), 『治刑』, 1943. 12, 27쪽.
53 「挺身報國隊を語る」(座談會記錄), 『治刑』, 1943. 12, 25쪽.

제1의 조건은 '국가를 위해 기꺼이 목숨을 바칠 수 있는가'였다. 따라서 당시 정신보국대 대원이 되는 것은 곧 입대통지서를 받은 것으로 간주하여 틈이 날 때마다 교회사로부터 죽음에 대한 이야기를 듣고, 손톱과 머리카락을 잘라 유언장까지 써두도록 하였다.[54] 이들을 전장에 준하는 매우 위험한 현장에 동원할 가능성을 염두에 두었음을 알 수 있다.

행형당국은 이같이 목숨을 바칠 것을 요구 조건으로 하여 가석방이나 석방 후 국가의 "보호"(취직 알선)를 약속하였다. 그런데 기존의 누진처우 제도는 이 선발 과정에서 점점 무력해졌다. 수인들의 범수(犯數)와 형기, 가족관계와 지인관계 등 기존에 중시되었던 기준들은 전시하에 큰 의미를 갖지 못하였다. 그보다는 책임관념, 작업 성적, 황민화 정도를 평가하는 기준이 우선되었고 그에 맞추어 진급이나 가석방이 가능하게 되었다. 이미 1943년 후반기에 총독부 산하 단체인 치형협회의 기관지 『치형』에는 기존의 누진처우 제도를 개인주의적이고 자유주의적인 성적 경쟁이라 비난하는 글이 실리기 시작하였다.[55] 이러한 상황에서 새로운 기준에 맞추고자 하였을 것이다.

정신보국대는 노무동원과는 다른 범주의 수인 감시 보조, 즉 보수 역할이나 관리 역할, 혹은 그 이상의 역할을 위해 조직된 것

---

[54] 「挺身報國隊を語る」(座談會記錄), 『治刑』, 1943. 12, 28쪽; 松平正夫, 「行刑の轉換と累進處遇」, 『治刑』, 1943. 11, 33쪽.

[55] 松平正夫, 1943, 32~33쪽. 松平正夫는 당시 서대문형무소 교회사였다.

으로 보인다. 보수는 앞에서 살펴본 바와 같이 직원을 대신하여 수인들을 감시 통제하는 역할을 담당하였다. 그런데 1944년 6월 17일에 법무국장은 통첩(「優良受刑者中補守 및 挺身報國隊員の處遇に關する件」)에서 "결전비상조치로 행형의 자체방위를 위해 정신보국대와 보수 조직을 한층 강력하게 정비하여 유사 시에는 방위정신대(防衛挺身隊)로 기능하도록 한다"는 의도하에 명칭을 경비원으로 바꾸었다.[56] 이 경비원 제도는 노무동원과는 다른 의미에서 전쟁 말기로 갈수록 그 비중이 높아졌던 것으로 보이므로, 차후 주목해 볼 필요가 있다.

형무소별 동원 실태

당시 각 보국대 현황을 알 수 있는 자료는 일본의 공문서(『公文類聚』)와 총독부 형행과에서 발행한 월간지 『치형』의 관련 기록 그리고 당시 행형관리자와 교회 관련자, 수인들의 개인 기록이 남아 있다. 각각의 자료를 기초로 하여 주관 형무소별로 동원 장소와 위치 명칭을 정리해보면 자료 5-4와 같다. 아울러 국내외 파견의 흐름을 도식을 만들어보면 자료 5-5와 같다. 다만 이 표와 그림은 현재 알려진 사실에만 기초하여 작성한 것이므로, 잠정적인 정리에 불과하다는 점을 밝혀둔다. 아울러 개개인의 기억에 의존한 기

---

[56] 「法令例規」, 『治刑』, 1944. 6, 44쪽. 유사 시 방위정신대의 역할에 대해서는 구체적인 내용은 알 수 없으나, 조선에서 전투가 벌어지거나 패전 시의 역할을 상정한 것으로 추정된다.

록이 반영되었으므로, 보국대와 작업대 등의 명칭 구분이 분명하지 않다는 점에도 유의할 필요가 있다. 조선대(造船隊), 특훈대(特訓隊) 등의 소규모 부대도 있었던 것으로 보이나, 활동 내역이나 장소가 명확하지 않으므로 포함시키지 않았다.

일본 내각에서는 1943년 2월 19일 칙령 제85호로 「조선총독부 감옥관제」를 개정하였는데, 이를 위한 개정안(1943. 2. 13)에서 군수품 제작 작업과 외역 작업의 확장, 확충을 위해 수형자들을 관리할 직원 수를 조정할 필요가 있었다. 이 문서는 개정 배경을 밝히는 과정에서 조선 내 작업 현황과 예정 작업 현황을 소개하였다.[57] 그 현황 중에 1942년에 이루어진 작업과 1943년에 앞으로 이루어질 예정 작업이 밝혀졌다. 이 중 자료 5-4에 포함된 작업 중 대형 작업으로 부산과 목포형무소 주관으로 예정된 해군비행장 지균(地均)공사가 있다. 이 공사는 2,000명을 동원 목표로 하고, 군사기밀을 위해 장소는 비(秘)로 표기하였다. '본토 결전'을 예상하고 만든 남부 지역 내 군사시설 중 하나이다.

자료 5-4의 일부 보국대에 대하여 부가 설명을 해보면 다음과 같다.

우선 함흥형무소는 흥남보국대를 대대적으로 조직하여 일본 질소공장의 작업에 동원하였다. 각 공장 배치 내역은 비료공장 남자 290명, 금속공장 남자 200명, 본궁공장 남자 217명, 용흥공장

---

[57] 「朝鮮總督府監獄官制中ヲ改正ス」(1943. 2. 20.), 『公文類聚』2A-12-類2700.

자료 5-4 형무소별 작업 내용 및 명칭

주관 형무소	명칭	장소 및 인원, 작업시기*
1. 경성형무소	남방파견보국대	중국 해남도 약 2,000명 부평: 육군조병창 건축공사 500명 (1942) 의정부: 농경 축산(1944~) 경성부내 지균공사 300명 예정(1943)
2. 서대문형무소	수원작업대 기타 구외 작업	해군관계공사 ○○○명 부평: 보수를 위한 기와 굽기 등
3. 대전형무소	진천작업대	댐건설공사 약 150명 남방파견보국대에 300명 보충 파견
4. 함흥형무소	단천보국대 흥남제1보국대 (인천소년) 흥남제2보국대 (김천소년) 흥남제3보국대 (함흥성인)	단천: 축항공사 500명 함남 일본질소흥남공장(43.12~) 동일 동일
5. 청진형무소		제철소 정박작업장 설치 30명 일질제철소 약 100~300명 농포조선소 약 20~50명 벌채작업소 약 35명 함북 생기령: 석탄채굴작업 500명 (1942)
6. 평양형무소	재동(梓洞)작업대 강선(降仙)보국대 개천(价川)보국대 겸이포(兼二浦)보국대 기타 구외 작업	300명 불명 900명 300명 600명 평양부외(平壤府外): 연와제작 작업 150명(1942)
7. 신의주형무소	은곡(銀谷)보국대 안주(安州)보국대	평북 구성읍 약 500명(1944년 종료) 안주읍 약 400~500명

주관 형무소	명칭	장소 및 인원, 작업시기*
8. 해주형무소	금산포지소	남방파견보국대에 토목공사 기능인 25명 선발 파견 철광석 굴삭작업
9. 부산형무소	낙동보국대 진해보국대	남천산** 기슭 지균공사(1943.7.) 진해항공기지 지균공사 부산부 확장공사 500명(1942) 해군항공지창 지균공사 400명(1942) 해군비행장 지균공사 예정(2,000명)
10. 광주형무소	여수보국대	잠수함 기지와 군항 축항 ○○○명 (42년 2월경)
11. 목포형무소		해군비행장 지균공사 예정(1943)
11. 전주형무소 군산지소	옥구보국대	불명
12. 인천소년형무소		인천부: 제국제마회사(帝國製麻會社) 건축공사 400명(1942) 김해해군항공기지 공사 흥남제1보국대 파견
13. 개성소년형무소	장단농업보국대 진남포보국대	경기도 장단: 식량증산작업 300명 (1943) 평남 진남포 제련소 600명 (1944.1.)
14. 김천소년형무소		흥남제2보국대 파견

출전:「朝鮮總督府監獄官制中ヲ改正ス」(1943.2.20.),「公文類聚」2A-12-類2700(일본국립공문서관 소장문서);「報國隊を見る」座談會『治刑』1944.4;「報國隊を語る」『治刑』1944.3; 森德次郎,「朝鮮總督府刑務所終焉の記」,『刑政』, 1971.4.9·1972.4.11·1973.8·1974.2·1976.3; 森德次郎,「朝鮮總督府少年刑務所終焉の記」,『刑政』, 1975.5; 教誨百年編纂委員會,『教誨百年』, 京都 本願寺, 1973; 부산교도소,『한국교정사편찬자료보고서』, 1987.

* 작업시기는 개시나 종료 시점이 분명한 경우에 표기.

** 현재 지도상으로는 남천산이 확인되지 않으며 부산의 향토사가 역시 남천산이라는 지명을 알지 못하였다. 다만 위의 내용에서 구포역에 가깝다는 점으로 미루어보아 김해로 가는 길목을 당시 관계자가 남천산으로 기억하고 기록한 것으로 추정됨.

남자 200명, 화약공장 남 70명 여 50명으로 총 1027명, 당시 전 수인의 절반에 가까운 인원이 동원되었다.[58] 21개의 부대로 구성된 흥남보국대는 함흥형무소의 성인남녀(제3보국대) 외에도 김천(제2보국대)과 인천(제1보국대)의 소년형무소에서 보낸 청소년에게 작업을 부과하였다. 김천소년형무소는 만 18~20세의 준소년 층을, 인천의 경우는 소학교 3년 수학 경력을 가진 18세 이하의 소년들을 집금한 곳이었다. 일정 수준 이상의 학력이 있거나, 체력적으로 월등한 청소년층을 동원하였음을 알 수 있다.

당시 흥남의 여러 공장은 저임금 장시간 노동과 열악한 노동자 보호시설로 인해 1943년 12월 15일 현재 관알선 노동자들의 경우 공장에 도착한 지 2개월 이내에 80%나 도주한 바 있다.[59] 정확히 같은 시기인 1943년 12월부터 흥남보국대원이 된 수인들은 기존의 노동자들이 도주하여 비워진 자리를 채웠다고 볼 수 있다. 행형관리자들은 당시 흥남보국대의 소년 수인들의 작업에 대해 칭찬을 아끼지 않았다. "작업의 중요성을 잘 이해하고 열심히 일하여 눈물 겹다며, 설비가 매우 나쁘고 위생상태도 좋지 못한 환경에서 묵묵히 일하던 모습"을 회상하였다.[60]

평양형무소는 형무작업의 규모가 전 조선의 형무소 중 1, 2위

---

58 森德次郞,「朝鮮總督府刑務所終焉の記(2) - 咸興刑務所」,『刑政』, 1971. 9, 51쪽; 鎌田正二,『北鮮の日本人苦難記―日窒興南工場の最後』, 時事通信社, 1970.
59 허수열, 1985, 346쪽.
60 「報國隊を見る」座談會,『治刑』, 1944. 4, 22쪽.

자료5-5 주관 형무소별 국내외 수형자 파견의 개요

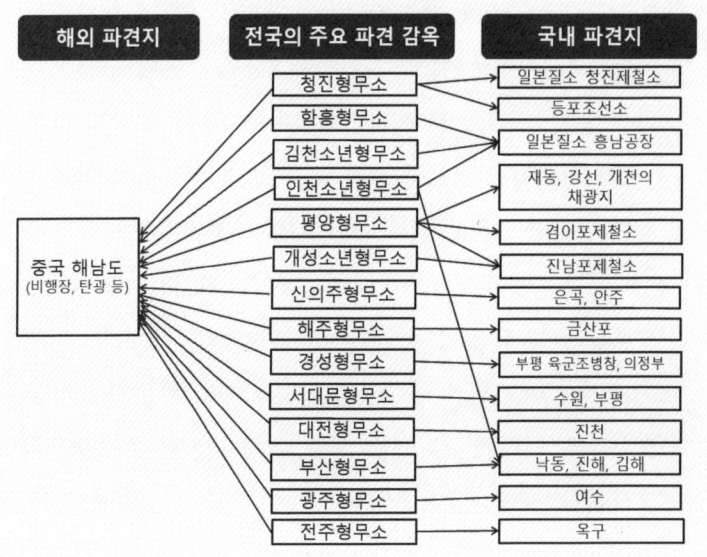

를 다투는 곳이었다.[61] 실제로 1943년 평양형무소는 작업으로 벌어들인 수입 액수가 경성형무소 다음으로 컸다. 전시에 평안남도의 특산물인 무연탄과 철광석 등이 해군에 의해 사용되면서 작업 규모가 커졌다. 이 밖에도 군비행장 건설과 종연방적공장의 동원 작업도 있었다. 동원된 구외 작업을 구체적으로 살펴보면, 군비행장 건설 100명, 매일신문사 50명, 종연방적공장 50명, 장진동(獎進洞) 직영농장 200명이었으며, 파견보국대로는 개천(价川)보국대(철

61　森德次郎,「朝鮮總督府刑務所終焉の記(4)－平壤刑務所」,『刑政』, 1972. 11, 45쪽.

광석 채굴) 900명, 재동보국대(무연탄 채굴) 300명, 겸이포보국대(제철소 작업) 300명으로 총 1,500명에 달하였다.[62] 교회사(敎誨師)들의 기록인 『교회백년』에서는 강선보국대도 거론되었으며, 형무관 모리 도쿠지로(森德次郎)는 개천보국대와 겸이포보국대 역시 평양형무소에서 파견한 것으로 보고, 보국대 인원만 1,500명에 기타 구외 작업 인원을 600명이라 기록하였다.[63] 1943년 말 현재 평양형무소의 재소인원은 2,118명이었으므로 대부분의 수인이 작업에 동원된 것으로 볼 수 있다.

신의주형무소는 평북 구성읍(龜城邑)의 은곡(銀谷)보국대를 운영하여 '탄탈륨'이라는 군사물질 채광작업에 500여 명이 동원되었으나, 1944년에 해산되었다. 이후 안주읍의 수도 시설을 위한 굴삭 작업에 500명의 안주(安州)보국대가 만들어졌다. 개성소년형무소는 진남포보국대로 600명을 선발하여 진남포제련소에 동원하였는데, 작업은 주야3교대로 광석의 배합과 운반 일을 담당하였다. 이들의 노동 성적이 좋아 다음 해 보국대 전원이 지리상의 편의를 위해 평양형무소로 이감되었다.[64]

대전형무소는 진천군 진천면에 진천작업대를 파견, 전시 식량 증산을 위한 댐건설공사에 동원하였다. 직원은 부대장과 간수장

---

62 森德次郎, 「朝鮮總督府刑務所終焉の記(4)」, 45~46쪽.
63 모리(森)는 형무소 종언의 기록을 쓸 때 옛 동료들로부터 받은 자료에 기초하였다고 밝히고 있으므로, 어느 정도 신빙성이 있다고 판단하였다.
64 森德次郎, 「朝鮮總督府少年刑務所終焉の記(1)」, 『刑政』, 1975. 5, 54~57쪽; 「報國隊を語る」, 『治刑』, 1944. 4, 27~28쪽.

이하 35명에 수인이 약 150명이었다. 이 댐공사는 준공 예정일보다 10개월 앞당겨 완료되었다고 한다.[65] 남쪽 지방에서 주목해 볼 만한 현장은 광주형무소의 여수보국대. 여수는 일본군이 아시아태평양전쟁 시 본토 결전을 준비하기 위해 1941년에 세운 요새사령부의 관할지이다. 부산과 여수항은 본토와 대륙을 연결하는 중요한 통로지점이자 진해 해군기지를 보호하는 위치에 있었다. 따라서 일본군은 두 항을 지켜 안전한 수송거점을 확보하고 미군의 공격이나 상륙을 저지하고자 하였다.[66] 총독부 행형당국은 좌담회에서 여수 외역 작업의 내용을 표기하지 않고, ○○라고 감추었다. 여수에서 일을 하다 광주형무소로 이송된 환자 수형자들은 이를 잠수함기지와 군항 축항 작업이었다고 전했다. 당시로서는 보안을 위해 군 관계 외역 작업을 감추거나 외역 중인 수형자들을 수용할 임시수용시설로만 밝히기도 했다.

---

[65] 森德次郎, 「朝鮮總督府刑務所終焉の記(6) - 京城刑務所·大田刑務所」, 『刑政』, 1974. 2, 40쪽.

[66] 신주백, 「1945년도 한반도 남서해안에서의 '본토결전' 준비와 부산·여수의 일본군 시설지 현황」, 『군사지』 70, 2009; 김윤미, 「일본군의 군사수송과 한반도 해안요새」, 『역사와 실학』 59, 2016. 4.

4. 사망을 통해 본 수인들의 전쟁 말기

고위 관리자들은 1944년 4월에 열린 좌담회와 회고록 등에서 본인들이 예상했던 것보다 높은 작업 능률과 보국대원들의 열의를 언급하며 자랑스러워 하였다. 당시 수인들의 작업 중 보국대는 가장 많은 공전을 받는 일로 성인 남자가 70전, 소년수는 56전이었는데,[67] 당시 지방 인부들의 공전은 1원 30전이었다. 이들은 지방 인부에 비해 2배의 일을 해낸다며 칭찬을 받았지만,[68] 공전은 그 절반에 가까웠고 그나마 국고로 귀속되어 1943년 수인들이 출소 시 받은 상여금의 1일 평균 액수는 5전 8리에 불과하였다.[69]

대규모 외역 작업장에서 수인들은 일반인과 같은 복장으로 노동하는 경우도 많았고, 교회사 및 간수와 함께 숙식을 하기도 하였다. 이로 인해 감시 부담이 커진 관리자들은 보국대원 중에 선발하여 감시 보조를 시키거나, 작업 후 1~2시간에 걸친 군대식 훈련을 시켜 통제하였다.[70] 감수성이 풍부한 소년수들은 그들의 훈련을 보기 위해 모여드는 구경꾼들을 구경하는 일로 낙을 삼거나

---

67 이는 1944년 현재의 日額工錢이다. 「作業賞與金計算方に關する件」, 『治刑』, 1944. 6, 37쪽.
68 「報國隊を語る」, 『治刑』, 1944. 3, 25쪽.
69 남조선과도정부, 『조선통계연감』, 1946, 919쪽.
70 「報國隊を語る」, 『治刑』, 1944. 3, 22~23쪽.

대규모 공장에서 노동하는 것을 그나마 선호하여 형무소로의 귀환을 두려워하기도 하였다.

이들과 함께 생활하거나 시찰 중 이들의 생활을 직접 목격한 하급 관리자들은 좌담회에서 수인들의 환경에 대해 자주 언급하였다. 가장 가까이 수인들을 접한 간수 등은 특히 건강 상태의 악화를 지적하였다. 부산형무소 낙동보국대의 경우 처음에는 '지방에서 일을 나온 봉행대에게 질 수 없다는 생각으로 (일을-저자) 시작했으나, 점점 체력이 떨어져 병에 걸리는 대원이 속출'하는 상황이었다. 이들은 대원의 체위가 저하되는 이유로 식사량을 들었는데, 사회에서 동원된 봉공대원은 식사와 간식도 있는 반면, 형무소 보국대원은 식사량이 현저하게 적었다는 것이다.[71]

평양형무소 진남포보국대에서도 건강 상태가 극히 저하되어 윗옷을 벗겨보면 매우 야위어 있었으며, 재동보국대 역시 건강 상태가 심각하다고 보고하였다.[72] 재동보국대 출신 생존자는 "배고픔, 추위, 구타 등 인간으로서 감내하기 어려운 고통과 목숨만 간신히 부지하는 그야말로 빈사 상태로 죽어가는 영혼들을 수없이 보아가면서 나 자신이 피골이 상접되어 삶을 포기하기 직전에 감격의 8·15 해방을 맞이하였다"고 증언하였다.[73]

---

[71] 「報國隊を語る」,『治刑』, 1944. 3.
[72] 「報國隊を見る」,『治刑』, 1944. 4, 20~21쪽.
[73] 일제강점하강제동원피해진상규명위원회에 증언한 황** (1922년생)은 전북 금산군 출신으로 1944년 10월부터 재동탄광에서 노동하다가 해방을 맞이하였다. 이 구술자료는 동 위원회의 조사결과물로서, 관계자들께 지면을 빌려 감사

그러나 관리자들은 이 같은 상황을 애써 외면하였다. 1944년 4월 개최된 형무관연습소 좌담회에는 소정의 교습을 마친 형무관들이 모여 외역 작업장을 시찰한 감상을 차례로 밝혔다. 이 가운데 진해와 낙동 현장을 둘러본 고도(吳堂)라는 인물은 "사실 처음에는(전쟁수행 과정에 일익을 담당한다는-저자) 자부심을 가지고 있을 테니 명랑할 거라 생각하고 갔으나, 음울한 분위기가 이전과 동일했다"고 표현하였다. 형무관이 당시의 현장을 어떻게 상상하고 있었는지를 잘 보여준다. 작업장의 분위기를 들을 때마다 관리자들은 시국인식의 부족과 황국신민의 자각을 위한 교회의 미비 탓으로 돌리고 분위기 진작을 위해 영화나 군가 부르기 혹은 운동 등을 제안하였다.[74] 그러나 작업 현장은 이미 수인들의 체력이 고갈되어 위급한 상태였다.

어쩌면 1944년의 단계에서 형무관 및 사법 관계자들은 수형자들에게 실질적으로 해줄 수 있는 것이 없다는 것을 익히 알고 있었을 것이다. 1942년 후반기 이후 수형자들에게 제공되는 식사량은 계속 줄었다. 식량 사정의 악화를 이유로 「감옥령시행규칙」을 개정하며 주식의 분량이 계속 줄자 사망자가 격증하였다. 이러한 상황에서 사법 당국은 사망하기 직전에 형집행정지로 내보내거나 사식 차입을 허용하는 방식으로 문제를 해결하고자 하였다.[75]

를 표한다.

74 「報國隊を見る」, 『治刑』, 1944. 4, 24~25쪽.
75 1944년 5월 경성형무소에 법무국 총무과장과 형무소장, 검사 및 판사 등이 모

1944년 당시 서대문형무소 작업과에서 근무한 엄용신(嚴溶信)은 목격한 참상을 다음과 같이 기록하였다.

> 작업 종목은 군수품 생산, 군용 비행장 건설, 채광 작업 등이 있는데 주로 외박 작업(장기 외역 작업-저자)으로 불철주야 교대로 작업에 종사시켰다. 혹사를 당하다 보니 도주 사고도 빈번히 일어났고, 이에 대한 보완책으로 수형자 중에서 경비원을 뽑아 간수의 근무를 보조하게 하였다. 게다가 형무소의 식량부족 상태가 극심하여 1944년부터는 수형자 급식의 핵이라고 할 수 있는 콩의 급식을 중단하고 소금만을 급식하니 영양실조로 사망자가 속출하였다.[76]

따라서 전쟁 말기로 갈수록 도주와 함께 사망률이 높아졌다. 참고로 당시 전체 수형자 사망 통계를 보면, 외역 작업이 본격 진행된 1943년에 사망자가 2,121명으로 1942년의 275명, 1941년의 197명에 비해 약 10배로 늘어났다. 통계로 볼 때 1930년대에 매년 100여 명대이던 사망자는 1942년부터 차츰 늘어나기 시작하여 1943년에 급증하였고, 특히 같은 해 11월에는 갑자기 551명까지 사망자가 나왔다.[77] 주된 사망 원인인 영양실조와 과로 외에도 주거환경이 더욱 부실한 임시 숙사에서의 단체 생활이 이어지면서

여 개최된 좌담회 내용 참조. 「檢察·裁判·行刑」, 『治刑』 22-5, 1944.
76 법무부, 『한국교정사』, 401쪽.
77 남조선과도정부 편, 『조선통계연감』, 1948, 323쪽.

상황이 악화된 것으로 보인다. 실례로 낙동보국대의 경우 1943년 11월 기온이 영하로 내려간 가운데 몇십 명이 추위로 쓰러져 그중 일부는 사망으로 이어졌다.

 수치의 증가세로 볼 때 현재 통계가 남아 있지 않은 1944~1945년에는 이보다 더 많은 사망자가 나왔을 것으로 추정된다. 상황이 이렇게 되자 1944년 여름 무렵에는 자유형이 자유의 박탈이 아니라 결과적으로 '생명의 박탈(사형)'이 되어버린 상황에 대해 곤혹스러워 하는 형무관들의 목소리가 나왔다. 당시 사망자가 급증하자 치형협회의 기관지 『치형』은 사망자를 ○○○으로 표기하며 표면에 드러내는 것을 기피하였다. 뒤늦게 부식물로 야채류를 보급하거나 보온설비로 다다미를 까는 등의 조치가 강구되었다.

 과거 일제강점하 강제동원진상규명위원회가 실시한 피해조사에 기반한 경북지역 출신 노무자 연구를 보면,[78] 82명의 피해자 사례 중 수형자 사망 사례가 34건 포함되어 있다. 이 가운데 함흥형무소 소속 사례만 28건이고, 흥남 제3보국대 소속이 명기된 사례도 23건에 달한다. 흥남 제3보국대는 함흥형무소의 성인 수형자로 구성되어 일본질소 흥남공장에서 작업하였다. 연령대를 보면 30대와 20대가 가장 많았다. 이들은 모두 1945년 1월 20일~8월 20일 사이에 사망하였고, 특히 5~7월에 집중되었음을 볼 때, 과로와 영양실조, 전염병 등이 원인이었을 것으로 추정된다.

---

[78] 정혜경, 「일제말기 경북지역 출신 강제동원 노무자들의 저항」, 『한일민족문제연구』 25, 105~115쪽.

1944년 당시 경성형무소의 감옥의(監獄醫)는 소화기 계통의 질환이 1943년과 1944년에 급격히 증가하였음을 지적한 바 있다.[79] 호흡기 질환(특히 결핵)이 가을, 겨울에 집중적으로 발병하던 기존의 패턴이 전쟁 말기에 바뀐 것이다. 당시의 자료를 종합해보면 사망 원인으로 추정되는 것은 1. 영양실조 2. 과로 3. 전염병 및 풍토병이 대표적인데, 이 세 가지는 서로 긴밀히 연관되어 있다. 영양실조와 과로가 겹쳐 사망한 경우도 많았지만, 항상적으로 식사량이 부족한 가운데 허기를 달래기 위해 야생 동식물 등을 취하여 전염병에 걸리거나, 해외의 경우 풍토병에도 쉽게 노출되었다.

　광주형무소에서 파견한 여수보국대의 경우 1943년 2월 작업 시작 한 달 이후부터 잡초, 개구리, 쥐 등을 먹고 전염병에 걸려 파견 초기에 20~30명씩 광주형무소로 송치되었고, 말기인 1945년 1월경에는 100여 명이 사경을 헤매며 감옥으로 돌아와 매일같이 사망했다는 증언이 있다. 독립운동가 이규창은 그의 자서전에서 1942년 3월부터 광주형무소에서 간병부 역할을 하던 중, 해방 이전까지 본인이 거둔 시신이 352구였으며, 죽어가는 대원을 "병보석으로 가족에게 넘긴 것(집행정지)만 해도 수백 명이었다"고 회고하였다.[80] 1943년 현재 1,493명이던 광주형무소의 수형자는

---

[79] 片山恭一郎·石原榮治,「當所受刑者の死亡竝に刑執行停止に關する統計的 研究」,『治刑』, 1944. 7, 40쪽.
[80] 이규창,『운명의 餘燼』, 277~282, 305~307쪽. 이규창은 이회영의 아들로, 무정부주의 사회운동으로 경성형무소에서 복역하다가 광주형무소로 이감되었다.

1945년 6월경에 951명으로 줄어 있었다.[81]

1944년경 여수보국대를 시찰한 간수 역시 "모두 상당히 여위고 약해져 있어서 저런 몸으로 어떻게 저런 강도 높은 작업이 가능한지 의문을 느꼈으며, 저렇게 큰 작업장에 보건 기수가 한 명도 없었고, 촉탁의가 한 달에 한 번밖에 오지 않았다"고 지적한 바 있다.[82] 일단 집단 발병했을 경우 전염의 가능성이 있었으므로, 해남도와 같은 전장에서는 전염을 우려한 일본군에 의한 집단 화장되었다는 증언도 있다.

한편 보국대원들의 또 다른 사망 원인으로 도주와 관련된 폭행을 지적하지 않을 수 없다. 전쟁 말기로 갈수록 도주와 관련된 회고는 많으나, 아쉽게도 도주 통계는 남아 있지 않다. 남방파견 보국대의 제7중대장으로 파견되었던 간수장 기누가사 하지메(衣笠一)는 1944년경부터 도주가 급증했다고 기록하였다.[83] 해남도에서 도주 실패로 인해 일본군에 의해 살해된 사례도 많은 증언을 남기고 있는데, 도주 방지를 위한 관리자들의 본보기식 벌주기와 폭력 등은 사망의 또 다른 주요 원인이 되었다.[84]

---

81 남조선과도정부, 「재소인원」, 『조선통계연감』, 902쪽; 『자유신문』, 1947. 2. 3.
82 「報國隊を見る」, 『治刑』, 1944. 4, 23쪽.
83 衣笠一, 『海南島派遣の朝鮮報国隊始末記: 忘れられた殉職刑務官と異境に眠る隊員』, 1997.
84 김승일, 「중국해남도에 강제연행된 한국인 귀환문제 - 조선보국대를 중심으로」, 『한국근현대사연구』 25, 2003, 114~115쪽; 松尾茂, 『私が朝鮮半島でしたこと-架橋農地改良道路建設鐵道工事 1928~1946年』, 草思社, 2002.

1945년 3월 이후 평양의 역포지구에서 학생 동원으로 비행장 활주로 만들기 작업을 했던 재조 일본인 소년은 현장에서 수형자 집단을 목격했다. 총을 든 간수의 감시하에 족쇄를 끌며 일하던 그들은 얼굴과 팔다리가 햇빛에 심하게 그을려 소년이 보기에 이상할 정도로 붉은 상태였다. 7월에 역포 비행장 활주로 준공식이 있던 날 3개월 기한의 동원을 마친 학생들까지 모두 참여하였지만, "그렇게 열심히 일했던" 수형자들의 모습은 보이지 않았다.[85] '빛'이 있는 곳에 이들의 존재는 없었다. 음지에서 기한 없이 일하고, 사망했더라도 그 사실조차 가족이 모르거나 어디에서 무슨 일이 있었는지 모른 채로 지나갔다. 이들의 작업지는 전시 군사상 기밀에 부쳐져 정확한 현장 기록도 찾기 어려운 상태이다.

일제강점하 강제동원진상규명위원회의 피해조사에 따르면, 수형자 가족들은 피해자가 사망하기 이전까지 무슨 일이 있었는지 알 수 없었다. 징용을 갔다고만 여기고 있다가 형무소로부터 사망 통지를 받거나, 1942년 8월경 체포된 사실만을 인지하고 있었는데, 1945년 7월에 평양형무소로부터 유골을 찾아가라는 소식을 듣기도 하였다. 사망 소식에 형무소로 가보니 이미 사망한 지 오래되어 식별이 어려운 경우도 있었다.

일반인 보국대와 달리 수형자들은 원칙적이나마 정해진 동원 기간이라는 것이 없이, 석방되기 이전까지 노무 동원이 지속되었

---

[85] 佐藤知也, 『平壤で過ごした12年の日々』, 光陽出版社, 2009, 52쪽.

다. 수형자들은 사회에서 보이지도 만날 수도 없는 장소에 격리된 신분이기에 어떤 일이 있었는지 밖으로 알려지기 어려웠으므로 더욱 함부로 다루어지는 악순환에서 벗어나지 못하였다. 따라서 사망 이후에도 그 사실이 제대로 알려지지 못한 것으로 추정된다.

수형자 피해조사의 공통점은 형무소에 가게 된 계기가 대부분 징용 회피이거나, 징용 이후 모종의 사정(집단행동이나 반항 등)으로 형무소에 간 경우였다. 당시 징용을 거부한 대가는 매우 무거웠다. 국가총동원법 제4조 및 제6조 위반으로 동법 제35조와 제36조에 의거하여 처벌을 받았다. 즉 국가총동원법 제4조는 '정부는 전시에 국가총동원상 필요할 때는 칙령이 정한 바에 따라 제국신민을 징용하여 총동원 업무에 종사시킬 수 있다'는 내용이며, 제6조 '정부는 전시에 국가총동원상 필요할 때에는 칙령이 정하는 바에 따라 종업자의 사용, 고용 혹은 해고 또는 임금 기타의 노동 조건에 대해 필요한 명령을 할 수 있다'고 되어 있다. 이를 위반한 경우 동 제35조와 제36조에 따라 1년 이하의 징역과 1,000원 이하의 벌금을 물도록 하였다. 정식 재판 없이 약식 명령으로 형 확정과 집행이 가능했다. 이상과 같은 경위로 수형자가 된 사례가 피해 신고의 대부분을 차지하였다.

다만 당시 수형자 신분이 된 사람들의 수감 계기는 보다 폭넓게 이해해야 할 필요가 있다. 일제 말기에 생계를 위한 경제사범이 급증하였고, 당시 수형자 중 절도범은 전체 인원의 60%를 넘어섰다. 전시 물자 통제 이후로 이른바 범죄군은 급격히 증가하였다. 전시 말기에는 절대 다수 범죄인 강·절도 이외에도 암시장에서 생활필수품을 사 모으거나, 물건을 팔지 않는 행위, 전시의 중요사업방해 및 공무집행방해, 국방보안법 및 치안유지법 위반 등이 전부 악질 범죄로 간주되었다. 이들에 대해서는 1944년 3월 이후로 전시 범죄에 대한 특별령이나 특례를 통한 재판절차 간소화 등으로 2심제에 따라, 기존 형량을 무시하고 간단히 사형에서 무기형, 혹은 징역 3년 및 5년 등의 형집행을 할 수 있게 되었다. 단적으로 '생활필수품 매점매석죄'의 경우 5년 이하의 징역이나 1만 원 이하의 벌금에 처할 수 있게 된 것이다.[86]

이와 같은 엄벌화에 따라 일제 말기 늘어난 수형자 집단은 해방 직전 2만여 명이 넘었으며 이들 중 피고인, 여성, 정신적·신체적 질환자, 고령자, 비전향자 등을 제외한 40대 이하의 대부분은 작업대 혹은 보국대로 외역 작업에 동원되었을 가능성이 높다. 추정상 1만여 명을 훌쩍 넘어서는 수치이다. 이 중에는 사상범으로서 전향자도 있고 기소유예자[87]도 있으며, 나이 어린 소년범들도 대다수 포함되었다. 수형자들은 석방되기 전까지 일반 보국대보다 더 오래 고되고 위험한 일에 종사하였지만, 다치거나 사망한 예가 있어도 위원회에 신고한 징용 관계자를 제외하고는 침묵했을 가능성이 있다. 국내 동원은 보상의 대상이 아니었다는 점도

---

[86] 「전시범죄의 철저 방지 경전사법체제 확립」, 『매일신보』, 1944. 2. 16.
[87] 기소유예자, 집행유예자들도 수형자와는 다른 범주로 어김없이 동원되었는데, 이 글에서는 다루지 않았다. 부산의 항만정신대에 대해서는 임송자, 「부산항만을 중심으로 본 일제 말기와 미군정기의 하역노동과 하역노동자」, 『역사학연구』 82, 2021 참조.

있겠으나, 당시의 신분(수형자)과 수감에 이르게 된 경위를 알리고 싶지 않다는 생각으로 신고를 꺼려 더욱 알려지지 못했을 것이다.

요컨대 해당 시기 수형자 집단은 평범한 일반인과는 다른, 특수한 유형의 범죄자들이 아니라, 일반인과의 경계가 매우 모호한 집단일 수 있다. 징용 기피나 탈출로 수형자가 되거나 생계를 위한 물품 절도나 은닉 등의 이유로 소년수가 되어버린 아이들이 다수 포함되어 있다. 그렇지만 전시 상황에서 이들 집단이 특수한 목적으로 분류 동원될 때는, 생명이 박탈되는 상황이 생겨도 그 책임을 묻지 않았고, 단지 '죄값을 치러야 마땅한 집단'으로 인식되기도 한다. 이러한 복합적인 인식의 틀에 갇혀 적당히 감추거나, 무감하게 외면해 온 역사가 그동안 형무소 보국대가 드러나지 못한 사정과 연결되어 있다.

아직도 이들의 정확한 규모는 물론 얼마나 살아남아 언제, 어떻게 돌아왔는지에 대해서는 극히 일부를 제외하고 분명하지 않다. 본서에서 거론된 보국대 이상의 다양한 동원이 있었을 것이다.

6장

8·15 전후의 감옥
- 회고 기록을 중심으로

1945년 8월 15일 천황이 특별 방송을 한다는 것은 예고되어 알려져 있었지만, 막상 방송을 듣고 그 의미를 파악하기까지는 시간이 걸렸다. 재조일본인들조차 방송을 듣고나서 "(전쟁이) 끝났다는 것은 알겠는데, 졌다는 이야기인가?"라며 수군거렸고, 심지어 '대소선전포고'였다고 오해하는 경우도 있었다. 심한 잡음 속에 들린 천황의 방송 내용은 언제나처럼 어렵고 애매한 표현으로 이루어져, 그 말이 과연 '항복'을 의미하는 것인지 알기 어려웠다.

형무소에서 사실을 파악하기까지는 시간이 더 오래 걸렸다. 서대문형무소에서도 8월 15일 전 직원이 모여 라디오를 들었는데, "잡음이 많아 내용은 잘 듣기 어려웠으나 종전이 되었다고 일단 이해[1]했다"는 것이다. 소록도와 같은 오지에서는 8월 초의 대폭풍우로 인해 전신전화가 고장, 라디오도 작동이 되지 않아 15일에 방송한다는 사실조차 알지 못했다. 17일에야 '해방'을 알게 되었다.[2]

사전에 건국준비위와의 협의로 석방 계획이 전달되어 있었지만, 형무소 측은 준비를 이유로 16일부터 가석방을 실시하였다. 사상범과 경제사범은 8월 16일에 가장 우선적으로 해방되었다. 건국준비위원장 안재홍에 따르면 8월 15~16일간 석방된 경향 각

---

1 敎誨百年編纂委員會, 『敎誨百年』(下)(이하 『교회백년』으로 표기), 本願寺, 1973, 348쪽.
2 『교회백년』, 354~355쪽.

지의 기결·미결 정치범은 총 1,100명이었다.[3] 사상범-징용령 관계자-경제범-형기 3분의 1이 지난 수형자의 순으로 석방되었다. 일본인 직원들은 조선인 직원에게 실권을 넘기고 도주하거나 대기하였고, 사상범들이 오히려 일본인 관리에게 "가능한 한 돌봐줄 테니 걱정말라"고 안심을 시키는 경우도 있었다. 권력의 전복이 명료하게 드러나는 대목이다.

　이와 같은 전개가 한반도 전역에서 동일하게 나타난 것은 아니었다. '해방'이 찾아온 날짜도 다르고, 석방이 이루어진 상황 또한 지역에 따라 상이했다. 일부 형무소에서는 8월 15일 이전에 수형자들이 석방되었다. 소련은 38도선 이남 지역과는 달리 8·15 직후 각지에서 결성된 조선인의 지방인민위원회 및 공산당의 활동을 인정하고 일본인들의 이동을 기본적으로 금지하는 한편, 식민지 시절의 권력자들을 연행하여 조사하고 억류하는 입장을 취하였다. 이와 같은 상황에서 사상범들과 형무관들의 기존 권력 관계는 정확히 역전되는 상황을 맞이하였고, 대부분의 경우 연행된 자들은 1945년 말 혹은 1946년 여름까지 수용되었다.

　전국적으로 8월 16~17일에 걸쳐 대대적인 출옥이 이어졌다. 행형 당국은 가석방이라는 이름으로 방면하였지만, 조선의 민중들은 일본이 패전은 곧 식민지로부터의 해방인 동시에 석방이라고 생각하였다. 따라서 8월 16일 이후로 격렬한 집단 탈출과 폭동

3　『매일신보』, 1945. 8. 17.

이 이어졌고 상호 대치 끝에 희생자가 나오기도 했다. 지역별 정세와 형무소의 성격 및 수감자 종류에 따라 차이가 있었다.

법무부는 해방되기 직전에 20,900명이었던 수형자 수가 해방 직후에는 2,600명에 불과하였다고 기록하였다.[4] 그런데 해방 당시 각 형무소별 수용 인원에 대한 정보는 상당한 차이가 있고, 통상의 『총독부통계연보』에서 제시한 1943년도 수치와도 크게 다르다. 『통계연보』에 없는 1944~1945년간에 전 조선의 총 재감인원은 물론 형무소별 수용인원의 변동폭이 컸다고 볼 수 있다. 전시체제하에 추가된 각종 통제법령에 의해 재소자가 늘었을뿐더러 급박하게 지어지는 군시설 공사와 군수공장 작업 및 채광작업 등에 수형자들이 동원되면서 폭넓은 이동이 일어났던 것이다. 이를 파악하기 위해서는 전후에 발표된 관리자들의 기록을 동원하여 재구성할 필요가 있다.

8·15 전후의 총독부 공식 문서나 일본 내각의 방침에 대해서는 그 내용이 명확하게 확인되지 않은 채 추측만 무성하였다. 함흥형무소 원산지소에서 간수장으로 근무하던 권영준(權寧峻)은 회고에서 8월 이후 매일같이 전국의 형무소에 비밀전보를 보내, 가격통제령 위반자와 치안유지법 위반자를 잡범과 분리 수감하고 이들의 신분장을 정리하라고 지시하였으며, 15일 저녁에 사상범의 출소 준비를 독촉하는 마지막 공문을 보냈다고 한다.[5] 대부분의 회고

---

[4] 법무부, 『한국교정사』, 1987, 427쪽.
[5] 권영준, 「형정반세기」, 『중앙일보』, 1971. 9. 30.

기록에서 보듯이 패전 이후 형무소장 이하 간부진은 총독부의 지시에 따라 문서를 소각하고 나서 소련과 미국의 접수를 기다렸다.

본서에서는 해방 전후의 상황을 회고한 당시의 형무관들과 총독부 관계자, 수형자, 신문 기록, 미군 측 자료 등을 종합하여 8·15 전후의 전국적인 상황을 확인하고 소련과 미국이 접수한 각각의 사례를 구분하여 정리하고자 한다. 아울러 해방 당시의 일본인 형무관들이 귀환하는 과정을 추적하기로 한다. 수많은 조선인을 구금 관리하는 일에 종사했던 대부분의 형무관들은 일본의 패전 이후 신변에 불안을 느낄 수밖에 없었다. 따라서 일찍이 도주하는 경우도 있었고, 군정에 형무소를 인계한 이후 기소되거나 조사를 받게 된 경우도 많았다. 그러나 형무관들의 패전 이후 상황에 대해서는 거의 알려진 바가 없는 형편이다.[6] 이들의 해방 이후를 알려진 사실에 기초하여 재구성해보기로 한다.

당시 형무소장이나 간수 및 간수장 직에 있던 관리자들의 기록은 일본의 교정 관계 잡지에 실린 기록이나 회고록을 주로 참고하였다. 당시 형무관 중 가장 많은 기록을 남긴 사람은 모리 도쿠지로(森德次郎)이다. 모리는 형무관 중에서도 다소 특이한 경력을 가진 인물이다. 1883년생 시즈오카 출신으로 시즈오카재판소 서

---

6 당시 일본인들의 귀환에 대한 전반적인 연구는 이연식에 의해 이루어진 바 있다(『조선을 떠나며』, 역사비평사, 2012). 이 밖에 사상검사 등의 해방 전후 사정에 대해서는 水野直樹, 「思想檢事たちの「戰中」と「戰後」-植民地支配と思想檢事」, 『日本の朝鮮·臺灣支配と植民地官僚』, 思文閣出版, 2009; 오기노 후지오, 『일제강점기 치안유지법·운용의 역사』, 역사공간, 2022, 457~477쪽 참조.

기로 일하다가 27세에 만세(萬歲)생명보험 회사원의 신분으로 몽골로 가던 도중 조선으로 행선지를 변경하였다. 1909년 10월에 경성지방재판소 서기로 조선에서의 생활을 시작하였다. 1913년에는 총독부 속관으로서 사법부 감리과 및 감옥과의 사무를 담당하였다. 당시 총독부 사법부 장관이었던 고쿠부 산가이(國分三亥) 산하에서 감옥과 서무주임으로 일하면서 일본의 형무소를 고루 견학하였고, 해방될 때까지 식민지 초창기 멤버로 형무관계 사무에 깊숙이 관여한 바 있다. 1910년대 후반기에는 조선의 태형을 둘러싼 논쟁에서 태형 유지를 주장하며 1920년 이래 조선에 들어온 신참 형무관 및 사법관들과 대립각을 세우기도 하였다. 1930년 이후로는 목포·대구·경성형무소장을 역임하였다.

귀국 이후 모리는 조선에 있던 시절 전반을 회고하는 기록 외에도 8·15 이후 전국의 형무소 사정을 형무관들의 회고 기록을 모아 정리하였다. 이 글은 패전 시까지 전옥으로 근무한 모리의 기록과 아울러 간수장, 간수, 교회사 등의 기록을 중심으로 전국의 형무소 사정을 정리하고 근거를 보강하였다. 교회사들의 기록은 『교회백년』에서 가져왔다. 기타 당시의 신문 기록(『매일신보』, 『자유신문』) 등을 참조하였다.

당시의 회고록을 보면 기록 주체에 따라 상황을 보는 시선의 차이가 확연히 드러난다. 일본인 관리자들은 해방 이후 그들이 조직이나 집단으로서 겪은 수난에 초점을 맞춘 반면, 조선인 관리자들은 일본인 관리자들의 행동에 대해 거리를 두며 비판적으로 묘사하는 글을 남겼다. 수감자들은 해방 전후의 경험을 그들의 입장에서 개별적으로 기억하였다. 이 글에서는 각 형무소의 간단한 연혁과 더불어 8월 15일까지 전국 곳곳에 흩어져 동원되었던 형무작업장의 상황과 수형자 방면에 이르는 과정을 가능한 한 자세히 살펴보고자 한다. 동원된 수형자들의 해방 이후 상황에 대해서는 알려진 바 없기 때문이다.

1. 일본의 패전과 식민지 감옥 해체

1945년 8월 15일 일본의 항복 전후 상황은 38선 이남과 이북(이후 편의상 남한과 북한으로 표기)으로 나누어 살펴볼 필요가 있다. 미국과 소련군이 남과 북에 각각 상륙, 진주하면서 상이한 국면이 만들어졌기 때문이다. 형무소 관리자들은 매우 다른 상황에서 수형자들을 석방하였다. 출옥한 정치범이 인민위원회 등에서 갖는 영향력의 정도에 따라 일본인 형무관들의 운명 또한 엇갈렸다. 이 같은 차이에 주목하면서 각 감옥의 특징 및 수형자들의 석방 상황을 가장 먼저 해방을 맞이한 북쪽에서부터 살펴보기로 한다.

북한 지역의 경우

북한 지역은 15일 이전에 이미 일본의 패망을 직감할 수 있었다. 소련군의 공습과 군함 입항이 이미 8월 12일에 있었기 때문이다. 청진형무소의 수형자들은 형무관 및 그 가족들과 함께 나진까지 피난을 하는 독특한 경험을 한 바 있다. 청진을 필두로 소련군이 상륙한 상태에서 해방이 이루어진 만큼, 북한에서는 형무소 권력의 이양이 남한 지역과는 사뭇 다른 형태로 이어졌다. 남한의 형리들이 비교적 평화롭게 권력을 이양하고 귀국한 데 반하여 소련의 권력 하에 있던 북한 지역, 특히 청진과 함흥, 신의주, 해주 등지에서는 형리들의 긴박한 도주나 체포, 상호 폭행이 이어졌다.

① 청진형무소(함경북도 청진부 축정 1번지)

청진형무소는 1909년 10월 21일 통감부령 제31호에 의해 함흥감옥 청진분감으로 출발하였다. 1910년 7월에 신축 이전하였고 1920년 3월에 본감으로 승격되었다.

청진감옥은 사상범이 폭증하는 1931년 이래 증축을 계획하였다. 이 문제는 당시 신문자료에도 나타난다. 1931년 『동아일보』는 청진감옥에 재감자가 늘어 "건평 85평에 500명이나 수용되어 고생에 고생을 거듭하던 중 총독부로부터 증축 인가가 되어, 건평 100평에 감방은 50방이나 증가한다"는 소식을 전했다(1931.7.19). 그런데 이 50개의 방은 독방으로 구상되었다.[7] 그만큼 사상범 수용이 많았던 것이다.

---

[7] 『동아일보』, 1931.7.19; 「청진감옥 증축, 독방 50늘여」, 『동아일보』, 1931.8.5.

자료 6-1 청진형무소
출전: 『朝鮮の行刑制度』, 1938.

 이렇듯 사상범 형무소로 유명했던 청진형무소는 1945년 8월 15일 이전에 직원과 수형자가 동시에 형무소를 비우고 퇴각한 유일한 사례이다. 소련군이 청진항을 통하여 상륙하면서 형무소 시설이 일부 파괴된 청진형무소의 경우는 상세한 회고록이 남아 있으므로, 그 과정을 소개한다. 모리 도쿠지로(森德次郎) 이외에도 당시의 간수 헤구리 소이치(平郡宗市),[8] 조선인 형무관이었던 류청렬(柳淸烈)[9]의 기록이 있다.

 청진에서는 1945년 4월에 미국 B29기의 정찰비행이 목격되었

---

8 平郡宗市, 「終戰當時の思い出」, 『矯正廣島』 6-4, 1962, 64~65쪽. 헤구리(平郡)는 이 글을 쓴 1962년에 일본 쓰야마 구치지소장(津山拘置支所長)이었다.
9 류청렬, 「청진형무소 멸망기」, 『일제하 옥중회고록 5』, 정음사, 1970.

으며, 6월이 되자 야간공습이나 해상 기뢰 투하가 있었다. 이는 대륙에서 일본으로 물자를 수송하던 청진항의 봉쇄를 목표로 한 공습이었다. 이로써 청진항 주변과 화물선 및 어선은 공습의 목표물이 되었다.

이후 8월 9일 오전에 소련군이 공격을 개시하며 폭격이 이루어졌다.[10] 소련군의 공군과 해군에 의해 우선 공격을 받는 가운데 당국자들은 11일 오후에 나진 함락이 임박한 것으로 판단하였다. 이에 따라 법원과 검사국 및 경찰은 당일 밤에 가족을 남선지방으로 피난시킬 것을 오후 3시 긴급회의를 통해 결정하였다.[11] 형무관들은 오후 3시경 긴급회의를 통해 소련군이 13일 상륙할 경우 서북방의 산중으로 전 수용자를 데리고 유도 피난하기로 하였다. 직원들은 휴대용 식량과 방면력(放免歷) 장부, 신분장부 등 '비상지출 물건'을 마대에 넣고 피난 준비를 하였다. 8월 13일 새벽에 소련군 함대가 공격을 시작하였다. 이후로 이어진 전투는 당시 한반도 안에서 이루어진 전투 중 가장 규모가 컸던 것으로 평가된다.[12]

이날로 형무소장 다부치 후사키치(田淵房吉)는 수형자 긴급대피를 명하였다. 청진형무소 산하의 보국대 및 작업대의 작업은 8월 13일에 일제히 중단되었고 일부는 즉시 귀환하였으나 피난

---

10 8월 9일과 10일에 N. 레메스코 공군 중장이 지휘하는 소련 태평양함대 소속 공군은 웅기, 나진, 청진 소재 일본 해군기지에 폭격을 가했다. 기광서, 『북한 국가의 형성과 소련』, 선인, 2018, 114쪽.
11 平郡宗市, 1962, 64~66쪽.
12 기광서, 2018, 114~115쪽.

도중에 방면하는 사례도 있었다. 식민지 조선의 형무소 중 가장 먼저 '해방'이 이루어진 것이다. 청진에서는 '낙하하는 폭탄과 비산(飛散)하는 파편 조각, 귀청을 찢는 듯한 음향과 (중략) 지명(地鳴)으로 비명과 절규 속의 아비규환'을 경험하였다. 형무소 앞에는 무장한 직원과 지원 나온 일본군이 철모에 방독면을 쓰고 총검을 쥔 채 대비하는 한편 현관에는 직원의 가족들이 초조와 불안한 표정으로 서성이는 분위기였다. 반면 재소자들은 제각기의 판단 아래 선후책을 궁리하면서 관리의 명령을 기다리고 있었다. 소장은 총독부에 문의하고 형무관의 응원을 요청하였으나, 우편국이 이미 화염에 휩싸여 수신기의 기능이 마비되어 응답을 받지 못하였다.[13] 이 상태에서 긴급 대피 명령이 내려졌다.

당시 외역 작업을 나갔던 보국대 및 작업대 수형자들 중 일부는 형무소로 귀환하였다. 청진의 고말(高抹)반도에서 조선작업을 하던 조선소 수형자 50여 명과 벌목작업 중이던 30여 명이었다. 그러나 청진형무소에서 15km 떨어진 일본질소 청진제철소에서는 총알과 파편이 쏟아지는 해안을 달려 목숨을 보전할 수밖에 없었다. 류청렬은 이들의 총수를 400명으로 보았는데, 도중에 흩어져 일부 인원이 형무소로 돌아간 것으로 판단된다. 경성(鏡城)에서 일시 대피 중이던 작업대 30명과 5명의 직원은 그 다음 날인 13일 아침 피난 중에 방면하였다. 작업대 소속 수형자들에게는 다음과

---

13 류청렬, 1970, 315~316쪽.

같은 증서를 주고, 24시간 안에 출두하지 않으면 도주죄가 성립된다는 것을 알려 방면하였다.[14]

증(証)

징역 ○년 씨명 연령

우(右)는 청진형무소 작업장에서 복역 중 소련군의 공격을 받아 경성읍에 대피하였으나, 긴박한 사태로 인해 본일 오전 11시 해방하였다.

24시간 내로 가장 가까운 경찰서 혹은 함흥형무소에 출두하여 이 증서를 제출할 것.

소화 20년(1945) 8월 13일

청진형무소 제철작업장 장(長)

보국대 및 작업대와는 달리 청진형무소에 있던 수형자들은 8월 13일 형무소를 나와 대피하였다. 재소자들은 청사 앞에 모여 150명씩 소대를 편성하고 부장 1명, 간수 2~3명, 경비원 및 정신대원 2~3명이 배치되었다.[15] 중병 환자와 보행 불능자 등을 남기

---

14 平郡宗市, 1962, 67쪽.
15 류청렬, 1970, 316쪽.

고 직원 가족까지 합류한 대열이었다. 일제 지배하의 청진형무소는 이렇게 종언을 고하였다.

> 헤아릴 수 없는 비밀과 비극을 베일 속에 파묻은 채, 형무소는 건물만 휑뎅그렁하게 남아서 떠나는 우리를 전송하였다. 조석으로 아우성치며 떠들썩하던 그 형무소, 아무것도 알지 못하는 왜놈들이 되지 못하게 덤벙거리고 잘난 체하던 아니꼽고 더럽던 그 형무소, 놈들의 유형무형의 폭행 아래 우리 동포 직원들이 항상 억눌려서 어리숙하게 지천꾸러기 노릇을 하던 그 형무소, 더군다나 우리 조선을 왜적의 쇠사슬로부터 해방·독립시키려고 피로 싸우던 용감한 혁명가들이 수없이 희생되고 그 정의로운 사람들이 죄없는 죄인으로서 애매한 고초를 겪던 그 형무소가 아니었던가.[16]

형무소장 다부치는 첫 대피 지점을 나남에 있는 사단 주둔지로 잡았다. 최종 목적지인 함흥형무소까지 수형자들을 데려갈 예정이었으나, 나남에서 열차 탑승을 거절당하자 13일 오전 11시경 전원 석방을 결정하였다고 한다.[17] 류청렬의 회고에 따르면 나남으로 가는 야간 행군 중에 이미 '계호'란 불가능한 상태였다. "암흑 천지에 (중략) 재소자인지 직원인지는 말할 것도 없고 남녀 분간도 못 할 지경이었다"는 것이다. 이에 소장은 두려움에 떠는 목

---

16 류청렬, 1970, 318쪽.
17 森德次郎, 「朝鮮總督府刑務所終焉の記(1) – 淸津刑務所」, 『刑政』 82-5, 1971. 4, 30쪽.

소리로 주변에서 (그의-저자) 고함이 들리는 자들만을 모아놓고 각자 힘을 다해 14일 낮 12시까지 나남소학교에 집합하도록 지시하였다. 이렇게 하여 다음 날 모인 인원이 700여 명이었다.[18] 류청렬이 형무소 앞에서 피난을 떠난 대열을 1,700명이었다고 밝혔는데, 그 절반도 되지 않는 인원이었다.

이 시점에서 최종 방면이 이루어졌다. 해방인 동시에 각자도생이었다. 관리자들은 재소자들을 방면하고 함흥형무소로 대피하여 8월 15일을 맞이하였다. 재소자들에게는 각자 고향으로 돌아가 3일 안에 가장 가까운 경찰서에 신고하도록 지시하였다.

② 함흥형무소(함흥군 북주동면 운흥리)

함흥형무소의 시초는 광무2년(1898) 「감옥세칙」 발표 이후 함남경찰관서 일부를 감옥으로 사용한 시기로 본다.[19] 1908년 4월 함흥감옥이 설치되고 스와 젠타로(諏訪善太郎)가 전옥으로 취임, 함흥경찰서에서 재감인을 인계받아 감옥 사무를 개시하였다. 같은 해 11월 함북 경성(鏡城)과 원산에 분감이 설치되어 함흥감옥 소속이 되었다. 1909년에 「통감부 감옥관제」가 공포된 후 청진분감을 관할하고 종래의 경성 분감은 청진분감 출장소가 되었다.

함흥 서부에 위치해 있다가 1915년 함흥군 북주동면(北州東面)

---

18 류청렬, 1970, 321~324쪽.
19 형무협회, 『朝鮮臺灣刑務所沿革史』, 연도불명(이하 『朝鮮臺灣刑務所沿革史』로 표기).

운흥리(雲興里)를 새로운 터로 하여 신설공사에 착수하여 1918년 말에 수용하게 되었다. 1919년 9월 15일에 신축 청사에서 사무를 보았다. 부지는 서북 방향의 산과 남동으로는 북선가도에 접해 있어 교통이 편리하며, 부근에 보병 제74연대가 있어 위치로서는 적당하다는 평가를 받아왔다.

토지 건물에 관한 사항을 보면, 1933년 현재 14,483평의 부지에 구내는 5,625평이었다. 구외(構外)의 8,858평은 주로 벽돌공장 등으로 사용된다. 기타 관사 부지는 2,078평, 경전지가 21,494평이었다. 1933년 4월에 『동아일보』는 증축할 수밖에 없었던 이유를 다음과 같이 전하였다.[20]

> 함흥형무소에서는 앞으로 5만여 원의 비용을 들여 감방을 증축하기로 하였다는데, 현재 수감되어 있는 죄수는 1,100여 명으로 5년 전 500여 명에 비하야 배가 되었고 당시에 3평에 8인씩 수용하든 것인데 현재는 15명이란 다수를 수용하지 않고는 안 될 경우이므로 그와 같이 수다(數多)한 수인 중에도 사상범이 제일 많다고 한다.

형무소 측은 피고인의 경우 1933년 현재 422명 중 348명이 치안유지법과 보안법 위반자로 약 80%에 달한다고 보고하였다. 사상범과 일반범의 격리가 불가능하여 함흥형무소는 조선 내 위험

---

20 『동아일보』, 1933. 4. 1.

자료 6-2 함흥형무소 청사
출전: 刑務協會, 『朝鮮臺灣刑務所沿革史』, 연도불명.

사상의 발상지가 되었다는 것이다. 결국 1934년 구치감을 확장하였다.[21]

함흥형무소의 8·15 상황에 관해서는 관리자와 수형자 양 측의 회고가 있어 보다 입체적으로 알 수 있다. 형무관이나 교회사들의 회고는 일본의 패전에서 귀환에 이르는 과정에 초점을 맞추었고,[22] 수형자들의 움직임은 이곳에서 미결수 생활을 하던 국어학자 최현배와 이희승의 회고로 일부 알려져 있다.

패전 직전 함흥형무소의 수용인원은 개소 이래 최다수로, 인근 흥남 소재 공장에 많은 수형자들을 동원하였다. 따라서 1945년

---

21 법무부, 『한국교정사』, 1987, 323쪽.
22 森德次郎, 「朝鮮總督府刑務所終焉の記(2) – 咸興刑務所」, 『刑政』, 1971.9; 『교회백년』.

함흥형무소의 재소자 수는 2,500명이 넘었다. 본소의 당초 인원 1,300명 이외에 흥남보국대 1,200명이 합쳐진 수이다. 태평양전쟁 발발 이전인 1941년 6월에 재소 인원 774명, 1942년 7월에 820명이었음을 고려해볼 때 대폭 증가했음을 알 수 있다.[23] 1943년 이후 흥남 제1보국대는 인천에서, 제2보국대는 김천에서 도착한 소년수로 채워졌고, 제3보국대는 함흥형무소의 성인 수형자였다(제5장 참조). 흥남 제3보국대는 전시 노무동원 중 사망자가 가장 많이 신고된 곳이기도 했다.

함흥형무소에서는 8월 9일 이후 공습경보 속에 소련기를 목격할 수 있었다. 8월 16일 총독부의 지시에 따라 가석방과 집행정지가 이루어졌다. 이희승은 8월 15일 당일의 기억을 다음과 같이 전한다.

오후가 되자 형무소 의무실에 근무하던 한국인 의무관이 감방으로 달려왔다. 일본이 항복했으니 만세를 부르자는 것이었다. 저녁에는 관리 보조일을 하던 모범수가 에틸 알콜 한 컵을 감방 안으로 들이밀었다. 독립 축배였다.

16일부터는 한국인 간수장이 전옥 대리가 되어 석방 작업을 시작하였다. 이희승 일행은 미결수라는 이유로 16일에 나오지 못

---

23 『治刑』 매월호 통계 참조.

하고, 엄상섭 함흥지방검사에게 출옥명령서를 받아 17일에야 문을 나설 수 있었다. 이들은 함흥 유지들의 자동차를 타고 시내 퍼레이드를 벌였다.[24]

수형자들의 환희 속에 140명을 제외한 전원이 석방되었고, 형무소 인계 준비에 착수하였으나 조선인 간부 직원들은 보복을 두려워하여 대부분 38선 이남 지역으로 도주하였다. 형무소는 8월 21일에 접수되어 소장 이하 간부 직원은 경찰서와 형무소에 구금되었다. 함경남도 인민위원회가 형무소를 접수한 이후 형무소의 문패는 '함흥교화소'로 바뀌었다.[25] 직원들은 관사에 연금되었고 예금통장 및 라디오 등을 압수당하였다.

일본인 교회사들은 8월 20일에 서류 전부를 소각하고 불상을 집으로 가져갔으나, 이후 보안대와 문화위원 5~6인이 와서 개인 소지품 외 문화미술품의 반납을 요청하였다.[26]

---

24 이희승, 『딸깍발이 선비의 일생-일석 이희승 회고록』, 창작과 비평사, 1996, 152~153쪽.
25 함흥형무소에서는 약 200여 명의 사상범 및 항일운동가가 석방되었다고 한다. 8월 16일 송성관, 김재규, 박경득, 문회표, 최호민, 주치욱, 한지복, 주용순, 주계섭, 김호철, 주문정 등의 인물이 석방되어 당일로 가칭 '함경남도 인민위원회 좌익'을 결성하였다. 이들은 함남 각지의 동료들을 규합하여 '함경남도 공산주의자협의회'로 조직을 확대하였다. 이들은 도용호 등의 함경남도 건국준비위원회와 통합하여 함경남도 인민위원회를 구성하였다. 변은진, 「8.15 직후 함흥지역 일본인 귀화단체의 조직과 활동」, 『일본공간』 25, 2019, 111~112쪽.
26 『교회백년』, 340쪽.

③ 신의주형무소

1909년 「통감부 감옥관제」를 시행하면서 신의주에 있던 이사청감옥(1907년 개설)이 평양감옥 신의주분감으로 개편되었고, 평양감옥 의주분감[27]은 신의주분감 의주파출소로 변경되었다. 1915년에 의주파출소가 폐지되고 1920년에 신의주감옥으로 승격되었다. 1922년에 부지 총면적 23,695평(구내 면적 7,219평), 건평 1,824평의 벽돌 건축물을 지어 이전하였다.[28] 형기 10년 미만의 남 수형자와 1년 미만의 여 수형자를 수감하였다. 출옥자들은 이곳의 수인 대우가 특별히 거칠었다고 호소한 바 있다.[29]

패전 이전의 신의주형무소 수용 인원 추정치는 기결수 1,150명에 미결수가 50명으로 약 1,200명이었다.[30] 신의주는 압록강변 목재의 집산지였으므로, 총독부에 의해 영림창이 설치된 곳이었다. 따라서 식림(植林), 벌채, 제재 관련 일이 신의주형무소의 작업으로 이어져, 형무소 내에서 목공으로 각종 군용 상자를 만들거나 피혁공으로 방호구나 군화 제작, 선반공은 총알 탄피 등을 제작하였다. 구외 작업으로는 은곡보국대를 통한 탄탈륨 채광 작업대(500명)와 안주읍에 터널 굴착을 위한 작업에 500명을 동원하였

---

[27] 1905년 러일전쟁 중 의주에 일본헌병대가 설치되면서 감옥 시설을 부설한 것을 인수한 것이다.

[28] 법무부, 1987, 273·329쪽; 『朝鮮臺灣刑務所沿革史』.

[29] 「감옥과 대우개선」, 『동아일보』, 1931.10.21.

[30] 森德次郎, 「朝鮮總督府刑務所終焉の記(3)」, 『刑政』 83-4, 1972.4, 41쪽. 이하 내용은 별도의 표기가 없는 한 같은 글 참조.

자료 6-3 신의주형무소
출전:『朝鮮の行刑制度』, 1938.

다. 종전 당일에도 100여 명은 안주보국대에서 작업 중이었다.

신의주형무소는 패전 이후 형무관들이 가장 많이 "수난을 받은 곳"으로 기록된다. 8월 15일에 방송을 듣고 조선인 직원 60여 명 중 간수장과 간수 일부는 남쪽으로 도주하였다. 일제 치하 관리 경력 때문에 위험하다는 판단을 내린 것이다. 수형자들은 8월 16일에 가석방 형식으로 방면되었는데, 재감자들은 변기로 옥문을 부수고 관사로 돌진하였다. 당시 형무소 밖에서 석방을 기다리던 가족 및 친지들이 구내 폭동자들과 호응하여 창고에서 물자를 꺼내 가거나 탈출을 도왔다. 다만 저녁 무렵이 되자 갈 곳이 없던 재소자 중 일부는 스스로 돌아오거나 보안대에 의해 연행되어 오는 경우도 있었다고 한다.

전시 말기의 형무소 사정은 급여와 위생·의료 면에서 매우 열악한 상황이었다. 모리는 이 같은 사정으로 인해 전쟁 말기에 사망자가 많았던 신의주형무소에서 형무관에 대한 보복이 더 심했다고 해석하였다. 하지만 열악한 급양과 처우로 인한 사망자 급증 문제는 이후로 살펴볼 평양과 해주에서도 큰 문제가 되었다.

④ 평양형무소[평남 평양부 암정(巖町) 1번지]

1908년 4월 11일에 기존의 평양감옥을 이사청감옥과 통합(법부령 제2호)하여 이사청감옥을 본감으로 정하고, 구 평양감옥은 대흥부 출장소가 되었다.[31] 1911년에 징역감과 병감(病監) 및 공장이 준공되면서 대흥부 출장소에 분리수감 중이던 434명 중 263명을 이감하였다. 1911년 3월 말 평양감옥의 총 수감자는 840명이다.

대흥부 출장소는 1918년부터 여감(女監) 전용으로 사용되었다. 이 출장소는 임시로 죄수를 수용하던 한옥 건물로서, 일본의 다다미 4~7조(1조: 약 0.5평) 크기의 감방이 4개뿐인 곳이었다. 1930년대 초반에는 수감자 격증으로 본감 증축 결정을 내린다.[32] 1934년에 공사가 시작되어 감방 96평과 공장 89평 등이 들어간 건물 1동을 증축하였다. 1935년에 완성되어 여수감자들이 이감되고 대흥부 출장소는 폐지되었다.

평양형무소는 종전 시 수용인원이 총 6,230명(이 중 남자 6,000명 여자 230명)에 달하는 대형 감옥이 되어 있었다(1943년 수치는

31　법무부, 1987, 328쪽.
32　『매일신보』, 1928.7.8; 『조선신문』, 1931.10.07; 『동아일보』, 1934.4.22.

자료 6-4 **평양형무소 정문**
출전: 『朝鮮刑務所寫眞帖』, 치형협회, 1924.

2,175명). 특히 물가통제령 이후 암거래로 검거된 여성들이 증가하여 복도에까지 과밀 구금되어 있었다고 한다.[33] 평양에는 이미 8월 12일부터 관동군 관계자와 그 가족의 피난이 이어졌으므로 청진, 함흥만큼이나 패전을 예감할 수 있던 지역이었다.

평양 인근 지역의 경우는 무연탄과 철광석 등 지하 광물이 풍부하였고 비행장 건설과 종연방적공장의 작업도 평양형무소에서 담당하였다. 따라서 형무 작업의 규모 면에서 단연 우위를 차지하였다. 모리의 기록에 의하면 형무소 내 공장에만 600명이 동원되었고 동원된 보국대와 구외 작업 인원도 2,700명에 달하였는데,

---

33 森德次郎, 「朝鮮總督府刑務所終焉の記(4)」, 『刑政』 83-11, 1972.11. 이하 내용은 별도의 표기 없는 한 같은 글 참조.

8월 15일까지 작업을 계속하였다. 동원된 인원이 많았던 만큼 해방 이후 가석방 과정에서도 작업상여금이나 영치금의 교부 문제가 민감하게 대두되었다. 8월 28일에 김익진(金翼鎭)을 비롯한 5명의 접수위원이 찾아와 조선인 직원과 재감자, 금품 일체의 승계를 요청하였다.

진남포지소[진남포부 신흥정(新興町) 88번지]는 개성소년형무소의 수형자들을 진남포제련소에 보국대로 보내 관리하고 있었으므로 평소보다 약 2배 많은 수용자를 관리하였다. 본소의 지시에 따라 수용자를 석방한 이후로는 장부 정리와 물건 대조를 마치고 9월 중순에 인민위원회에 인수를 마쳤다.

⑤ 해주형무소[해주부 남욱정(南旭町) 17-1번지]

해주경찰서에 부속되어 있던 해주감옥은 1908년 2월 「한국감옥관제」 발포 이후 7월 16일부터 독자적인 감옥 사무를 보다가,[34] 병합 이후 해주감옥이 되었다. 1915년 4월에 임야와 밭을 구입, 수형자를 사역시키는 직영 공사 끝에 1918년 11월에 대부분 완성을 보게 되었다.[35] 이후 남성과 여성 수형자의 순으로 이전을 마친 것이 1919년 10월이다.

신의주와 마찬가지로 형기 10년 미만의 남수형자와 1년 미만의 여수형자를 수감하였다. 1921년 3월 부령 제42호로 황해도 서

---

34 朝鮮總督府 法務局 行刑課, 『朝鮮の行刑制度』, 1938, 7쪽.
35 『朝鮮臺灣刑務所沿革史』.

자료 6-5 해주형무소
출전: 朝鮮總督府 法務局 行刑課, 『朝鮮の行刑制度』, 1938.

흥군 서흥면에 서흥분감을 설치하였고 1923년에 부령 제72호로 해주형무소가 되었다. 총평수는 23,743평에 건평은 목조 1,090평과 석조 899평이다.

금산포(金山浦)분감은 특이한 설립 배경을 가지고 있다. 인근 은율광산(殷栗鑛山)은 철광량이 풍부한 광산으로 이에 주목한 이는 도미타 기사쿠(富田儀作, 1858~1930)[36]였다. 대한제국 시기에 도

---

[36] 도미타는 인천으로 도항하여 진남포 개항 이후 그 지역적 특수성을 이용하여 자본을 축적한 인물이다. 이가연, 「진남포의 '식민자' 도미타 기사쿠(富田儀作)의 자본축적과 조선인식」, 『지역과 역사』 38, 2016. 4.

항하여 다양한 이권 사업을 전개한 도미타는 이 광산의 개발 모델을 일본 후쿠오카현 오무타의 미이케(三池)탄광[37]에서 찾았다. 즉 은율에 미이케와 같은 광산을 개발하여 수형자 노역으로 값싸게 채광하고자 한 것이다. 도미타는 당국에 청원하여 1918년 금산포 출장소를 만들고 1921년에는 분감으로 만드는 데 성공하였다. 1923년에 명칭 변경으로 금산포지소가 되었다. 이곳의 수형자들은 감옥 작업으로 채광일을 하였고, 은율광산에서 채굴한 철광석은 일본의 야하타제철소와 겸이포제철소에 보낸 바 있다.

해주형무소의 경우 종전 당일의 수용인원이 알려져 있다.[38] 총 900명 중 기결 840명과 미결 60명으로 8·15를 맞이하였다. 당시 작업으로는 해남도보국대에 토목공사 기능자를 25명 파견한 것과 금산포지소의 철광석 굴착작업이나 겸이포보국대 작업 등을 한 것으로 기록된다.

해주형무소와 금산포지소 역시 15일에 작업을 중단하고 16일에 출소가 가까운 자부터 석방하고 흉악범은 남겨달라는 유지들의 요청에 따라 취사 잡역의 명분으로 40~50명을 남기고 전원 석방하였다. 청진형무소에서 피난온 관리자들과 그 가족들이 대거 해주형무소에 투숙하던 중 8월 17일에 소련군 200여 명이 진주하

---

[37] 미이케에는 메이지시기 일본의 장기수를 집단 수용하며 노역을 시킨 집치감(集治監)이 있었다. 아시아태평양전쟁 당시에는 조선인과 중국인들을 이곳의 탄광에 동원하여 노역을 강제하였다.

[38] 森德次郎,「朝鮮總督府刑務所終焉の記(5)」,『刑政』84-8, 1973.8. 이하 별도의 표기 없는 한 이 글 참조.

자료 6-6 금산포의 채광
출전: 朝鮮總督府 法務局 行刑課, 『朝鮮の行刑制度』, 1938.

면서 해주에도 긴장감이 감돌았다. 다만 당시에는 "형무관은 경찰관과는 달리 체포 검속은 하지 않는다"는 말을 근거로 총독부로부터의 다음 명령을 기다리는 분위기였다.

남한 지역의 경우

미군이 진주한 것은 1945년 9월 9일이었다. 총독부 당국은 치안의 공백을 메우면서 무사히 퇴각할 길을 열고자 하였다. 일본의 패전이 알려지자 수형자의 석방 요구가 빗발쳤다. 일본인 관리자는 물론 조선인 관리자들 역시 보복을 두려워하는 가운데 8월

16일 서대문형무소를 필두로 정치·경제범을 석방하기 시작하였다. 정치범들을 환영하는 군중들의 대열이 형무소 앞에 이어져 우리에게 익숙한 환희의 만세 장면이 탄생한 것이다.

① 서대문형무소

서대문형무소에 대해서는 이미 앞에서 자세히 다루었으므로 이 부분에서는 연혁과 기타 분감의 개설 및 변화 흐름만을 확인하기로 한다. 당초 1908년 10월에 신축 준공하여 경성감옥으로 개칭하였다. 기존의 전통 감옥인 전옥서, 즉 종로감옥서는 종로출장소로 개칭하였다(1910년 3월에 종로구치감으로 개칭). 그러나 재감자의 폭증으로 1909년 8월 기존의 태평동 소재 위수감옥(적십자병원 위치) 자리에 서대문출장소를 다시 개설하였다.

1909년 11월에 「통감부 감옥관제」가 공포되면서 이사청감옥과 합병하고 통감부 소속 관서가 된 경성감옥은 인천분감, 춘천분감, 종로구치감, 서대문출장소 그리고 전동(典洞)출장소를 산하에 두었다. 전동출장소는 경성 이사청감옥으로 일본인 미결수의 구금장이던 곳을 활용한 구금장이었다.

1910년 합병 이후에 「조선총독부 감옥관제」가 시행되면서 인천분감, 춘천분감, 영등포분감, 종로구치감, 서대문출장소와 영등포감옥을 분감으로 두고 관할하였으나 1912년에 경성감옥이 신설되면서 서대문감옥으로 이름을 바꾸었다. 동시에 인천분감이 경성감옥 관할이 되었으며, 서대문출장소는 태평동출장소로 개칭하였다. 1923년에는 태평동출장소(2월 폐쇄)와 인천분감(3월 폐지)

및 종로구치감(4월 폐쇄)이 차례로 폐지되었다.[39]

서대문감옥은 미결수 및 10년 이하의 수형자, 미성년 여성을 수용하는 한편 사상범이 수용되었다. 1930년대 이후 사상범의 증가와 관리 문제에 부딪혀 1934년에 대형 구치감을 증설하였으며, 1941년에는 사상범을 대상으로 한 예방구금소를 부설하여 보호교도소라 하였는데, 1943년 10월에 청주지소로 이전하였다.

여운형은 8월 15일 오후 4시에 서대문형무소를 방문하였다. 그러나 형무소 당국이 석방 지시를 바로 이행하지 못하여 16일 오전 9시에 형집행정지 절차를 통하여 석방이 이루어졌다. 이날 이강국, 최용달 그리고 사상범보호관찰소장 나가사키 유조(長崎祐三)와 경성지방법원 백윤화 검사를 대동하고 서대문형무소를 다시 찾은 여운형은 형무소 강당에서 한민족의 광복을 알리며 그간의 노고를 위로하고 경거망동을 삼가할 것을 당부하는 연설을 남겼다.[40]

교회사 기타류(北龍雲韶)는 당시 서대문형무소의 수용인원을 4,000명에 가까운 인원이었다고 회고하였다. 인원이 넘치다보니 분류도 없이 노년과 소년, 단기형에서 무기수까지 섞여 있었고, 외국인 포로도 수십 명 수용하고 있었다. 16일이 되자 구내 광장에 경제사범, 사상범 등으로 수용되었던 자 100명을 집합시켜 우

---

39 西大門刑務所, 『刑務要覽』, 1943, 1~2쪽.
40 정병준, 「몽양 여운형과 서대문형무소」, 『민족해방과 서대문형무소』, 서대문형무소역사관, 211·66쪽.

선 석방수속을 하였다.[41] 질서정연한 석방이었고, 독립문에서 서대문형무소 앞까지 수천 명의 흰옷을 입은 조선인들이 '혁명동지환영'이라는 플래카드와 급조한 태극기를 들고 해방 만세를 부르면서 석방자를 맞이하였다.

그러나 밤이 되자 남아 있는 수형자들 사이에서 폭동의 기미가 시작되어 곧바로 전 형무소로 파급되었다. 밤 11시경 소내 전반에 걸쳐 폭동이 일어났고, 사태를 수습할 새도 없이 사가라 소장은 16일 밤에 형무소 개방을 선언하였다. 사상범과 경제사범을 우선 석방하고 나서 순차적으로 석방하려던 당국은 결국 당초 방침을 포기하고 당장 갈 곳이 없던 누범자 100여 명만을 남기고 전수 석방하게 되었다.[42]

미군은 경성에 진주하자 직원 일동을 교회당에 집결시켜 별도의 명령이 있을 때까지 출근할 것을 명령하고 이를 위반하면 총살에 처한다는 사실을 밝혔다. 아울러 소장을 비롯한 몇 명의 간부를 구치감에 수용하였다.

② 경성형무소(경기 고양 용강면 공덕리)
경성감옥은 1912년 10월에 준공 개청하였다. 12,915평의 부지

---

41 『교회백년』, 348쪽.
42 김용우, 『교정 반세기의 외길 인생』, 국민서관, 1997, 78쪽. 김용우는 김천 출신으로 1943년 7월부터 김천소년형무소 안동지소에서 형리 생활을 시작하여 40년간 근무하였다. 참고한 서적은 정년 퇴직 후 회고록으로 작성되었다.

자료 6-7 경성형무소
출전: 출전: 朝鮮總督府 法務局 行刑課, 『朝鮮の行刑制度』, 1938, 16쪽.

위에 총 공사비 30만 원을 들여 만들었다.[43] 경성감옥이 신설되면서 기존의 경성감옥이 서대문감옥으로 명칭을 변경하였다. 경성감옥에는 무기 및 10년 이상의 형을 받은 남자 장기수를 수용하였다.

종전 당시 경성형무소(서대문구 공덕정 105번지)의 수용 인원은 2,039명으로 본소 1,543명, 농장 496명인데 이 중 불취업자는 192명이었다.[44] 장기수를 집금하는 형무소로서 벽돌공장, 제지,

---

43 『朝鮮臺灣刑務所沿革史』. 1922년 화재 이후 증·개축을 거듭하여 1930년대의 총 평수는 18,715평으로 건평 5,060평의 목조건축물이었다.

44 森德次郎, 「朝鮮總督府少年刑務所終焉の記6」, 『刑政』 85-2, 1974.2, 37쪽. 별도의

인쇄, 도자기 등이 대표적인 작업이었고 1944년부터는 의정부에 60만 평의 농장을 운영하였다.

8월 16일에는 서대문에 이어 경성형무소에도 여운형이 입회한 가운데 정치·경제범 석방이 이루어지자 재소자들은 감격과 흥분의 소용돌이에 휩싸였다.[45] 서대문형무소에서 한꺼번에 많은 사람들이 탈주했다는 보도가 있었고, 실제로 그들이 경성형무소의 울타리를 타고 올라와 탈주를 돕기도 하였다. 조선인 간수가 파옥을 돕기 위해 톱을 감방에 들이거나 창고 및 공장에서 제품을 반출하는 일도 있었다고 한다. 이러한 상황에서 1,223명은 석방되었고 320명이 잔류하였는데, 이후 이들도 결국 가석방하였다. 의정부 농장의 경우도 수형자의 움직임이 있어, 조선인 간수장에게 뒤를 맡기고 일본인 직원과 그 가족들은 철수하였다. 경성형무소는 미군의 형무소 접수 이후 서울형무소가 된 서대문형무소의 마포 분공장이 되었다가 이후 마포형무소로 독립하였다.

③ 대전형무소(충남 대전부 중촌정 1번지)

조선총독부는 감옥 확장 정책의 일환으로 1918년 이래 신생도시 대전에서 감옥 공사를 시작하였다. 1919년 5월 8일 총독부령 제86호로 대전감옥 설치를 고시하고 10월 19일에 개소하였다. 총면적은 34,000평으로 구내 면적 14,000평에 장기수를 수용하는

표기 없는 한 이 글에 근거함.
[45] 김용운, 1997, 80쪽.

공사가 마무리되자, 대구복심법원 관내 각 형무소의 무기 및 형기 10년 이상의 남자 수형자를 구금하고, 미결수도 수용하였다.[46]

장기수 수용을 위해 만들어진 대전형무소는 1930년대에 들어서 사상범 수감자가 늘자 그들을 일반범으로부터 분리하기 위한 정책으로 구치감을 설치하였다. 조선총독부는 1934년에 서대문·함흥·대전형무소에 구치감을 두기로 결정하였다. 전국 각지에서 수감되는 사상범 미결수들을 서울의 서대문형무소, 서울 이남 지역의 대전형무소, 서울 이북 지역의 함흥형무소가 수용하기로 한 것이다. 1938년 11월에 준공하였다.[47]

1928년에서 1938년 11월에 이르는 기간 중 독방 138칸, 잡거방 15칸이 신축되었고, 수용 면적은 62.9% 증가하였다. 사상범 수용을 위한 옥사가 집중적으로 설치되어 수용 기능이 대폭 확장된 것이다. 이에 따라 대전감옥은 1938년 12월 말 시점에는 서대문형무소(2,766명)에 이어 두 번째로 많은 인원(1,250명)을 수용하는 대형 감옥이 되었다.[48]

청주지소는 1908년 11월 20일 법무령 제19호로 청주에 설치하기로 하고 공주감옥 청주분감으로 시작하였다. 처음에는 청주 읍내 중앙에 위치한 진위대(鎭衛隊) 부속 영사(營司)를 청사로 쓰

46　朝鮮總督府 法務局 行刑課, 1938, 4쪽.
47　박경목, 「일제강점기 대전형무소 설치와 확대」, 『한국독립운동사연구』 73, 2021, 226~227쪽; 『동아일보』, 1938. 1. 20.
48　박경목, 2021, 230쪽.

자료 6-8 대전형무소
출전: 『朝鮮臺灣刑務所沿革史』.

는 한편 청주경찰서 내 유치장과 순사 휴게소를 감방으로 썼다. 1909년 7월 청주 탑동의 신규 부지 및 농사용지 합계 약 2,650여 평에 신축하여 1910년 1월 준공·이전하였다.[49]

3·1운동 이후 수용시설 부족으로 1920년에 개축하여 1923년에는 공주형무소 청주지소로 개칭하였다. 1936년 3월에는 대전형무소로 이관되어 대전형무소 청주지소가 되었다. 1938년(추정)에 기존 옥사에 독거감방을 추가로 신축하였고, 1943년 10월에는 서대문형무소 내에 있던 보호교도소를 청주지소로 이전하였다.

대전형무소의 전시 말기 재감인원은 2,872명(기결수 2,400명, 미결수 472명)이었다. 이 가운데 사상범이 240명이었고, 해남도에

---

[49] 『朝鮮臺灣刑務所沿革史』.

보내기 위해 대기시켜놓은 선발 인원도 300명이 있었다고 한다.[50] 전시에는 진천작업대를 결성, 진천면 댐 건설 공사를 위해 150명이 통근 작업에 종사하였다.

8월 15일 소장이 전 수형자를 운동장에 집합시켜 종전을 알리자 몇 명이 돌연 조선 만세를 부르짖었다. 이후 감방으로 돌아간 뒤에는 석방을 요구하는 움직임이 강하게 일어나, 문을 부수고 나오는 일도 있었다. 교무과장이자 교회사인 사이키 히데오(佐長秀雄)는 교회당에 전 수형자를 모이도록 하여 석방에는 시간이 걸리니 그동안 레코드를 들으면서 기분을 가라앉힐 것을 권하며 음악청취로 시간을 벌었다고 전해진다.[51]

16일부터 사상범, 경제범, 형기 3분의 1을 경과한 자부터 석방하였다. 장기수 집금시설이었던 만큼 17일이 되어도 석방되지 못한 인원은 400명에 달하였다. 이들은 초조한 나머지 마침내 탈출을 기도하였고, 이 과정에서 사상자가 3명 나왔다. 담을 넘는 문 앞에는 이미 300여 명의 친지가 모여 있었다.

④ 기타 남한 형무소의 사정

이 밖에 청주, 대구, 목포, 광주, 군산 및 인천 소년형무소에서는 비교적 순조롭게 석방과 권력 이양이 이루어졌다. 일부 관료급을 제외한 대부분의 직원들은 신변에 위협을 느끼는 일 없이 일본

---

50 森德次郎,「朝鮮總督府少年刑務所終焉の記6」,『刑政』85-2, 1974.2, 39쪽.
51 『교회백년』, 350쪽.

으로 돌아갈 수 있었다. 다만 조선인의 보복을 두려워하며 서둘러 일본으로 돌아간 소장이나 간부 직원도 많았다고 한다.[52] 형무소에 남아 잔무를 처리하더라도 조선인 직원에게 소장직을 넘기고 뒤에서 조정하였다. 근처에 일본군 부대가 있는 경우 만약의 경우를 위해 경계를 부탁하였다. 교회사들은 보다 여유롭게 각지의 본원사나 학교 교사 등을 방문하는 일정을 거쳐 10월에 대부분 귀국하였다. 다만 공주형무소에서 교회사를 겸임하던 동본원사 포교소 주임 이오리(庵無涯)의 경우는 해방 이후 1개월간 형무소에 수감되었다가 10월에 귀국한 바 있다.

가. 대구

1908년 7월 16일 감옥 사무를 개시할 당시 인계받은 건축물은 한국식 가옥으로 174명의 수형자가 있었다. 이후 새로 지은 감방 1동을 포함하여 1909년 사법권 위임으로 이사청감옥으로부터 죄수를 인계받았다. 1909년에 신축 공사를 시작하여 1910년 2월 15일 구내 3,099평, 구외 892평, 건물 714평의 감옥을 완성, 4월 17일에 이전하였다. 토지 및 건물은 1939년 현재 토지는 부지 16,302평을 비롯하여 경전지, 벽돌공장, 묘지 등을 포함하여 28,123평이며, 건물은 3,755평이다.

1921년의 태형 폐지 이후 감옥 확장 계획에 의해 김천과 안동

---

[52] 松浦秀雄, 「矯正職 40年의 回想錄」, 서운재 편, 『일제강점기 조선 행형의 이야기』, 북트리, 2020, 87쪽. 당초 자료는 『九州矯正』.

자료 6-9 대구형무소 청사
출전: 朝鮮總督府 法務局 行刑課, 『朝鮮の行刑制度』, 1938.

양 분감을 신설하여 김천은 같은 해 7월 15일, 안동은 7월 18일에 개청식을 열고 사무를 시작하였다.[53] 1924년에 김천지소는 김천소년형무소로 승격되었고, 안동지소 역시 1943년에 김천소년형무소 안동지소로 변경되었다.

교회사들은 대구 부내가 제4사단의 편성기지였으므로 전후 처리가 조용히 이루어졌다고 보았다. 재소자 1,800명 중 치안유지법 관계자가 25~26명, 징용령 관계자가 170~180명으로 16일에 이들을 우선 석방하고, 나머지는 신분장을 점검하여 형기 3분의 1 이상 경과한 자를 대상으로 일괄 가석방하였다.

그러나 주소 불명, 중죄범(존속상해 등) 사형 확정자 등 240~

---

53 大邱刑務所, 『大邱刑務所 要覽』, 1938, 1~4쪽.

260명은 조선인 계호과장에게 인계하여 대구지방법원에서 검사 2명이 출장, 신분장을 점검 후 불기소 처분하고 존속살인 피고만을 남겼다.[54]

직원회 자산 중 5분의 3을 현금으로 주고 잔액을 일본인 직원의 귀국 운임으로 충당하였다. 대구의 경우는 잔무를 조선인 간수장에게 인계한 후 9월 8일에 직원 가족을 일본으로 먼저 보내고,[55] 간부급 직원도 10월 24일에 부산-센자키를 통해 귀국하였다.

나. 광주

1908년 4월 법부령 제2호로 광주감옥을 설치하고 같은 해 12월에 전주 분감, 1909년 10월에 목포분감을 두었다. 1910년 6월에는 통감부령 제24호로 군산분감을 설치하고 같은 해 광주 원촌리(院村里)에 토지를 매수하여 신축, 이전에 착수하였다. 1920년 10월 총독부령 제158호로 전주와 목포의 분감이 본감으로 승격하였다. 군산감옥은 전주감옥의 소관으로 변경되었다. 1923년에 광주형무소가 되었고, 1935년에는 한센병 환자를 수용하는 소록도지소를 산하에 두었다. 총 면적은 102,138평에 건평은 1,863평이다.[56]

해방 이후 수용 중이던 약 40명의 정치범들은 우라모토(浦本智嚴) 교무과장에게 "가능한 한 돌봐줄테니 걱정말라"고 말하였다고

---

54 『교회백년』, 351쪽.

55 森德次郎, 「朝鮮總督府少年刑務所終焉の記」, 『刑政』 87-3, 1976. 3.

56 『朝鮮臺灣刑務所沿革史』.

자료 6-10 광주감옥
출전: 刑務協會, 『朝鮮臺灣刑務所沿革史』, 연도불명.

한다. 석방 과정이 끝날 때까지 평온했다. 교회사들 역시 남부 조선은 비교적 평온하여 신변에 위험을 느끼는 일은 거의 없었다고 회고하였다.

다. 목포

이사청감옥이었던 목포감옥은 1909년 10월 통감부령 제31호로 광주감옥 목포분감이 되었다. 지속적으로 증축하였으나 수용인원 증가 및 도시 발전으로 인해 1914년 11월 목포시 산정동(山亭洞)으로 건물을 신축, 이전하였다.[57] 1920년 10월 27일에 본감으로 승격되었고, 1921년 3월에 목포감옥 제주분감이 설치되었으나, 1924년 12월 15일에 폐지되었다.[58] 1930년경 목포형무소의 규모

---

[57] 목포교도소, 『목포교도소 100년사』, 2009, 100~102쪽.
[58] 『한국교정사』, 338~339쪽.

는 총 평수 43,033평에 건물이 총 11,249평이었다.[59]

패전 직전 수용인원은 약 730명이었다.[60] 해방 이후 목포형무소는 정치범과 경제범 그리고 형기 3분의 1이 지난 수형자를 8월 16일에 방면하였다.[61] 석방 대상 인원은 당시 전 수형자의 60%에 해당되었다. 석방 절차가 끝나는 대로 30명 단위로 강당에 집합시켜 설교 후 석방하였다. 20일까지 전 수형자를 석방하였다. 당시 목포에는 이미 경성에서 방면된 수형자가 내려와 거의 전원 석방에 이르는 경성의 분위기를 전달하였다. 이에 따라 형무소 앞에는 수형자의 가족들이 몰려들어 석방을 요구하며 대기하는 상황이 되었다. 형무관의 입장에서 볼 때 신변의 위험은 없었고 식량의 불안도 없었다. 9월 중순에 미군이 형무소 시설과 무기 등을 접수하였다.

라. 인천소년형무소

당초 인천에는 이사청 건물을 인수하여 설치한 경성감옥 인천분감이 있었다. 이를 운영하던 중 1912년 경성감옥이 서대문감옥으로 개칭되자, 서대문감옥 인천분감이 되었다가 1923년 3월 31일 총독부령 제62호로 폐청하였다.

이후 1930년대 초반 이래 소년수형자가 격증하면서 소년수

---

59 목포교도소, 2009, 102쪽.
60 『자유신문』, 1947. 2. 3.
61 松浦秀雄, 2020, 85~87쪽.

를 위한 형무소가 인천에 설치되었다(1936.7.10. 총독부령 제52호). 1935년에야 인천에 후보지를 선정하고, 서대문형무소가 3개년 계속 사업으로 신축 공사에 수형자를 동원하여 완성시켰다.[62] 토지 건물에 관한 사항을 보면, 부지 총면적 49,613평으로 구내는 12,168평, 구외가 31,672평, 관사부지 5,773평이다.[63]

인천소년형무소는 해방 당일 530명의 수용인원이 있었다고 기록된다. 8월 16일에 총독부는 전보로 금후 연락 지령이 곤란하므로 현지 상황에 따라 소장이 단독으로 결정하라는 연락을 받았다. 이후 회의를 통하여 전원 석방을 결정하였다.[64] 형기 3분의 1을 경과한 자는 가출옥 증서, 그 밖의 경우는 집행정지 지휘서를 만들어 주었다. 석방은 17일에 실시하였는데 이들 중 30명의 사상범은 인천부내의 '사상적 유력자'에게 연락하여 데려가도록 하였다.

미군이 상륙하자 인천소년형무소는 미군이 관할하는 '프리즌(prison)'이 되었다. 11월 13일에 전 직원이 집합한 가운데 조선인 직원과 인계 상황을 논의하고 간부 직원을 불러 비밀문서 소각을 지시하고 2개월분의 봉급을 지불한 사실이 문제가 되어 시말서를 쓰고 봉급을 반납하였다. 조선인 직원과의 사이에 책임 문제가 불

---

[62] 서대문형무소, 1943, 2쪽.
[63] 「인천소년형무소 기지를 결정」, 『매일신보』, 1935.4.28.
[64] 森德次郎, 「朝鮮總督府少年刑務所終焉의 記2」, 『刑政』 86-6, 1975.6, 48쪽. 이하 내용은 이 글의 내용에 따름.

자료 6-11 인천소년형무소
출전: 『낙성기념』, 1938.

거지자 일본인 형무관들은 미군 장교와 직접 교섭하여 '책임 해제'를 의미하는 영문 문서를 받아냈다. 20일 밤 일본인 직원은 미군 간부와 송별회를 열고 귀환을 시작하였다. 11월 20일 일본인 직원과 그 가족들은 인천역에서 화차를 타고 부산에 도착, 센자키 항으로 상륙하여 귀향하였다.

마. 소록도지소

소록도지소는 광주형무소의 지소로 1935년 7월 23일 총독부령 제92호에 의거 한센병 재소자를 수용하는 특수형무소로 만들어졌다. 전남 고흥군 금산면 소록도에 신설하여 같은 해 9월 15일 개소하였다.

1945년 8월 초순부터 폭풍우로 전신전화와 라디오가 고장난 상황에서 15일의 방송 사실조차 알지 못하였다. 당시 소록도에는 나환자를 6,000여 명 수용하는 갱생원이 있어 그 직원이 제대하여 돌아오는 과정에서 가져온 『전라신보』를 통해 17일에야 해방을 알게 되었다.

다음 날 아침 갱생원장은 종전에 대한 훈시를 하였는데, 이후에 300여 명의 조선인 직원이 갱생원 접수를 요구하며 소록신사를 불태우고 만세를 불렀다.

그 와중에 19일에 수형자 70명이 탈옥하여 일반 환자와 함께 조선인 직원을 습격하는 일이 일어났다. 당시 다케시마(竹島) 교회사가 광주의 군부대에 이를 통보하여 일명 '소록도 폭동사건'이 일어났다. 군부대 출동으로 수십 명이 사망하였고 일본인 약 200명이 섬을 떠났다.

2. 일본인 형무관의 귀환(引揚)

서대문형무소

사가라 하루오(相良春雄)는 검사이자 서대문형무소의 마지막 형무소장이었다. 당시 경성형무소장인 와타나베 유타카(渡辺豊), 총독부 법무국장 하야타 후쿠조(早田福藏)[65]와 함께 체포된 바 있다.

이들은 전과기록을 멋대로 파기하고 형무소 자금을 분배, 횡령한 혐의를 받았다.[66] 이후 재판을 통해 사가라는 징역 1년, 모리는 징역 6개월에 집행유예 2년을 선고받았고, 작업과장 아오야나기(靑柳義雄)도 징역 1년 집행유예 2년 선고를 받고 1946년에 일본으로 송환되었다. 사상검사이자 경성보호관찰소 및 함흥보호관찰소 사업에 깊게 관여한 나가사키 유조(長崎祐三) 역시 징역 1년 6개월을 선고받고 1945년 10월에 서대문형무소에 수감되었다가 1947년 2월에 후쿠오카형무소로 이송되어 석방된 바 있다.[67] 당시 총독부 일본인 고관 183명 중 66명은 1946년 5월에, 107명은 6월에 한국인 형무관에 의해 일본 후쿠오카로 이송되었다.[68]

경성형무소

10월 5일에 경성형무소는 미군 임석 하에 접수되었다. 10월 15일까지 사무 인계를 위해 연금 상태로 근무하였다. 의무과장을 제외한 소장, 과장, 주임, 작업관 등의 간부는 서대문형무소에 호송, 구금되었다. 이들은 1946년 3월 5일까지 구금되다가 방면되었고, 소장인 와타나베 유타카(渡辺豊)만이 단독 재판을 받았다.

---

65 하야타 후쿠조는 나가사키현 출신으로 1917년에 동경제국대 법학부를 졸업하고 1918년 대구지방법원 사법관시보로 출발하여 1943년에 조선총독부 법무국장이 되었다. 같은 해 형무관연습소 소장직도 겸임하였다.

66 이들은 '相良春雄외 9인 사건'으로 당시 특별검찰청에서 판결을 받도록 배정되었다. 『자유신문』, 1945.11.17; 『미군정기 자료 주한미군사』 3, 제5장, 국사편찬위원회 한국사데이터베이스.

67 森田芳夫, 『朝鮮終戰の記錄』, 巖南堂書店, 1979, 838쪽.

68 김용운, 1997, 80쪽.

3월 27일 와타나베는 징역 8개월의 실형을 선고받았고 부산형무소를 거쳐 후쿠오카형무소로 이송되어 7월 19일 가출옥으로 출소하였다.[69]

죄명은 공문서 파기와 횡령이었다. 공문서 파기의 내역은 하야타 후쿠조 법무국장의 지시에 따른 110종의 서류 소각 혐의였고, 횡령의 혐의는 수용자용 백미 114가마니를 직원에게 주고, 여러 경비를 유용하여 19만 6,136원을 상여금 명목으로 본인과 직원에게 유용했다는 것이다.

모리는 1945년 11월 9일에 경성지방검사정이었던 모리우라 후지오(森浦藤郎)와 사법구호회 상무이사 모토하시 도요하치(本橋豊八)와 함께 금을 부정 지출한 혐의로 종로보안서에서 취조를 받았다.[70]

교회사(鷹來敎流, 藤原有範, 西香全敎)들은 8월 16일부터 관사에서 쫓겨나 본원사 별원에서 생활하다가 1945년 9월에서 11월 중에 귀국하였다.[71] 반면 해남도로 파견된 교회사 호치(寶池龍慧)는 배를 타고 대만 다카오항으로 이동 중 미군의 공격을 받아 대만에 머물면서 다카오, 타이중형무소 숙사에 머물다가 1945년 9월 15일에

---

69 와타나베 유타카(渡辺豊)는 구마모토현 출신. 1916년 조선총독부 간수가 된 이래 부산형무소(1935), 평양형무소(1937), 경성형무소(1943)의 소장을 역임했다. 47년 7월 출소 이후에는 구마모토의 자택에서 병사하였다. 『직원록』; 森德次郎, 「朝鮮總督府少年刑務所終焉の記6」, 『刑政』 85-2, 1974. 2, 39쪽.

70 「사상검사의 원흉」, 『중앙신문』, 1945. 11. 9.

71 『교회백년』, 347쪽.

요코하마로 돌아왔다.[72]

대전형무소

대전형무소에서 일어난 특이 사례로는 8월 15일 당일로 작업과장이 일본으로 돌아가버린 사건이 있다. 형무소 내 공장에서 만든 직물 제품을 보병 3연대에 전달하려던 작업과장이 패전 소식을 듣고 그날로 남하하여 부산항을 통해 일본으로 귀국하였다는 것이다. 납품하려던 제품을 그대로 가지고 귀국하였으므로, 일명 '300만 엔 사건'이라 불렸다. 소장과 간부를 제외한 일본인 직원은 8월 말에 이미 귀국하였다.

10월 28일에 형무소 접수가 시작되었다. 미 해군 법무대위의 감독 아래 교회당에서 소장 기타지마 도라노스케(北島寅之助)[73] 이하 계호, 교무 양 과장이 각각 취조를 받았다. 작업과장의 납품 횡령 도주 등과 관련하여 소장이 체포되어 1946년 3월에 귀국하였다.[74]

---

[72] 『교회백년』, 356쪽.
[73] 기타지마 도라노스케(北島寅之助): 1921년부터 광주지법 군산지청 서기 및 경성지법 서기를 거쳐 1935년에는 서대문형무소 간수장 및 계호과장이 되었다. 1937년 개성소년형무소 전옥보를 거쳐 1938년 개성소년형무소 전옥, 1939년 전주형무소 전옥, 1940년 해주형무소 전옥, 1943년 광주형무소 전옥을 거쳐 패전 시에는 대전형무소 전옥이었다.
[74] 『교회백년』, 351쪽.

목포형무소

목포형무소장이었던 마쓰우라 히데오(松浦秀雄)는 귀국 이전까지 형무소장 관사에서 그대로 생활하였다. 해방 이후 목포경찰서장과 상석 검사는 연행되어 구류 상태에 있었지만 형무소장은 소장직을 조선인에게 위임하고 아무 일 없이 귀국하였다. 마쓰우라는 11월 30일 부산항을 통해 야마구치현 센자키(仙崎)항에 12월 2일에 도착하였다. 귀국 직전 미군 사령관에게 인사를 하자, "아직도 남아 있었는가?"라는 말을 들었다고 기록하였다. 이후 도쿄 다무라(田村)역 소재의 조선총독부 잔무처리 사무소에 가서 사후보고를 하였다.[75]

청진형무소

앞서 살펴본 바와 같이 청진형무소의 경우 최북단이었음에도 불구하고, 형무소장과 그 가족 및 직원들이 일찍부터 움직이면서 연행이나 억류 없이 일본으로 돌아갔다. 소장 및 교회사의 가족들은 간수 헤구리의 보좌를 받으며 8월 12일에 최우선으로 탈출하였다. 이후 도피 루트는 나진-함흥형무소-평양을 거쳐 해주형무소-개성으로 남하하였고 배편으로 38선을 넘어 경성에 도착 후 일본으로 탈출하였다. 10월 17일경이었다.[76] 나진으로의 피난 도중 일부 형무관들은 대열에서 빠져 도주하기 시작하였다.

---

[75] 松浦秀雄, 2020, 92~99쪽.
[76] 『교회백년』, 342쪽.

다카하시(高橋不夫雄) 간수장은 소장의 지시로 단신 남하하여 총독부에 청진형무소의 전말을 보고하고 다시 북상하여 가족을 만났으나, 소련군에게 포로가 되어 연길 수용소에서 억류 생활을 하다가 연말에 풀려나왔다. 헤구리의 동료 대부분은 일본으로 돌아와 다시 교정 직원으로 근무하였으나,[77] 가와나미(川波寅夫) 서무과장은 형무소에 남아 서류 정리 중 연행되어 시베리아로 이송된 후 사망한 것으로 알려졌다.[78]

함흥형무소

함흥형무소가 인민위원회에 접수된 이후 마쓰다이라 가즈오(松平和夫)[79]와 후루카와 사부로(古川三郎)[80] 신구(新舊) 형무소장과 이토(伊東吾六) 서무과장은 9월 초순에 연행되어 평양 방면의 억류소를 전전하다가 10월 중순에는 흥남보국대가 있던 운중리의 억류소에 보내졌다. 운중리는 일본질소공장이 있던 흥남에서 조선인들이 살던 토막이 많던 곳으로 당시 운중골은 '거지골'이라 불

---

77 平郡宗市, 1962, 69~70쪽.
78 森德次郎, 「朝鮮總督府刑務所終焉の記(1)」, 『刑政』, 1971. 4, 30쪽.
79 마쓰다이라 가즈오(松平和夫)는 나가노현 출신으로 조선에서의 경력은 1915년 원산우체국 직원에서 시작된다. 재판소 서기일을 하던 중 1933년 대전형무소 간수장, 1934년 전주형무소 군산지소장, 1937년 광주형무소 전옥, 1943년 대구형무소장이었다.
80 후루카와 사부로(古川三郎)는 1923년 신의주감옥의 간수장부터 시작하여 1939년 이후로 청진형무소 소장이 되어 청진보호관찰심사회의 위원 일을 병행한 인물이다.

리는 곳이었다.[81]

함흥형무소의 경우에는 이들 간부 외에도 많은 일본인 형무관이 연행, 구금되었다. 11월 초에 교회사, 교사, 약제사를 제외한 본소와 흥남보국대 관계자가 연행되어 함흥형무소의 잡거실에 수용되었다.[82] 가두던 자들이 구금되면서 기존의 권력 관계가 정확히 역전되는 상황이었다.

함흥의 경우 특기할 점은 교회사(교무과장)인 이시우라(石浦義光)[83]도 11월 말 경찰에 연행되어 12월 말에서 1월 12일에 걸쳐 함흥형무소 독방에 구금된 바 있으며, 사법보호단체인 재단법인 박인회(博仁會)도 해방 이후 접수되어 간사이자 함흥형무소의 전 간수장이었던 다카나미(高浪周七)[84]를 만주 연길에 억류하였다. 함흥형무소 형무관을 대상으로 폭넓은 조사와 구금이 있었음을 알 수 있다.

이토(伊東吾六) 서무과장 외 직원들은 운중리 억류소에서 다시 6일에 걸쳐 북상 이동하여 만주 연길현 일본육군병원 자리의 수용시설에 도착하였다. 공복과 추위로 사망자가 나오기 시작하였고, 흥남보국대 소속의 미쓰부치(三淵勘次) 간수장과 나카무라(인

---

81 손정목,「일제하 화학공업도시 흥남에 관한 연구」(하),『한국학보』60, 1990년 가을호, 199쪽 이하 참조.
82 森德次郎,「朝鮮總督府刑務所終焉の記」(2),『刑政』, 1971. 9, 53쪽.
83 真宗大谷派 소속으로 1942년 이래 함흥형무소 교회사로 재직하였다.
84 高浪周七는 1936년~1941년간 함흥형무소의 간수장으로 재직하였다.

천 중대: 인천소년형무소 소속으로 추정) 간수는 이곳에서 병사하였다. 그 외 직원들은 1945년 12월에 방면 조치되었다.[85]

이들의 귀환 경로는 세 가지로 나뉜다. 첫째는 해로를 통해 흥남(서호진)항에서 주문진, 포항을 거쳐 부산으로 남하하는 코스이고, 둘째는 함흥에서 원산까지 기차로, 이후로는 원산항을 이용하여 남하하는 병행 방식이었으며, 셋째는 도보로 38선을 돌파하여 미군 접수 지역으로 가는 코스였다. 경성에서는 본원사(本願寺) 숙소를 거쳐 하카타나 센자키항으로 상륙하였다.

당시 소장이던 마쓰다이라 가즈오와 소장 대기 중이던 후루카와 사부로는 연행되어 시베리아로 후송되었다. 5년 후 후루카와는 만주 후루다오(葫蘆島)[86]를 경유하여 귀국하였으나, 마쓰다이라는 생사불명으로 알려졌다.

원산지소의 교회사 나카지마(中島)는 1946년까지 강제노역에 종사하다가 5월 20일 원산에서 기차로 남하, 도보로 38선을 넘어 군산에서 해로로 하카타에 상륙하였다.[87]

---

[85] 森德次郎, 1971, 53~54쪽.
[86] 중국 요녕성에 위치한 항만도시. 1946년부터 이곳을 출발하여 하카타항을 잇는 선박을 이용하여 귀환이 이루어진 바 있다.
[87] 『교회백년』 342쪽.

신의주형무소

9월 2일 오후 2시경, 일본인 형무관들은 중요 서류와 형무소기를 소각하고 소련군을 맞이하였다. 소련군은 형무소를 접수하고 나서 이시베 다케이치(石部武一)[88] 형무소장과 오하시 다케오(大橋武雄) 교무과장(교회사)를 보안사로 연행하여 갔다. 구속 후 평양형무소로 이감되던 중 형무소장은 9월 15일 사망하였고, 오하시 교무과장은 1946년 9월 말에 '일본정신을 조선 인민에게 불어넣은 죄'로 재판을 받고 징역형을 선고받았으나 집행유예로 석방되었다.[89]

일본인 직원들은 형무소를 인계하고 나오는 길에 이미 도주했던 조선인 직원으로부터 공격을 받았다. 회고록을 쓴 모리는 이러한 조선인 전 직원들의 폭력 행위가 '적개심을 드러내고 갈등 관계를 보이지 않으면 이후의 안위를 보장받을 수 없기 때문에 보여주기식'으로 일어났다고 해석하였다. 아울러 사상범 수형자들이 종전 시까지 수용되다가 형무소 간부가 되었기 때문이라고 추측하였다.

---

[88] 石部武一는 오카야마현 출신으로 1920년 보통시험에 합격한 이후, 경성감옥 간수(1920.9.)로 시작하여 부산감옥 간수장(1921), 신의주형무소(1925), 서대문형무소(1927), 광주형무소(1931), 법무국 행형과 속관(1933), 서대문형무소 전옥보(1935), 형무관연습소 교수(같은 해) 및 법무국 행형과 이사관을 거쳐 인천소년형무소장(1939)에 이어 1944년 2월에 신의주형무소장이자 신의주 보호관찰심의회위원 및 신의주예방 구금위원회 위원직에 있었다.

[89] 森德次郎, 1971, 43~44쪽.

이후 대부분의 직원들은 형무소에 구금되어 평양 삼합리의 포로수용소를 거쳐 다시 만주 연길현으로 이송되었다. 삼합리에서는 육군포로 및 함흥형무소에서 온 관리들과 함께 억류되었다. 1945년 말에 석방 조치로 기차로 평양에 호송되었다가 신의주로 돌아왔다. 1946년 1월 28일이었다. 그러나 6월 10일에 전원 재구금되었다. 이후 재판 결과 2년 징역을 선고받고 복역 중 1946년 12월 25일에 가출옥 형식으로 출소하였다.[90] 이들이 선택한 귀환 경로는 두 가지였다. 일부는 개성을 통하여 미국의 보호 하에 경성을 거쳤고, 일부는 평북 용천군의 용암포에서 선박을 통하여 인천으로 우회하였다. 이후 경성-부산을 거쳐 하타다나 센자키로 귀국하였다.

이들 중에는 구류 중 사망(작업기수)하거나 귀환 후 사망한 자들이 나왔다(간수장 등). 신의주에서는 교회사 하나부사(英昇山)도 체포되어 삼합리 포로수용소를 경유하여 연길로 이송된 바 있다. 하나부사는 1946년 8월 31일 홍남을 거쳐 귀환하였다.

평양형무소

평양은 소련군사령부 소재지였던 만큼 정치력이 막강하여 구

---

90 소련은 1946년 10월 중순경에야 북조선에 있던 일본인의 정식 인양(引揚: 귀환)을 발표했고, 12월 19일 「소련점령지구 인양에 관한 미·소 간 협정」이 체결되어 일본인 귀환의 법적 근거가 마련되었다. 이연식, 「해방 후 한반도 거주 일본인 귀환에 관한 연구」, 서울시립대 박사학위논문, 2009.

속된 일본인도 많았고 탈출하기 어려운 곳이었다. 8월 28일 평양형무소의 접수 이후 형무소장이었던 나가사와 히데오(長澤英雄)[91]는 9월 1일에 연행되어 조사를 받았다. 나가사와에게는 최근 2, 3년간의 사망자 급증과 급여 및 치료를 게을리한 점, 사익 추구, 그의 부임 이후 조선인의 사형집행 건수가 20여 명을 넘은 데 대한 해명이 요구되었다. 이후 9월 13일에는 대동보안서에 연행되어 일본인과 조선인 직원 간의 차별 문제나 일본어 장려 등의 문제도 추가 조사를 받고 70일이 지나 영장이 집행되었다. 다음과 같은 형식이었다.

구속지령서
평양부 산수정(山手町) 5번지 나가사와 히데오
범죄사실: 일본 제국주의 시대의 평양형무소장으로서의 정치 범죄
단기 4278년 11월 22일 구속을 지령
대동보안서장 윤무선(尹武璿)

이후 나가사와는 12월 초순에 삼합리 포로수용소를 거쳐 만주 연길현 육군 제3병원에서 고문으로 인한 상처를 치료한 것으로 기록되었다. 이듬해 5월에는 팔로군의 북만주로 이송되었다가 탈출하여 남만주를 향하던 중 장개석의 군대와 만나 일본 포로 송환

---

[91] 나가사와 히데오는 1943년에 평양형무소 전옥이 되었다.

조에 편입되어 8월 18일 일본으로 귀환하였다. 후루다오를 거쳐 하카타에 입항하는 루트였다.

형무소장 이외에도 계리(計理) 관계 직원을 제외한 나머지 관리자는 차례차례 형무소에 구금되어 삼합리수용소를 거쳐 만주 연길현에 유배되었다가 12월 31일에 석방되었다. 진남포지소와 기타 개천, 재동 겸이포의 보국대 관계자는 일부 일시 연금되었다가 별다른 일없이 귀환하였다.

해주와 금산포지소의 경우

교회사들은 해주형무소가 9월 1일 소련군 소좌에 의해 접수되었다고 기억하였다. 이후 9월 17일경에 새로운 소장으로부터 연락을 받고 형무소로 간 직원들은 이름, 연령, 근무년수, 직명을 확인한 후 전원 억류되었다. 여간수는 즉시 석방, 간수는 일주일 후 석방되었지만, 부장 이상은 평양 삼합리포로수용소에 수용되었다. 약 1개월 후 11월에는 만주 연길포로수용소로 재호송되어 포로병사와 함께 12월 31일까지 생활하였다.[92] 티푸스, 영양실조와 동상으로 사망자가 많이 나왔다.

이들 중에는 개성소년형무소의 모모카와(百川)전옥 외 3명의 간수장이 포함되어 있었는데, 2명의 간수장은 사망하였다. 연길에서 보건기사 히다카 히로야(日高廣矢), 후지모토(藤本) 간수부장,

---

92 『교회백년』, 344~345쪽. 1945년 12월 31일에 저녁에 연길에서는 재판관, 검찰관, 형무관과 문관 등 약 일천 명이 석방되었다고 한다.

함경북도 고무산에서 가와하라(川原) 간수장, 평양에서 오가와(小川)·사와노(澤野) 간수부장이 사망하였다. 소장 미하라 긴지(三原金次)는 일본으로 돌아가는 길에 사망하였다. 개성소년형무소 서흥지소의 교회사 가네야마(金山義)는 1945년 9월 4일 소련군에 의해 평양으로 연행되어 10월 5일에 만주 간도성 일본인수용소에 수용 도중 사망하였다.[93]

해주의 일본인 직원들은 개성을 거쳐 경성에서 미군병사의 호위를 받으며 부산에서 하카다 항로로 귀환하였다. 금산포지소의 지소장 사다카타(貞方伝吉) 외 4명 역시 9월 15일에 연행된 이후 본소 직원들과 같은 처지가 되었다. 1946년 4월 16일 광물 운반선으로 11일간 항해한 끝에 인천항에 도착하여 부산을 통해 5월 2일 하카타로 상륙하였다.[94]

이상과 같이 일본인 형무관을 중심으로 8·15 이후의 상황을 살펴보았다. 당시의 상황을 정리해보면, 북한에서는 소련군이 진주한 결과, 일본인 형무관의 연행 조사와 억류가 상대적으로 많았고, 기간도 길었음을 알 수 있다. 특히 함흥, 신의주, 평양, 해주 형무소 등에서 조사와 억류가 광범위하게 이루어졌다. 소장, 서무과장, 교회사(교무과장), 보국대(작업대)장에 대한 조사가 주를 이루었다.

---

93 『교회백년』, 346쪽.
94 森德次郎, 「朝鮮總督府少年刑務所終焉の記5」, 『刑政』 84-8, 1973.8, 29~33쪽.

형무관 수용 장소와 귀환 경로

해방 이후 주요 형무소의 관리자들은 연행되어 조사를 받는 경우가 많았다. 특히 함흥, 평양, 신의주, 해주와 같은 곳은 일정 기간 구금되어 조사를 받다가 평양의 삼합리 포로수용소 및 흥남의 운중리 억류소 등지를 거쳐 만주 연길현으로 이동하였다. 삼합리 포로수용소는 구 일본군의 야영 연습소를 수용소로 바꾼 것이다. 시베리아로 데려가기 이전 중간지로서 역할을 하였는데, 주로 일본군 병사를 수용하고 그 밖에 경찰관, 형무관, 행정관 간부 등이 수용되었다. 만주의 연길(延吉) 역시 자주 거론되었는데, 만주, 북한, 시베리아, 사할린 등 소련 점령 지역의 노동력을 배분하는 허브 역할을 하였다고 알려져 있다.[95] 이곳의 육군병원(육군 제3병원)은 시베리아로 오가는 도중의 환자가 머물렀다. 삼합리수용소 또한 시베리아로 보내기 어려운 환자나 시베리아 억류 중의 사망자나 병자를 다시 이송하는 장소로도 사용되었다.[96]

형무관들의 귀국 시점은 크게 나누어 세 가지로 나뉜다. 첫째는 해방 이후 비교적 빠른 시일 내에 개인적으로 도주하거나 귀환을 묵인받는 경우이다. 청진형무소의 소장이나 목포형무소 소장의 경우와 같다. 두 번째로는 1945년 12월 31일경에 이루어졌다. 연길의 수용소에 있던 형무관들은 군이나 경찰관과 달리 일반인으로 분류되었다. 따라서 청진의 다카하시(高橋) 간수장을 포함된

---

95 이연식, 『조선을 떠나며』, 역사비평사, 2012, 126쪽.
96 三合里收容所小史編集委員會, 『三合里收容所小史』, 三合里戰友會, 1995.

자료 6-12 38도선 이북의 수용장소

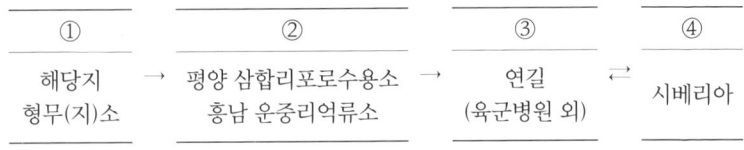

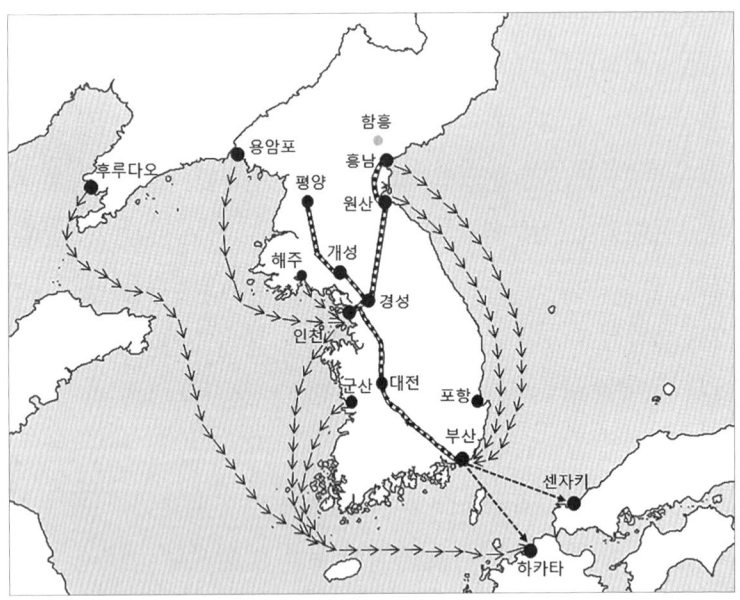

자료 6-13 형무관들의 귀환 경로 개념도

억류자 1,000여 명은 석방되어 각자의 경로를 따라 남하였다. 세 번째 시기는 1946년 여름이다. 개별 탈출자나 평양형무소 형무관과 그 가족들은 6월에 평양을 출발하여 귀환하였다. 다만 1946년 겨울에 재구금(12.25)되는 경우도 있었다. 신의주형무소의 형무관들이 여기 속한다.

이들의 귀환 경로는 국내와 만주의 경우를 구분해 볼 수 있다(자료 6-13 참조). 해로의 경우 함경도 원산이나 흥남(서호진)에서 부산으로 가거나, 평안도 용천군 용암포에서 인천으로 가서 다시 육로를 통해 부산으로 가는 코스가 있었다. 만주에서는 대부분 후루다오(葫蘆島)를 통하여 하카타로 이송되었다. 육로의 경우는 기차로 부산으로 가서 선박으로 귀환하였는데, 38선 이북에서는 도보를 이용하여 38도선 이남으로 가는 경우도 볼 수 있다. 특히 해방 전후의 시기에는 38도선 이북의 경우 일본군이나 그 가족들이 아니면 기차를 이용하기 어려웠던 것으로 판단된다. 따라서 도보로 육로를 선택하거나 해로를 선택하여 귀환하는 사례가 많았다.

식민지 감옥 운영의 책임

이 글에서 주로 참고한 회고록의 주인공 모리는 일본의 친지들이 "언제 돌아오냐?"고 물었을 때, "아니, 난 돌아가지 않고 서쪽으로 서쪽으로 나아가 샌프란시스코에서 요코하마를 거쳐 상륙할거다"라고 호언하였다.[97] 식민지 초기부터 경험을 쌓아온 관리로서 조선의 '범법자'를 다룰 방법을 아는 전문가를 자임하던 그는 각지의 형무소장직을 역임하였다. 아울러 전시에는 경성의 정총대(町總代)를 겸임하며 주소지 내 공출은 물론 사법보호사업 자금 모집과 보호대상자 취직의 일환으로 내지 탄광이나 공사장으로 알선하는

---

97 森德次郎, 1953, 63쪽.

일에도 골몰하였다. 결국 징역 6개월에 집행정지 2년을 선고받고 1946년에 배를 타고 부산에서 후쿠오카를 거슬러 '돌아갔다'.

형무소장들은 재판소 서기 등으로 시작된 형무관 생활 끝에 최고위직까지 올라갔으나 38도선 이남과 이북에서 그 운명이 엇갈렸다. 형무관 중 일부는 식민지 감옥 운영의 책임을 물어 억류와 재판을 거쳐 그들이 관장했던 감옥에 갇히는 경험을 하였다. 책임자들을 문책하는 과정에서 식민지 감옥 운영에 관해 나온 주요 논점은 다음과 같다.

1. 일본 정신을 강요
2. 일본어 강요(일본어로 말하지 않으면 면회 불가)
3. 전쟁 말기 수형자들의 사망 급증(사형집행 건수 포함)과 열악한 처우(식생활·급여·치료)
4. 형무소 주요 문서 소각
5. 형무소 인계 과정에서 자금과 물자의 횡령
6. 조선인 직원에 대한 차별 대우
7. 8월 18일 사상범 처치설 등 밀령의 존재와 내용 여부

우선 일본 정신이나 일본어 강요와 같은 비판에는 황민화에 대한 거부감뿐만 아니라, 실제로 현장에서 일본말을 못하는 가족과의 면회를 허가하지 않음으로써 가족과 수형자 본인에게 안겨준 안타까움과 슬픔의 경험이 담겨있다. 1943년 후반기 이후 열악한 처우로 사망자가 폭증하고 적절한 치료와 대응이 이루어지

지 못했던 점도 문책의 직접적인 배경이 되었다.

7번의 밀령과 관련한 내용은 당시 광범위하게 퍼졌던 설로서, 8월 18일을 기하여 사상범들을 처형하고 퇴각한다는 계획이 있었다는 것이다. 당시 사상범들은 이 내용을 기반으로 하여 해방일이 며칠만 늦었어도 살아남을 수 없었다고 보고 이 부분을 조사하였다. 한편 총독부 서류 소각에 대해서는 앞서 살펴본 바와 같이 법무국장 하야타 후쿠조의 지시에 따른 것임이 밝혀졌다. 경성형무소에서는 지시에 따라 110종의 서류가 소각되었다.

형무소 자금 운용 문제도 중요한 문책 대상이었다. 수형자들의 작업상여금, 보험금, 영치금 지불문제가 남아있었고, 일본인 형무관 귀국 경비를 위한 횡령 문제가 제기되었다.

6번은 조선인 형무관과 일본인 형무관 사이의 갈등을 보여준다. 조선인 형무관들은 식민지 행형제도의 운영을 도우면서도 일본인과의 차별 문제를 안고 있었다. 동시에 해방 이후로 식민지 지배 조력의 책임에서도 자유로울 수 없었다. 특히 소련군의 영향력 하에서 사상범들이 정치적 책임을 맡게 된 북한에서는 매우 민감한 문제로 등장하였다. 여기서 일부 조선인 직원의 도주나 보여주기식 폭행이 시작된 것으로 보인다.

당시 도주하거나 처벌을 면한 형무관들은 남으로 남으로 귀환을 위해 이동하였다. 소련 군정하에서 형무소 간부들은 구금 억류 강제노동이라는 긴 여정을 거치고 돌아와 조선에서 다시 체포되기도 했다. 형무관은 경찰관, 사법관과 함께 "민족운동 단속의 제1선"이므로 "인정사정없는 보복"의 대상이 되었다. 이들의 가족들은 "관리로서 정당한 직무를 수행"한 것으로 범죄자로 취급받을 이유를 모르겠다며 탄원하였고, 다음과 같은 대답을 들었다. "우리도 일찍이 공산주의 이상과 그것이 명하는 임무를 수행했을 뿐이다. 그러나 우리도 죄인으로 취급당하여 오랜 수형생활을 보냈다. 그 이유는 모르는 채 말이다."[98] 실제로 체포된 형무소장이나 교회사, 간수 중 보호관찰이나 예방구금제도 운영 관계자, 보국대 관계자들이 있었다. 사망 및 행방불명 사례는 이북 지역에서 두드러졌다.

반면 미군정 하의 형무관들은 비교적 평화롭게 귀국하였다. 남한에서는 일부의 예외를 제외하고 형무소장만이 조사를 받고 자금 횡령이나 문서 소각 등과 같은 일로만 처벌을 받았다. 재판 후 실형을 받았어도 후쿠오카형무소로 이송 후 석방되었다. 귀국 후에 다시 사법·교정 관련직에 복귀하는 경우도 많았다. 귀국한 형무관들이 정리한 기록을 통해 해방 전후의 전국적인 상황이 알려졌다. 이 기록들은 조선에서 이루어진 감옥 개혁 과정에 대한 감회와 동시에 동료들의 수난 사실을 상세히 지목하였다. 이들은 자신에게 맡겨진 일을 성실히 수행했을 뿐이라 여기고 패전 이후 천신만고 끝에 귀국한 경험을 기록하며 피해자 의식을 키워갔다고 볼 수 있다.

반면 수형자들이 스스로 남긴 기록은 좀처럼 찾아보기 어렵

---

98 오기노 후지오, 2022, 467~468쪽.

다. 일본이 패망하자 조선 전국의 형무소 문이 열리고 단 며칠 사이에 대부분의 수감자가 해방되었다. 조선의 북쪽으로 동원된 남쪽 지방의 수감자들은 8월 16일 이후에 조선 전국으로 돌아가기 시작하였다. 전국적인 수인 동원으로 이동이 잦았던 1940년대 전반기의 흐름이 해방 이후에는 전국적인 귀향의 이동 물결로 이어졌다. 예를 들어 평양으로 동원된 수형자는 귀향에 한 달 이상이 걸렸다. 해남도에서 살아남은 수형자들을 책임지고 다시 데려올 주체는 없었다. 돌아올 교통 수단도 없는 가운데 몇 배로 오래 걸렸다. 결국 돌아오지 못하고 생사도 그 이름도 알지 못한 채 잊힌 수형자들의 이야기를 포함하여 이들의 지난했을 귀향 과정을 스스로 기록한 자료는 거의 알려져 있지 않다.

1943년의 공식 재감 인원 총 2만 3,000여 명이 대부분 석방되고 1945년 9월에 남한 전체 수감자 수가 1,544명까지 떨어졌지만, 해방 정국의 감옥이 다시 가득 차기까지는 2년이 채 걸리지 않았다. 1946년 말 남한에서만 재감 인원의 총수는 20,016명이었다. 1947년이 되자 "형무소가 초만원"이라거나 서울형무소(서대문형무소)에서 죄수들이 "만세를 부르며 절규"하거나 "급식을 더 달라, 신문을 보게 해달라, 옥내에서 수갑채우는 일을 전폐하라"고 요구한 내용 등이 보도되었다. "수형자 7할이 정치범"이라 추정되었고, 1950년 1월에는 "전향자 선서식"이 열렸다.[99] 식민지 상황을

---

99 『자유신문』, 1947.2.3; 1947.4.11; 1947.4.24; 1947.5.1; 1947.5.20; 1948.2.26; 1950.1.11.

자료 6-14 구금된 형무관 상황표

형무소 명	성명	직위	구금 이유 및 구금 이후의 상황
청진	川波寅夫	서무과장	시베리아에서 사망
함흥	松平和夫 古川三郎	형무소장 형무소장 대기 함흥예방 구금위원회 위원	생사불명 5년 후 귀국
	伊東吾六	서무과장	만주 간도로 이감 후 방면 (1945.12)
	高浪周七 三淵勘次 中村 石浦義光	간수장 간수장(흥남보국대) 간수(흥남보국대) 교무과장(교회사)	 연길 수용소에서 병사 〃 함흥형무소 구금 후 방면 (1945.12)
신의주	石部武一	형무소장 신의주예방 구금위원회 위원	1945.9. 사망(평양형무소)
	大橋武雄 長原勇次 高橋正次郎 三浦哲夫 比土平安人 早田明 英昇山	교무과장(교회사) 간수장 작업기수 간수장 교회사	징역형 선고 후 집행유예 귀환 후 사망 구금 중 사망 귀환 후 사망 〃 〃 삼합리포로수용소 거쳐 연길 이송
평양	長澤英雄	형무소장 평양예방 구금위원회 위원	북만주에서 탈출 귀환 (1946.8)
해주	三原金次	형무소장 해주예방 구금위원회 위원	귀환 도중 사망
	日高廣矢 藤本 川原 小川 澤野	보건기사 간수부장 간수부장 간수장 간수부장	연길에서 사망 〃 〃 〃 〃

형무소 명	성명	직위	구금 이유 및 구금 이후의 상황
금산포지소	貞方伝吉	지소장	1946.5. 귀환
개성소년	百川	형무소장	해주에서 구금 이후 연길 이송
개성소년 서흥지소	金山義	교회사	만주 간도성 수용소에서 1946년 1월 사망
서대문	相良春雄 靑柳義雄	형무소장 작업반장	공금횡령으로 징역 1년 선고 받고 1946년 송환
경성	渡辺豊	형무소장	공문서파기, 횡령으로 징역 8월 후쿠오카형무소로 이관 후 출소
대전	北島寅之助	형무소장 해주/광주/대전예방 구금위원회 위원	1946.3. 귀환

제대로 돌아보거나 청산할 경황도 없이 이렇게 '식민지 조선의 감옥'이 재현되었다.

참고문헌

1. 자료

① 공문서(일본 내각 및 조선총독부 출판물)

朝鮮總督府, 『施政30年史』, 1940.

_____, 『朝鮮事情』 각년판.

_____, 『朝鮮總督府 統計年報』 각년판.

朝鮮總督府 法務局 法務課, 『總督訓示及法務局長主意事項集(自明治41年至昭和13年) 裁判所及檢事局監督官會議』, 1939.

朝鮮總督府 法務局 行刑課, 『朝鮮刑務所寫眞帖』, 朝鮮治刑協會, 1925.

_____, 『元山咸興監獄巡閱復命書』, 1933.

_____, 『豫算書類』, 1935.

_____, 『作業關係書類』, 1936.

_____, 『朝鮮の行刑制度』, 朝鮮治刑協會, 1938.

_____, 『豫防拘禁關係參考書類』, 1941.

_____, 『朝鮮刑務提要』, 京城: 治刑協會, 1942.

_____, 『假出獄關係書類』, 1944.

朝鮮總督府 法務局 總務課, 『司法保護對象者勤勞動員實施要綱』, 1944.

內閣 統計局, 『日本帝國統計年鑑』.

『公文類聚』(일본국립공문서관).

大藏省 管理局, 『朝鮮における日本人の活動に關する調査』, 1947.

② 형무소 및 관변 단체 출판물

大邱刑務所, 『大邱刑務所 要覽』, 1939.

釜山刑務所, 『釜山刑務所概況』, 1931.

西大門刑務所, 『刑務要覽』, 1943.

仁川少年刑務所, 『洛成記念』, 1938.

小管刑務所, 『小管刑務所圖集』, 1929.

旅順刑務所, 『所務要覽』, 1939.

刑務協會, 『朝鮮臺灣刑務所沿革史』, 연도불명.

眞宗本願寺派 本願寺, 『日本監獄教誨史』下篇, 1927.

③ 신문, 잡지

『每日申報』『조선일보』『동아일보』『자유신문』『서울신문』

『法律新聞』『法政新聞』『朝鮮司法保護』

『思想彙報』『治刑』

『大日本監獄協會雜誌』『刑政』

『矯正広島』

『教誨と保護』『昭德』『司法輔導』

④ 자료집

姜德相 編, 『現代史資料』 25, 1977.

국사편찬위원회, 『한민족독립운동사자료집 별집 1-9』, 1991~1993.

신주백 편, 『일제하 지배정책자료집』, 고려서림, 1993.

이종민·박경목·이승윤 편, 『행형제도 감옥(1)(2)』, 동북아역사재단, 2021, 2022.

水野直樹 編, 朝鮮總督諭告·訓示集成 1, 綠蔭書房, 2001.

朝鮮總督府, 『朝鮮總督府 帝國議會說明資料』, 不二出版, 1998.

⑤ 회고록

권영준, 「형정반세기」, 『중앙일보』, 1971. 9. 16, 20.

김광섭, 『나의 옥중기』, 창작과 비평사, 1976.

김용우, 『교정 반세기의 외길 인생』, 국민서관, 1997.

이강훈, 『역사증언록』, 인물연구소, 1994.

이규창, 『운명의 餘燼』, 보연각, 1992.

이소가야 스에지, 『우리 청춘의 조선』, 1988.

森德次郎,「朝鮮總督府刑務所終焉の記」,『刑政』, 1974~1976. 3.

_____,『槿域矯正界躪跚の三十七年』, 富士, 1971.

衣笠一,『海南島派遣の朝鮮報国隊始末記: 忘れられた殉職刑務官と異境に眠る隊員』, 1997.

⑥ 일반 문헌

京城日報社,『朝鮮年鑑』, 1944.

吉川文太郎,『朝鮮の宗教』, 朝鮮印刷株式會社, 1922.

남조선과도정부 편,『조선통계연감』, 1948.

藤井龜若 編,『京城と內地人』, 朝鮮事情調査會, 1916.

原像一郎,『朝鮮の旅』, 嚴松堂書店, 1917.

齊藤榮治 編,『高等法院檢事長訓示通牒類纂』, 1942.

正木亮,『新監獄學』, 有斐閣, 1941.

_____,『(增訂改版)刑事政策汎論』, 有斐閣, 1942.

_____,『行刑法慨論』, 有斐閣, 1944.

中橋政吉,『朝鮮行刑實務戒護指要』, 治刑協會, 1934.

_____,『朝鮮舊時の刑政』, 1936.

竹越与三郎,『臺灣統治志』, 博文館, 1905.

靑柳南冥,『朝鮮宗教史』, 朝鮮研究會, 1911.

2. 연구 논문

김경화,「1930년대 후반 조선총독부의 사상범 행형 교화와 전향 유도 정책」, 고려대 사학과 석사논문, 2015.

김승일,「중국해남도에 강제연행된 한국인 귀환문제」,『한국근현대사연구』25, 2003. 6.

김윤미,「총동원체제와 근로보국대를 통한 '국민개로'」,『한일민족문제연구』14, 2008.

_____,「일본군의 군사수송과 한반도 해안요새」,『역사와 실학』59, 2016. 4.

김정미,「일본점령하 중국 해남도에서의 강제노동 – 강제연행·강제노동 역사의 총체적 파악을 위해」, 『근현대 한일관계와 재일동포』, 서울대 출판부, 1999.

김창록, 「일본에서의 서양헌법사상의 수용에 관한 연구-「대일본제국헌법」의 제정에서 「일본국헌법」의 출현까지」, 서울대 박사학위논문, 1994.

김태중·김순일, 「1905~1910년 내한한 일본인 건축기술자 암전오월만, 국지박, 도변절」, 『대한건축학회 논문집』 9-8, 1993.

문명기, 「대만·조선총독부의 초기 재정 비교연구」, 『중국근현대사연구』 44, 2009.

미즈노 나오키, 「일본 패전 후의 정치범 석방과 재일조선인」, 『재일코리안운동과 저항적 정체성』, 선인, 2016.

박경목, 「일제강점기 대전형무소 설치와 확대」, 『한국독립운동사연구』 73, 2021.

_____, 「1930년대 경성구치감 설치와 확대」, 『한국사연구』 199, 2022.

변은진, 「8.15 직후 함흥지역 일본인 귀환단체의 조직과 활동」, 『일본공간』 25, 2019.

서동일, 「조선총독부의 파리장서운동 참가자에 대한 사법처리와 관련 수감자의 대응」, 『한국민족운동사연구』 68, 한국민족운동사학회, 2011.

손정목, 「일제하 화학공업도시 흥남에 관한 연구」(하), 『한국학보』 60, 1990년 가을호.

신주백, 「1945년도 한반도 남서해안에서의 '본토결전' 준비와 부산·여수의 일본군 시설지 현황」, 『군사지』 70, 2009.

양성숙, 「105인 사건과 서대문형무소 연구」, 『민족사상』 3-1, 2009.

염복규, 「1910년대 일제의 태형제도 시행과 운용」, 『역사와 현실』 53, 2004.

유종걸, 「연길감옥투쟁」, 『연변문사자료휘집』 1, 연변인민출판사, 2007.

이가연, 「진남포의 '식민자' 도미타 기사쿠(富田儀作)의 자본축적과 조선인식」, 『지역과 역사』 38, 2016.

이병례, 「일제말기(1937-1945) 인천지역 공업현황과 노동자 존재형태」, 『인천학연구』, 2009.2.

이승윤, 「1908~1945년 서대문형무소 사형 집행의 성격」, 『서울과 역사』 108, 2021.

이연식, 「해방 후 한반도 거주 일본인 귀환에 관한 연구」, 서울시립대 박사학위 논문, 2009.

이윤상·김상태, 「1910년대 조선총독부의 재정정책-세입·세출 예산의 분석을 중심으로」, 『한국 근대사회와 문화 II』, 서울대학교 출판부, 2005.

이종민, 「식민지하 근대감옥을 통한 통제 메카니즘 연구-일본의 형사처벌 체계와의 비교」, 연세대학교 사회학과 박사학위논문, 1999.

_____, 「식민지시기 형사 처벌의 근대화에 관한 연구-근대 감옥의 이식 확장을 중심으로」, 『사회와 역사』 55, 1999.

_____, 「1910년대 근대감옥의 도입 연구」, 『정신문화연구』 22-2, 1999.

_____, 「일제의 수인노동력 운영실태와 통제전략-전시체제를 중심으로」, 『한국학보』 98, 2000.

_____, 「감옥 내 수형자 통제를 통해 본 식민지 규율 체계」, 『일제의 식민지지배와 일상 생활』, 혜안, 2004.

_____, 「제국일본의 '모범'감옥-도쿄 타이베이 경성의 감옥 사례를 중심으로」, 『동방학지』 177, 2016.

_____, 「태평양전쟁 말기의 수인(囚人) 동원 연구(1943~1945)-형무소 보국대를 중심으로」, 『한일민족문제연구』 33, 2017.

_____, 「서대문형무소 공장과 노역」, 서대문구도시관리공단 서대문형무소역사관 편, 『서대문형무소 공간의 확장과 활용방안』, 2018.

_____, 「아시아태평양전쟁기 부산형무소의 수형자 동원」, 『한일민족문제연구』 42, 2022.

임송자, 「부산항만을 중심으로 본 일제 말기와 미군정기의 하역노동과 하역노동자」, 『역사학연구』 82, 2021.

장신, 「1930년대 전반기 일제의 사상전향정책 연구」, 『역사와 현실』 37, 2000. 9.

____, 「일제하 형무소의 사상범 대책과 전향자 처우-김광섭의 「옥창일기」를 중심으로」, 『민족문화연구』 64, 2014.

____, 「1930·40년대 조선총독부의 사상전향정책 연구」, 성균관대학교 박사학위논문, 2020.

정병준, 「몽양 여운형과 서대문형무소」, 『민족해방과 서대문형무소』, 서대문형무소역사관, 2010.

정일영, 「일제 식민지기 간이생명보험을 둘러 싼 공공의 기만성」, 『역사학연구』 75, 2019.

정혜경, 「일제말기 경북지역 출신 강제동원 노무자들의 저항」, 『한일민족문제연구』 25, 2013.

주애민, 「여순감옥의 건축 특성과 보호 이용」, 『세계유산의 가치로 본 서대문형무소와 여순감옥』, 서대문형무소역사관, 2015.

최선웅, 「식민지 조선에서 일제의 전향정책 도입과 변화과정」, 『사총』 81, 2014.

최우석, 「『매일신보』가 그려낸 1919년 감옥의 풍경」, 『향토서울』 80, 2012.

최정기, 「해방 이후 한국전쟁까지의 형무소 실태 연구 - 행형제도와 수형자의 경험을 중심으로」, 『제노사이드연구』 2, 2007.

한상욱, 「전시동원체제기 조선사법보호협회의 조직과 활동」, 숭실대 대학원 석사논문, 2018.

한인섭, 「자본주의국가의 감옥과 사회통제에 관한 연구」, 서울대 박사학위논문, 1989.

허수열, 「조선인 노동력 강제동원의 실태 - 조선 내에 있어서의 강제동원 정책의 전개를 중심으로」, 차기벽 편, 『일제의 한국식민통치』, 정음사, 1985.

홍문기, 「1894년『감옥규칙』성립과 근대감옥제도의 도입 양상」, 『한국사연구』 185, 2019.

황민호, 「전시통제기 조선총독부의 사상범 문제에 대한 인식과 통제」, 『사학연구』 79, 2005.

金靜美, 「海南島からの朝鮮人歸還について」, 海南島近現代史硏究會, 『海南島近現代史硏究』 창간호, 2008. 8.

梅森直之, 「規律の旅程」, 『早稻田大學政治經濟學雜誌』 354, 2004.

山本邦彦, 「1920年代朝鮮における監獄敎誨 一考察 - 勤勞の强調をめぐって」, 『佛敎大學 大學院紀要 文學硏究科編』 38, 2010.

小幡 尚,「昭和戰前期における行刑の展開と思想犯処遇問題」,『歷史學硏究』719, 1999.

_____,「昭和戰前期における刑務教誨」,『日本歷史』610, 1999.

小川太郎,「戰時・戰後の行刑」,『刑法雜誌』第5卷 第1號, 1954.

_____,「わが國の行刑の歩み」,『日本の矯正と保護』第1卷 行刑編, 有斐閣, 1980.

水野直樹,「植民地朝鮮・台湾における治安維持法に関する硏究」, 平成8-10年度科學 硏究費補助金硏究結果報告書, 1999.

_____,「戰時期朝鮮における治安對策-思想犯淨化工作と大和塾 中心に」,『歷史學 硏究』177, 2003.

_____,「思想檢事たちの「戰中」と「戰後」-植民地支配と思想檢事」,『日本の朝鮮・臺 灣支配と植民地官僚』, 思文閣出版, 2009.

_____,「治安維持法による死刑判決-朝鮮における彈壓の實態」,『治安維持法と現 代』, 2014.

_____,「在間島日本領事館と朝鮮總督府」,『人文學報』106, 京都大學 人文科學硏究 所, 2015.

安丸良夫,「監獄の誕生」,『歷史を讀みなおす』22, 朝日新聞社, 1995.

王泰升,「植民地下臺灣の彈壓と抵抗」,『札幌学院法学』21-1, 2004.

兒玉圭司,「小原重哉に關する若干の新知識」,『中央學院大學 法學論叢』23-2, 2010.

_____,「明治前期の監獄における規律の導入と展開」,『法制史硏究』64, 2014.

_____,「木村亀二-その教育刑論にみる変化と連続」,『戰時体制と法学者(1931~ 1952)』, 国際書院, 2016.

李鍾旼,「日本の植民地支配と笞刑」,『地域社会から見る帝国日本と植民地』, 思文閣出 版, 2013.

林政佑,「臺灣における宗教教誨の歷史と現狀」,『宗教教誨の現在と未來』, 本願寺出版 社, 2017.

長田欣也,「ファシズム期の思想・宗教統制と「皇民化」政策-植民地朝鮮における教誨 師・保護司の活動を中心に」,『民衆史硏究』49, 1995.

前川 亨,「教誨師の光と影」,『專修大學法學硏究所所報』, 2016.12.

朝倉京一,「日本監獄學の展開」,『矯正論集』, 1968.

_____, 「刑務所建築の変遷」, 『行刑の現代的視点』, 有斐閣, 1981.

平松義郎, 「近代的自由刑の展開」, 『行刑の現代的 視點』, 有斐閣, 1981.

檜山幸夫, 「臺灣における監獄制度の確立」, 中京大學 社會科學硏究所, 『臺灣總督府 文書 目錄』4, ゆたに書房, 1998.

3. 연구 문헌

국가기록원, 『일제문서해제-행형편』, 2012.

기광서, 『북한국가의 형성과 소련』, 선인, 2018.

김동현·민경원 외, 『서대문형무소-옮기던 날의 기록 그리고 그 역사』, 열화당, 1988.

김병화, 『근대한국재판사』, 한국사법행정학회, 1974.

김삼웅, 『서대문형무소 근현대사』, 나남출판, 2000.

김승태·유진·이항 엮음, 『강한 자에게는 호랑이처럼 약한 자에는 비둘기처럼』, 서울대 출판문화원, 2012.

김월배·주우진, 『단재 신채호 중국에 역사를 묻다』, 2021, 걸음.

목포교도소, 『목포교도소 100년사』, 2009.

박경목, 『식민지 근대감옥 서대문형무소』, 일빛, 2019.

배성찬, 『식민지시대 사회운동론 연구』, 돌베개, 1987.

법무부, 『한국교정사』, 법무부, 1987.

법무부 교정본부, 『대한민국교정사』, 2010.

부산교도소, 『한국교정사편찬자료보고서』, 1987.

서대문구, 『서대문형무소 보존 및 활용계획』, 2009.

서운재 편, 『일제강점기 조선 행형의 이야기』, 북트리, 2020.

오기노 후지오, 『일제강점기 치안유지법 운용의 역사』, 역사공간, 2022.

이상의, 『일제하 조선의 노동정책 연구』, 혜안, 2006.

_____, 『일제의 강제동원과 인천조병창 사람들』, 국사편찬위원회, 2019.

이연식, 『조선을 떠나며』, 역사비평사, 2012.

이희승, 『딸깍발이 선비의 일생-일석 이희승 회고록』, 창작과 비평사, 1996.

일제강점하강제동원피해진상규명위원회, 『소록도 한센병환자의 강제노역에

　　　　　　　　　　　　　　　　　　　　　관한 조사』, 2006.

　　　　　　　　　　　　　　　　　　　　, 『일제시기 조선 내 군사시설 조사-전남 서남해안 일대 군인동원을 중심으로』, 2008.

　　　　　　　　　　　　　　　　　　　　, 『당꼬라고요?』(강제동원구술집1), 2015.

정영석, 『형사법의 제문제』, 법문사, 1982.

한국독립운동사연구소 편, 『(일제강점하 국외 한인 피해) 실태조사보고서(1 중국해남도 지역)』, 독립기념관, 2005.

홍정선 편, 『이산 김광섭 산문집』, 문학과 지성사, 2005.

鎌田正二, 『北鮮の日本人苦難記-日窒興南工場の最後』, 時事通信社, 1970.

橋谷 弘, 『帝國日本と植民地都市』, 吉川弘文館, 2004.

矯正協會, 『戰時行刑實錄』, 矯正協會, 1966.

谷ヶ城秀吉 編, 『志豆機さんの思ひ出: 志豆機源太郎』(植民地帝國人物叢書 臺灣編 13), 東京: ゆまに書房, 2009.

教誨百年編纂委員會, 『教誨百年』, 京都 本願寺, 1973.

內海愛子, 『スガモプリズン-戰犯たちの平和運動』, 吉川弘文館, 2004.

大西 修, 『戰時敎學と淨土眞宗』, 社會評論社, 1995.

大日方純夫, 『日本の近代国家の成立と警察』, 校倉書房, 1992.

大塚 仁, 『刑法における新舊兩派の理論』, 日本評論社, 1957.

大塚仁・平松義郎 編, 『行刑の現代的 視點』, 有斐閣, 1981.

藤森照信, 『日本の近代建築』(上), 岩波書店, 1993.

滿洲矯正追想錄刊行會, 『動亂下の滿洲矯正』, 1977.

社會運動史的に記錄する會 編, 『獄中の昭和史 豊多摩刑務所』, 靑木書店, 1986.

三重縣本木で虐殺された朝鮮人勞動者の追慕碑を建立する會, 『紀伊半島·海南島の朝鮮人』, 2002.

三合里收容所小史編集委員會, 『三合里收容所小史』, 三合里戰友會, 1995.

西澤泰彦, 『東アジアの日本人建築家-世紀末から日中戰爭』, 柏書房, 2011.

小野修三, 『監獄行政官僚と明治日本』, 慶應義塾大學 出版社, 2012.

小野義秀, 『監獄(刑務所)運營120年の歷史』, 矯正協會, 2009.

松尾茂, 『私が朝鮮半島でしたこと－架橋　農地改良　道路建設　鐵道工事　1928-1946年』, 草思社, 2002.

松田利彦 編, 『地域社會から見る帝國日本と植民地－朝鮮, 臺灣, 滿洲』, 思文閣出版, 2013.

松田利彦, 『東亞聯盟運動と朝鮮·朝鮮人』, 有志舍, 2015.

荻野富士男, 『治安維持法の現場』, 六花出版, 2021.

奧平康弘, 『治安維持法小史』, 筑摩書房, 1977.

王泰升, 『日本統治時代の台湾における近代司法との接触および継承』, 東方書店, 2012.

永野周志, 『刑法と支配の構造』, 社會評論社. 1975.

早蕨庸夫, 『延吉捕虜收容所』, 大門出版, 1988.

佐藤知也, 『平壤で過ごした12年の日々』, 光陽出版社, 2009.

中山硏一, 『刑法の基本思想』, 成文堂, 2003.

中濃敎篤, 『天皇制國家と植民地伝道』, 國書刊行會, 1976.

重松一義, 『日本の監獄史』, 雄山閣出版社, 1985.

_____, 『名典獄評傳－明治·大正·昭和三代 治蹟』, 日本行刑史硏究會編, 1983.

_____, 『日本刑罰史年表』, 柏書房, 2007.

坂井靖三編, 『義勇魂: 元滿蒙開拓靑少年義勇隊 第5次 京都中村中隊記念誌』, 義勇魂出版事務所 京都出版ロータリー, 1971.

姬嶋瑞穗, 『明治監獄法成立史の硏究』, 成文堂, 2012.

ダニエル·V·ボツマン, 『血塗られた慈悲, 笞打つ帝国』, インターシフト, 2009(Botsman, Daniel, *Punishment and Power in the Making of Modern Japan*, Princeton NJ: Princeton).

旅順日俄監獄舊址博物館, 『旅順日俄監獄舊址博物館』, 金城出版社, 2018.

林政佑, 『日治時期臺灣監獄制度與實踐』, 國史館, 2014.

黃舒楣, 『原臺北刑務所, 光復後之臺北監獄及華光社區等 文史資料調查』, 臺灣大學建築與城鄉硏究所, 2015.

찾아보기

ㄱ

가미사키(神崎和念) 164
가바하라 시게오(蒲原重雄) 45
가석방(가출옥) 30, 103, 131, 132, 135, 146, 182, 203, 205, 206, 213, 235, 252, 255, 276, 283
가와나미(川波寅夫) 279
가와지 도시요시(川路利良) 37
가와하라(川原) 286
가지바시(鍛冶橋)감옥 37~40
가출옥소년취체규칙 131, 205
간수 110, 132, 147, 155, 164, 179, 222, 229, 238
감옥관제 59, 98
감옥법 23, 24, 108, 113, 115, 145, 190, 195, 206
감옥학 24, 27, 31, 35
강선(降仙)보국대 216, 220
개성소년형무소 104, 106, 130, 139, 200, 201, 220, 255, 285, 286
개인교회 145, 154, 156
「개정율례(改正律例)」 21
개천(价川)보국대 216, 219, 220
겸이포(兼二浦)보국대 216, 220, 257

경비원 141, 180, 205, 214, 225
경성감옥(형무소) 59~63, 98, 100, 101, 104, 106, 126, 129, 168, 172, 192, 211, 216, 219, 227, 259~263, 271, 291
경성구치감 67, 69
계구(戒具) 113~115
고스게(小管)감옥 40, 43, 45, 46, 55, 60, 68, 69, 82
고쿠부 산가이(國分三亥) 238
고토 게이지(後藤慶二) 42
공주감옥(형무소) 100, 101, 106, 127, 130, 201, 202, 265, 267
관동도독부 감옥서관제 73
관동주 벌금및태형처분령 116
관사업 191, 196, 197
광주감옥(형무소) 100, 101, 126, 221, 227, 269, 270, 273
교육형 27~31, 34, 43, 126, 182, 194
교정원 103, 135, 137
교회 139, 144, 146, 149, 152, 157, 166, 204, 207
교회사(教誨師) 16, 132, 144~148, 151~164, 168~182, 220, 238, 250,

267, 268, 270, 276
구류 108, 109, 116
구치감 66, 67, 128, 264
국민근로보국협력령 194
권영준 236
근대감옥 14, 20, 21, 35, 53, 83
금산포지소(출장소) 104, 106, 217, 257, 286
기누가사 하지메(衣笠一) 228
기무라(木村 融) 174, 175
기타류(北龍雲韶) 260
기타지마 도라노스케(北島寅之助) 277
김광섭 178
김명주 92
김천소년형무소 104, 106, 130, 139, 200, 201, 207, 218, 268
김천해 46

ㄴ

나가사와 히데오(長澤英雄) 284
나가사키 유조(長崎祐三) 275, 260
나베야마 사다치카(鍋山貞親) 160
나카노(中野)형무소 82
나카하시 마사키치(中橋政吉) 14
낙동보국대 217, 226
남방파견보국대 210, 216, 228
누진처우 132, 139, 171, 182, 203, 204, 213

ㄷ

다나카(田中龍興) 181
다니다 사부로(谷田三郎) 29
다부치 후사키치(田淵房吉) 242, 245
다카나미(高浪周七) 280
다카하시(高橋不夫雄) 287, 279
다케코시 요사부로(竹越与三郎) 56
단천보국대 216
대구감옥(형무소) 100, 101, 106, 126, 172, 267
대련 지소(支所) 75, 76, 90
대만총독부 50~54, 56
대전감옥(형무소) 103, 104, 106, 199, 216, 220, 263~265, 277
데라우치 마사타케(寺內正毅) 112
데지마 헤이지로(手島兵次郎) 54
도미타 기사쿠(富田儀作) 256, 257
도요타마감옥(豊多摩監獄) 34, 42, 45, 46, 82, 173
도이 히로미(土居寬甲) 190
도쿄구치소 47, 69, 82
동부주립감옥 37, 38

ㄹ

라디오 166, 168
러일전쟁 92, 112
류청렬 241, 245, 246
리스트(Franz von Liszt) 26~28
리태근 92

ㅁ

마사키 아키라(正木亮) 29, 31~34, 152, 172
마산지소 106, 130, 201
마쓰다이라 가즈오(松平和夫) 279, 281
마쓰우라 히데오(松浦秀雄) 278
마키노 에이이치(牧野英一) 26, 28
만주국 76~81, 192
모리 도쿠지로(森德次郎) 14, 119, 220, 237, 241, 253, 254, 274, 276, 282, 289
모리우라 후지오(森浦藤郎) 276
모토하시 도요하치(本橋豊八) 276
목포감옥(형무소) 101, 215, 270, 271, 278, 287
무라카미(村上了昭) 130
미결수 153, 154, 156, 264
미나미 지오(南次郎) 164
미쓰부치(三淵勘次) 280
미야모토 하지메(宮本元) 133, 165
미이케(三池)탄광 257
미하라 긴지(三原金次) 286

ㅂ

방성구 115, 128
방위정신대 214
백윤화 260
벌금 및 태형처분례 57, 116
범죄즉결례 116
보국대 186~189, 195, 196, 198, 199, 202, 208~223, 226~229, 231, 232, 243, 244, 249, 254, 292
보수(補守) 141, 179, 180, 205, 211, 214
보호관찰 102, 163, 164, 171, 172, 292
보호교도소 105, 106, 134, 136, 175, 176, 181, 260, 265
보호사(保護司) 163, 164
본원사 146~148, 152, 169, 276
부산감옥(형무소) 100, 101, 215, 223, 276
불구노쇠 105, 130, 201, 202
비전향자 133, 135, 183

ㅅ

사가라 하루오(相良春雄) 261, 274
사노 마나부(佐野学) 159
사법보호 103, 135, 206
사사 게이이치(笹慶一) 67
사상범 33, 42~45, 47, 67, 69, 71, 76, 102, 127, 128, 133, 136, 139, 147, 149~164, 170~178, 180, 183, 231, 235, 240, 241, 247, 261, 264, 266, 272, 282, 291
사상범예방구금령 71, 102
사상통제 15, 16, 34, 71, 103, 149
사이키 히데오(佐長秀雄) 266
사형 108, 179
삼일운동 64, 101, 102, 149, 150

삼합리 283~285, 287
서대문감옥(형무소) 11, 13, 34, 45, 47, 59, 62~64, 66, 71, 86~89, 94, 104, 106, 119, 129, 160, 172~174, 180, 190, 211, 212, 216, 225, 259, 260, 262, 264, 271, 272, 275
서흥지소 106, 139, 201
소년법 137
소년심판소 103, 137
소록도지소 104, 106, 130, 201, 202, 269, 273
수부업 191, 196, 197
수원작업대 216
스가모(巢鴨)감옥 40~42, 47, 50, 55, 60, 83, 87
스와 젠타로(諏訪善太郞) 246
스코필드(Frank W. Schofield) 65, 66
시오노 스에히코(鹽野季彦) 30, 34, 151, 152, 192
시오텐 가즈마(四王天數馬) 60, 110
신의주감옥(형무소) 101, 106, 172, 216, 220, 251~253, 282, 283
신채호 90
심신미약자 105, 130, 201, 202
쓰마키 요리나카(妻木頼黃) 41

ㅇ
아오야나기(靑柳義雄) 275
안동지소 106, 139, 201, 268
안재홍 234
안주(安州)보국대 216, 220, 252
안중근 90
야마시타 게이지로(山下啓次郞) 55, 60
야하타제철소 257
여수보국대 217, 221, 227, 228
여순(旅順)감옥 71, 73, 75, 90, 92
여운형 88, 160, 260, 263
연길감옥 76~81, 92~94
영등포감옥(형무소) 100, 104, 126
예방구금 33, 34, 45, 71, 102, 103, 128, 133~136, 140, 171~173, 179, 292
오가와 시게지로(小河滋次郞) 23, 28, 286
오노다 모토히로(小野田元熙) 37
오하라 시게야(小原重哉) 20, 23, 36, 37, 39, 114
오하시 다케오(大橋武雄) 282
옥구보국대 217
와타나베 류지(渡辺隆治) 198
와타나베 유타카(渡辺豊) 274~276
와타나베 치후유(渡邊千冬) 151
외역 작업 196~200, 204, 225, 231, 243
요배소 165, 166
우가키 가즈시게(宇垣一成) 152
우라모토(浦本智嚴) 269
위탁업 191, 196, 197
은곡(銀谷)보국대 216, 220, 251
은율광산(殷栗鑛山) 256, 257

의병운동 61, 108
이강국 260
이강훈 46
이규창 227
이동선 89
이사청감옥 98, 99, 107, 108, 253, 259, 267, 270
이소가야 스에지(磯谷秀次) 89
이시베 다케이치(石部武一) 282
이시우라(石浦義光) 280
이영춘 92
이와타 사쓰키마로 60
이치가야형무소 163
이토(伊東吾六) 279, 280
이토 메구미(伊東惠) 164
이토 히로부미 112
이희승 248, 249
인천소년형무소 105, 106, 130, 138, 201, 202, 217, 218, 271~273

ㅈ

『자강(自彊)』 167
자유형 11, 22, 24, 116, 226
작업대 187, 210, 215, 243, 244
작업상여금 190, 195, 199, 255
장단농업보국대 217
재동보국대 216, 220, 223
전옥 30, 147, 211
전주감옥(형무소) 100, 101, 106
전향 15, 127, 132, 139, 147, 148, 152, 155, 157, 159~164, 173, 176, 180~183, 231
정신보국대 205, 210, 211, 212
제레미 벤담(Jeremy Bentham) 36
제바흐(Curtt von Seebach) 27, 28
조명하 85
조선감옥령 108, 113, 145, 190
조선감옥령시행규칙 108, 113, 115, 140, 145, 204, 206, 211, 224
조선사법보호사업령 135
조선사상범보호관찰령 163, 171
조선사상범예방구금령 135, 170
조선소년령 135, 137
조선총독부 63, 66, 67, 99, 113, 151, 170, 182, 186, 193, 210, 212, 263, 278
조선총독부 감옥관제 107, 204, 215, 259
조선태형령 116
조선행형교육규정 130, 206
조선행형누진처우규칙 131, 203
조선형사령 116
주현갑 89, 150
중일전쟁 130, 149, 160, 161, 165, 186
즉결 재판 122~124
진남포보국대 202, 217, 220
진주지소 106
진천작업대 216

진해보국대 217
집금(集禁) 126, 164
집합(總集)교회 145, 165, 166
징역형 21, 33, 108, 109, 116, 122, 123

ㅊ

창이감옥(Changi Prison) 36
청주지소 34, 105, 106, 173, 264
청진형무소 106, 129, 168, 216, 240, 241, 245, 257, 278, 287
체 113~115
최용달 260
최현배 248
치안유지법 32, 42, 43, 67, 89, 102, 127, 136, 138, 149, 150, 158, 163, 164, 171, 172, 231, 205

ㅋ

칼 크로네(Kahl Krohne) 27

ㅌ

타이베이감옥 50, 51, 54~60, 84~86
태평양전쟁 30, 85, 131, 135, 137, 149, 170, 172, 183, 186, 195, 204, 249
태형 57, 58, 63, 66, 102, 108, 113~122, 124
통감부 감옥관제 99, 107, 147, 251, 259
특수수형자 126, 202

ㅍ

평양감옥(형무소) 100, 101, 106, 126, 172, 192, 193, 199, 216, 218~220, 229, 251, 253, 254, 283
팬턴빌감옥 37, 38

ㅎ

하남(河南)수용소 81, 93
하라 쇼이치로(原象一郞) 61
하세가와 요시미치(長谷川好道) 120
하야타 후쿠조(早田福藏) 274, 291
한센병 105, 130, 202
함흥감옥(형무소) 100, 101, 103, 106, 172, 215, 216, 218, 226, 236, 247, 248, 249, 264, 279, 280
해남도 187, 188, 210, 228, 257, 276
해주감옥(형무소) 106, 255, 257, 285
행형누진처우령 30, 131
형무교회 144, 146~148, 153, 160, 172
형무관연습소 103
형무작업 133, 186, 190~195
형법 논쟁 24, 25, 35
형사피고인 30, 145, 153, 154
후루카와 사부로(古川三郞) 279, 281
후지와라(富士原景樹) 161, 162, 164
후지이 에쇼(藤井惠照) 163
흥남보국대 202, 215, 216, 279, 280
히다카 히로야(日高廣矢) 285